# 転換期における中国儒教運動

森 紀子［著］

京都大学学術出版会

# 目　次

目　次

# 転換期における中国儒教運動

# 序

二〇〇二年師走の新聞紙上に、「孔子精神中国で再興」との大きな見出しが掲げられた。記事は北京の人民大学で一一月三〇日「孔子研究院」の創立式典があったこと、最近の中国で経済発展とともに「中華民族」が強調され、「中華文化の復興」が唱われていることを報じたものだった。ちなみに、人民大学のキャンパスには高さ三メートル半もの孔子像が建てられたという。

中国の近現代史が、五四新文化運動から批林批孔に至るまで、一貫して孔子批判、儒教批判を繰り返していたことに鑑みれば、隔世の感があると同時に、孔子思想、儒教思想の蘇生力の強さ、その弾力性に改めて感慨を覚えるのである。そもそも、絶えず批判が展開されたという事実こそ、その根強さを示すものであったろう。しかし、儒教がかくもしなやかに、したたかに蘇ることができるのは、それが自らの相貌を自在に変化させうるからにほかならない。人々は自分の欲する姿の儒教を再構築しようとする。そして儒教はそれに応ずることのできる大きな可能性、多面性を内蔵しているのである。

前近代の中国社会においても、王朝末期の動乱やウエスタンインパクトといった、社会の根幹を揺るがすようなドラスティックな変動に直面した時はもちろんのこと、そのような変化の予感に社会がうち震え、ある種の緊張現象、ないしは弛緩、停滞現象を呈する転換期においても、時代の趨勢に鋭敏な感受性をもつ人々は、来たるべき社会を思い描き、持ちうる限りの語彙を動員して、わが観念を表出しようとしてやまない。この表現こそが、やがては変革に至る社会運動をささえる行動原理となっていくわけであるが、人々が紡ぐべき語彙として依拠せざるをえない儒教思想は、その時どのような変容をとげてかかる人々の期待を担い、新たな価値に適合しようとしたのであろうか。

本書は、明末および清末民初という中国伝統社会の二大転換期に焦点を当て、この動乱期に儒教思想が、その変容を通して、どのような作用を発揮しえたのかを動態的に考察し、また、この両時期を重層的にとらえた際に通底する儒教思想の要素の抽出を試み、その分析から儒教思想の本質にも再吟味を加えようとするものである。

明末および清末民初という二時期は、欧米の学者にとってはは近代としてひとくくりにしうる時代であるが、我々の通念に従えば近世、近代の二つの局面とみなされる。当然、その直面する歴史情勢と歴史課題は異なっているのであるが、伝統社会の崩壊という危機意識において共通するがゆえに、危機に対処しうるとみなされた思想的営為が「再発見」され、「伝統」的なるものも再構築され共有される。では、この共有され再発見される思想の要素とは何であったのか。

本書ではそれを郷村的秩序の側面と、人間的個性の発揮の側面からとらえてみる。その際、このような思想的営為を導き出す歴史環境を、絶えず問いかけ再確認することにより、人々の思惟活動を抽象的な言説としてではなく、時代の肉声として追体験し再構成していくことを主眼とする。すなわち、本書ではあくまでも運動体としての思想活動を歴史情勢とともに考察し描きだそうとするのであり、教学的関心からその教義的思弁体系を考察しようとするものではない。時として思弁の体系をはみ出し、破綻に導く「支離滅裂」の中に人々の期待と夢想が見出される場合もあり、歴史的には必ずしも本流となりえなかった思想的営為に、むしろ濃厚な時代性が見出せる場合もあるからだ。

本書は大きく前編、後編に分けて構成されている。前編「明末の世相と儒教の変容」で論じられるのは、明末社会の歴史動態に伴う儒教の変容についてである。

嘉靖、万暦期は文化爛熟と形容される一方で、徴税体系を始めとして、時代を画すような社会構造の変化が漸く顕著となってくる一大転換期でもあった。それにともなって、知識人の意識を支える儒教もその変容を顕著にしていく。それは朱子学への批判として展開された陽明学の良知説が、現成良知(あるがままの良知)として把握されることにより、更なる変容を遂げていく過程でもある。そこでは、禁欲的な自己修養から解き放たれた、旺盛な自己肯定と弛緩した教義解釈が将来され、最終的には儒・仏・道三教合一の風潮が出現する。これは、根本を一貫とみなす世界観の表明であるとともに、教義的には、たやすく自他をこえて価値規範を融合させる、ルーズな堕落現象とでもいうべきものかもしれない。

このような時代に我々が見出すものは、儒教の下位化現象、民衆化である。正統文化としての士(マンダリン)の儒学は、社会的に士庶の間が曖昧になるにつれて通俗化を蒙るのであるが、この通俗化とは儒教の担い手の階層的側面とともに、儒教解釈の側面、すなわち儒教の社会規範としてのあり様との双方についていうものである。そして、儒教の下位化現象は、前述のような新たな価値観を模索するプラスの方向への変容を儒教にもたらすだけではなく、社会の弱者をさらに弱者たらしめる過酷な通俗道徳というマイナスの変容も取りうるのである。

「第一章「列女伝」に見る通俗規範」はこの間の変遷を長いタイムスパンで伺うことにより、明末、清末に露わになっていく通俗規範を明確化する。ここに取り上げる正史の「列女伝」といえば、一般的には孝、貞賛美の類型的なものとみなされる。とりわけ女性に関するイデオロギーの強化を招いたとされる、新儒教（朱子学）時代の三史（宋史、元史、明史）の列女伝こそが、類型的の評価を決定的にしたといえる。しかし、この類型描写も子細に眺めてみれば、そこにもやはり時代にともなう変化を読みとることができる。本章ではこの三史の列女伝を読み比べ、実に『元史』、『明史』以降において、孝、貞イデオロギーの強化がすすみ、その表現においても、カニバリズムまで含むグロテスクで猥雑な色彩が過剰に生じていくことを明らかにする。その過剰さの極まりはむしろ非現実的であり、一方で真なるものを尊重し、偽善を憎む明末の新たな思潮とまさに表裏を成している。そして、ここに生じた亀裂が、近代の五四新文化運動の儒教批判に通ずるものであることを見通していく。

「第二章　白話小説に見る明末の世相――烈婦と郷宦――」では、明末の郷宦の横暴なる世相、混沌とした明末社会の意識変化、社会規範の綻びを、明末に流行した小説から読みとっていく。これらの小説には多く実在のモデルがあり、『明史』列伝の素材にもなっているからである。

ところで、明朝の強圧的な君主、宦官、内閣の専制体制は、それが肉体的私刑をもともなう酷薄さをもっていたがゆえに、中央政府における儒士（官僚）の君権チェック機能を弱体化させていった。王陽明でさえ政治的発言にはきわめて警戒的であったことは、余英時氏も指摘しているところである（「現代儒学の回顧と展望」『中国』第十号、一三五頁、中国社会文化学会、一九九五年）。そればかりか、儒教的価値秩序の体現者であるはずの皇帝が、ラマ教、道教を信仰するという、いわば儒教体制のドーナツ化現象もそこには見出せる。政治の弛緩に絶望した儒士の官界離れが引きおこされ、中央と地方の乖離現象も一方に生まれてくるのである。ここに基層的在地勢力の自助努力と自己教化の動きが顕著になっていく。それは時代を下っては民国期の郷村建設運動の先駆的表現ともみなされる思想的営為であったが、それを明末に出現させたのが泰州学派である。

王陽明門下の特異な学派として知られる泰州学派は、その始祖王心斎が唱えた「明哲保身」「楽学」「万物一体の仁」という思想的エレメントにより、あるいはその対社会的なスタンスと講学活動により、民国以後に再発見、再評価を受ける学派である。思想史的には、いわゆる「王学の左派的展開」という構図をもって、嵇文甫氏、侯外廬氏、島田虔次氏等先学によるすぐれた紹介がすでになされている。

「第三章　泰州学派の形成――塩場からの異軍突起――」では、王心斎および彼を取り巻く直接の弟子達の多くが、江南の塩場出身者であり、地縁的、血縁的色彩の強いスクールであったことに注目して、塩場における学派成立の過程とその社会的作用の確認を課題としていく。泰州学派は庶民学派として知られるが、その構成員の多くは家産をもち、王心斎の子孫も生員となっている。明代経済の転換期に当たり、貨幣経済浸透の影響がどこよりも顕著であった塩場における彼らの講学活動とは、郷土保全を図る郷族の自助勢力として生まれてきたものであることを明らかにする。

「第四章　処刑された泰州学派――名教の罪人・何心隠――」でとりあげる明末の異人何心隠は、反権力的な講学の故に処刑されるに至った泰州学派の思想家である。我が国においても簡単な紹介はすでになされているが、本章では彼の遺著を丹念に読みこむことにより、王学の心即理のテーゼが、意外にも欲望肯定の思想として帰結していくこと、王心斎の「明哲保身」説をさらに拡張した彼の独特な格物説と、それが孔子の絶対化と表裏した儒家の相対化、および同志的な会（孔子の家）の主張となって展開されていくことを提示し、その個性の発揮と名教逸脱の構造を明らかにする。また、彼が民国に入ってから「郷村教育」の先駆者として再発見されていく必然性も彼の思想から読みとっていく。

後編「近代化の模索と儒教運動」では、近代化を模索する清末から民国初期にかけて、時代の要請を受けつつ、儒教思想がどのような変容を遂げてその役割を演じたのかという問題を考察する。

アジア、そして中国においては、近代化とは西洋の富強を学ぶことにほかならず、西洋が富強に至った形成要素を考察することが当面の課題となっていた。しかし、そこには西洋文明受容の際の媒介項による、なにがしかの起こりうべき屈折とズレが生じるのであり、中国の西洋認識がある種の西洋幻想であったことは否めない。そのような中で歴史課題と目されたのは、国民国家形成の求心力をどのように構築していくのかということであった。

「第五章　孔教運動の展開——儒教国教化問題——」では、ウエスタンインパクトとともに流入するキリスト教にどのように対応するのかという宗教問題にせまり、孔教問題を取り上げる。ここにいう孔教運動とは、清末から民国初期にかけ、キリスト教に範をとって儒教の自覚的な宗教化とその国教化をめざした運動である。「教道（宗教）」と「格致（科学）」こそが近代的富国形成の要件とする欧米宣教師の影響を受けたものであるが、「宗教」という概念自体が日本から輸入された翻訳語であったという曖昧さが、儒教は宗教か、という問いを始めとしてさまざまな論議を呼ぶことになる。

ところで、この開国→キリスト教の流入→伝統価値の再編成という一連の動きは、日本にも中国にも共通したものであり、日本では国家神道の形成として、中国ではこの孔教運動として出現したわけである。政教分離、信教の自由という近代的価値観といかに抵触することなく、伝統価値の宗教的再編成を為すのか、そこには祭祀儀礼と宗教を切り離すという共通の手法が見られるのである。

「第六章　尊孔運動の岐路」では、同じく清朝の遺老によって担われた尊孔運動の、しかし、宗教化を目指す孔教会とは違い、むしろ伝統的発想である学術としての儒教を見据える孔学会の活動を追い、それが満州国においてする。

成立すること、一方、孔教会の流れが「万国道徳会」という五教合一的な民間宗教に帰結していくことを明らかに

さて、民国初期における孔教運動の高まりは、ついにその反作用として全盤欧化、儒教批判の五四新文化運動を招来した。清末における近代化のスローガン「宗教」と「科学」は、儒教批判をその内容とする「民主」と「科学」に変化したわけである。しかし、このような新旧二項対立の割り切った思想運動に必ずしも同調できない一群の心情があった。そのような彼らの虚無主義への傾斜は、マルクス主義、共産主義に対抗し、それを全体主義とみなして異議を唱える個性主義、無政府主義として発揮されたのであるが、そこには再び、伝統思想への、とりわけ泰州学派への強い共感がみとめられる。

「第七章　泰州学派の再発見——虚無主義から唯情主義へ——」では、かような具体例として朱謙之を取り上げる。彼の本格的な紹介は日本では本書が最初であろう。青年毛沢東に影響を与えた無政府主義者、虚無主義者として有名な朱謙之は、また国粋主義の「古学」の主張者ともみなされた。彼の振幅の大きい思想遍歴は一九二〇年代の思想界の縮図でもある。彼は宇宙革命を主張した『革命哲学』出版の後、梁漱溟の儒教観に強い影響を受け、宇宙観の根本変換ともいうべき唯情哲学を主張するに至る。朱と梁に共通する思想転換とは、老仏の無の哲学から儒家の有の哲学への転換であり、なかんずく明代泰州学派のボランタリズムの再発見であった。本章では泰州学派に見られる楽学、生生の哲学、万物一体の仁というこのボランタリズムの系譜が、民国初期の梁漱溟、朱謙之に受け継がれ、ベルグソンの創造的進化との習合によって、唯情哲学として生機主義的側面が強調され、近代化されていく様子を跡づける。

さて、新文化運動の「全盤欧化」「民主と科学」のスローガンは、一九二〇年代にはいると、ことごとく異議申

し立てを受ける。東西文化論争、科学と玄学論争、代議制否定論などであるが、それは、新青年派に対する東方派の出現を意味する。東洋か西洋かという東西文化論争は、やがて農業立国か工業立国かという経済論争になり、社会運動の場も都市から農村へと志向が変わっていく。新儒家梁漱溟の「郷村建設理論」はこのような思想界の状況を踏まえて練り上げられていったものである。

「第八章　新儒家梁漱溟の「郷村建設理論」」では、梁漱溟の郷村思想の形成過程を探る。清末以来、近代化の中で追求され続けた国民国家形成への疑念、軍閥跋扈の中央政治への絶望と見限りが、郷村の自治、自助の運動を立ち上げさせたのであり、郷村運動の具体的指針として伝統的な郷約が再評価される時、泰州学派とその講学の精神が再び追慕されることになった。

儒教は近代社会において絶えず批判を浴びながら、しかし、再評価、再発見を経てよみがえっている。近代中国において儒教が再生しえたのはどのような側面をもってであったかを考察するとき、儒教思想の再生は単なる復古ではないことがわかる。それは、ドラスティックな社会変動・異文化の衝撃を受け、それに刺激されそれを受容しつつ、自らの歴史的表現を自らの遺産である語彙でもって再構築しようとする試みであった。本書が目指すところは、まさにこの間の儒教思想変容の多義性を描くことにある。

# 前編　明末の世相と儒教の変容

# 第一章　近世の「列女伝」と通俗規範

時代の一大転換期にあっては、社会構造の変化が漸く顕著となっていくのに歩を合わせて、文明の担い手を自負する読書人の意識を支える儒教もその変容を迫られていく。すなわち、社会において士庶の境界が曖昧になるにつれ、儒教はその下位化現象、民衆化、通俗化を蒙るのである。

朱子学の厳格主義の形骸化を受けて明代に興った陽明学は、良知説を唱えて道徳的能力の平等性と自立性を主張するようになった。それは講学活動を通じていわゆる左派的展開を遂げ、儒教の異端者を輩出するとともに、人間の自然、真なるものを求めて庶民層にも広まっていった[1]。その出身が塩場の竈戸という全くの庶民、王艮（心斎一四八三〜一五四〇）が王陽明の高弟としてその名を高めた時代である。

王艮は「身を安んずる」ことを自らの格物説の最大の眼目とした。安身、あるいは愛身、敬身、尊身、保身とも表現されるが、畢竟、学とは良知に立脚して身を保つこと、すなわち「明哲保身」[2]の四字につきると断言される。

かくして、我が身を保つことができずに天下国家を保てるはずはなく、人を愛するばかりで身を愛することを知らなければ、孝行といって「烹身割股（身を烹《に》て股を割《さ》く）」の愚挙をするようになる、という主張がなされたのである。まことに、「餓死は事極めて小なり。節を失するは事極めて大なり」（『近思録』巻六、一三条）という程伊川のことばに代表される道学のリゴリズムに、反旗を翻した堂々たる主張といえよう。しかしながら、かような主張は歴史的に見れば、やはり稀見に属する。

社会的に士庶の境界が曖昧になるにつれ生じてきた儒教の下位化現象、民衆化、通俗化とは、このように新たな人間観を模索するプラスの方向への変容を儒教にもたらすのと表裏して、社会の弱者をさらに弱者たらしめる過酷な通俗道徳への変容というマイナスのベクトルもとりうるのである。身を愛することを知らずに「孝」を追求すれば「烹身割股するものが出る」という警句を王艮が発したのは、まさにそのような現実に対してであった。

本章ではこの「烹身割股」に代表される通俗規範が近世的表現として定着していく過程を明らかにするために、歴代正史（二十四史）の「列女伝」をとりあげ、読み比べることにしたい。通俗規範は女性に対してより過酷であったろうという通念に（現実にはそれを裏切る事例があるものの）、まずは従ってみようとするのである。また、伝記史料として、あえて正史の「列女伝」を取り上げるのは、それがもつカタログ的性格と典型化、パターン化に注目したいからであるし、通史的見通しが手軽にできるからでもある。

ちなみに『明史』の列伝についていえば、その編成にあたっては墓誌銘、地方志等とともに明人の随筆、筆記小説が欠かせぬ素材としてあった。しかし、これらはまた明末に流行した白話小説の素材ともなったものである。上述の、庶民にまで浸透した陽明学の精神運動が、明代文化に与えた影響にははかりしれないものがあるが、白話小説の流行もこの時代精神と無縁ではありえなかった。結論を先取りするようであるが、白話小説的表現の影響が

『明史』「列女伝」に色濃い猥雑さ、どぎつさを付与したと推測するのもあながち的外れではなかろう。しかしまた、「列女伝」が受けた影響とは、かかるグロテスクな嗜好ばかりではない。明代の白話小説のもつ現実暴露的なリアルな眼差しもあわせて見出すことができる、と期待されるのである。

## 第一節　正史の「列女伝」

「列女伝」の由来を尋ねれば、単本として伝わっている前漢の人劉向（前七九～前八）の『列女伝』が嚆矢とされる[3]。内容は母儀、賢明、仁智、貞順、節義、弁通、孼嬖（悪女）という七類に女性群を分類したものである。それに対して、本章で扱う正史（二十四史）の「列女伝」には劉向の『列女伝』のような分類項目はないが、登載する人物の選択基準は明らかにこの書の影響下にある。ただ、一般的にいって、正史では婦徳を顕彰することにその存在意義をもたせているため、反面教師としてでも悪女に類する女性の記録はない。彼女たちはひたすら婦徳の体現者たることを求められているのである。まずは通史的にさかのぼって「列女伝」を一瞥してみよう。

さて、正史の開頭である『史記』『漢書』に「列女伝」はまだない。正史に「列女伝」が設けられるのは『後漢書』が最初である。ただし、『後漢書』の作者の范曄（三九八～四四五）は南朝宋の人である。『後漢書』より製作年代が上がる『三国志』にも当然、列女伝はない。正史の一端を列女伝に割こうという意識は、南北朝時代にやっと現れたということであり、規模の小さな正史ではこれ以後のものでも割愛されている場合がある。

とはいえ、女性に関する記述がそれ以前の正史に全く欠けているというわけではもちろんない。『史記』『漢書』

ではかの呂后が堂々と本紀に名をつらねているし、后妃という特殊な立場の女性に対しては、『明史』に至るまで正史はとにかく一貫して記録を残している。

后妃以外の女性についていえば、駆け落ち第一号といわれる卓文君（司馬相如伝）、夫に愛想をつかして離縁を言い渡した朱買臣の妻（朱買臣伝）など、史書には個性的な女性像がまま見出せるのであるが、いうまでもなく彼女達を主役として伝が作成されているわけではない。唯一、独立した存在として記録されているのは『史記』『漢書』の「貨殖列伝」に列せられている寡婦、清である。丹砂の産出によって代々莫大な富を築いてきた巴（四川）の資産家である清は、寡婦ながらよく家業を守り、秦の始皇帝ですら彼女には一目おいて諸侯なみに遇したといわれる存在であるが、かような記事は、むしろ以後の正史には見られなくなる。そもそも「貨殖列伝」のように、個人の旺盛な経済活動を肯定的に描くことも、以後の正史では考えられなくなってしまうのである。正史が卓越した一人の歴史家の著述であることをやめ、複数の人手になる大がかりな編纂物に変わっていくにしたがって、そのスタイルは定型化され、それにともない「列女伝」も正史の上に固定的な位置を占めるようになったといえる。

「列女伝」はまた烈女伝といわれるように、貞節を守って死にいたる女性（＝烈女、烈婦）をあつかった話が圧倒的に多い。「列女伝」の類型性と陰湿性を構成しているのはまさにこの部分である。しかし、正史の「列女伝」が最初からこのような色彩を濃厚にもっていたという訳ではない。例えば、范曄の『後漢書』巻一一四「列女伝」では一七名の女性が登場するが、うち二人は川で溺死した父親の後を追って入水する孝女である。いわゆる烈婦にあたる者は四人であり、そのシチュエイションを見れば、二人は盗賊に襲われ身を守って自殺ないしは殺された者であり、一人は時の権力者董卓の妾になることを拒絶して殺された者である。近世の「列女伝」において大きな類型となる、再婚を強制されて自殺するというケースは一人であった。その他、再婚話には断じて耳を傾けないという決意を、自分の耳をそぐことによって示す自損の例が一人ある。今日からみれば、これだけでも陰惨な列女伝の類型が伺われ、充分血腥いと思われるかもしれないが、この段階ではやはり烈女のウエイトはそれほど大きくはないのである。

むしろ、范曄が紙数を費やして力をこめて描いているのは班固の妹班昭と、子別れの詩で有名な蔡文姫の伝である。班昭は兄の班固の後を受けて『漢書』を続成させ、寡婦となってからは皇后達の教師として宮中に出入りし、また『女誡』の作者でもあるという当代きっての女流学者である。蔡文姫は夫に死に別れた後、匈奴につれ去られ、胡土に一二年間も住むうちに二人の子どもまでなすが、曹操に買い戻され、子をおいて漢土に帰りまた再婚するという数奇な運命の女性であり、曹操の命を受け、暗誦していた四〇〇編もの古書を書写させた才媛でもある。豊かな文才に恵まれた女性を特筆大書していることもさることながら、再嫁を繰り返している蔡文姫など、近世の「列女伝」では問題視されそうな経歴の女性にスペースを割くということは、いかにも儒教的規範から遠い六朝時代の文人范曄の個性といえるであろう。

そしてこのことは、近世の史家の目にもそう映っているのであり、『明史』の「列女伝」の序言にも「范氏〔『後漢書』の作者〕はこれ〔劉向の列女伝〕を模範としていたが、また才行の高秀な者を採録し、ただ節烈ばかりを貴ぶことはしなかった」とある。そして「魏、隋以降、史家はついに多く患難顛沛、殺身殉義の事を取るようになった。蓋し輓近の情として、庸行をおろそかにして奇激を尚ぶのだ」と続けられているように、時代が下るにしたがって、日常的な善行よりも過激な烈女・烈婦の話が史書を埋めつくしていくようになるのである。

「列女伝」がかように烈女の書となっていく要因は、いうまでもなく、儒教的価値規範の世俗的浸透にある。具体的にどのような規範を指すのか、当時の人々の観念を支配していたと思われる婚姻の原則をここでさらっておこう。

まず婚姻の目的とは「上はもって宗廟に事え、下はもって後世に継ぐなり」（礼記）とあるように、祖先の祭を絶やさず子孫の繁栄を保つこと、すなわち男系宗族の存続にほかならないが、それはまた上は現実の祖先である舅姑に仕え、下は子の養育に努めるという卑近な義務に敷衍される。婚姻の形式は納采、問名、納吉、納徴、請期、親迎の六礼からなる（儀礼：明代は朱子家礼による）。さらに「貞女は閨閤（ねや）を出でず」「婦は義として再嫁せず」[4]という通念的規範を加えれば、烈女の行動を理解するためのキーワードはほぼ出そろったといえよう。以下、これらのことを頭に置いて近世の「列女伝」の実際を見ていきたい。

## 第二節　近世の「列女伝」

### （A）『宋史』の「列女伝」

周知のように、宋代は新儒教の成立を見た時代である。北宋には、身寄りの無い貧窮の寡婦は再嫁すべきか否かという弟子の質問に対して、前述の「餓死は事極めて小なり。節を失するは事極めて大なり」という有名なことばを吐いた程伊川の存在があるし、南宋には宋学の大成者としての朱子の存在がある。そのような時代のものとして『宋史』巻四六〇「列女伝」を見てみると、見出しに四〇人（実際には四八人）の女性が挙げられているが、そのほぼ八割にあたる三八人がいわゆる烈婦である。

ただ、いささか意外の感を抱かされたのは、そのうち三人を除いたほとんどの女性の逸話が、歴史的な兵乱の中、賊兵、金兵、元兵から身を守って死ぬという、いわば非常時のものであったことだ。「我は良家の子女。義としてどうしてお前に辱められようか」（涂端友の妻）ということばこそが、彼女達の精神を表白するものであろう。なかには、盗賊を避けようという夫の勧めにも「婦人は死んでも閨房を出ないものと聞いています」とリゴリズムを発揮して従わず、みすみす被害にあう妻（王宣の妻曹氏）、流亡した宗族の祭祀を継がねばならぬと、賊に夫の命ごいをして自分が身代わりに殺される妻（丁国兵の妻）など、先述の行為規範をそのまま体現したような存在も見られるが、なんといっても動乱の中の悲劇が圧倒的であるのは、異民族の侵入により南下を余儀なくされるという政治的に脆弱な宋王朝の時代性を反映したものといえよう。

再嫁を拒否して自殺した唯一の例、開封の朱氏のケースを見ても、家は貧しく小間物を売って家計を助ける妻に対し、夫は酒のみの博打うちで家を省みず、あまつさえ犯罪者として徒刑に処せられたのであるから、実家の父母が他家に嫁がせようとしたのも無理からぬところがある。夫が連行される前夜の自殺は夫に対する真心の誓いと表白されているが、人生への絶望も推測され、それほど違和感のない悲話として受け取れるのである。

総じて、『宋史』の多数の烈女の話は、意外に素直に悲劇として読み取れるものであるうえ、数は多くても一つ一つの逸話は短く簡単なものばかりである。ほんの数例ながら、しかしボリュームをもった逸話は皮肉にも、健全にその生を全うした婦人達のものである。

なかでもユニークなのは寧化の曽氏の婦、晏である。彼女は夫に先立たれたのち再嫁せずに子を養っていたが、郷里は賊に攻められ、県知事たちは逃走してしまう。ここに土豪たちが砦をつくって防衛することになるが、晏も砦をつくり、みずから田丁や婢女を指揮して防衛にあたり、よく賊を撃退する。近隣の住民はその頼りがいのあることを見て続々と晏の砦に難を避け、土豪たちとの連携で数万の老幼を保全することができたという。中国史によく見られる地主の自衛組織であるが、郷里保全のリーダーシップを取っているのが女性であるという点でおもしろい史料である。

また晏のようにダイナミックではないが、郷里の人々から「堂前」と呼ばれ、実の母のように尊敬されていたという陳堂前は、夫に先立たれたのち、その子舅姑を養うはむろんのこと、幼い義妹を教育して結婚させ、のち義妹が財産分けを要求してくると惜しげもなく分かち与え、それが義妹の夫に湯尽されても再び田畑家屋を買い与え、甥たちをわが子同様に育て上げた。親族の貧しい者で彼女が養い結婚させたものは三〇～四〇人にのぼる。以後、宗族は一〇〇を数え、子孫はその遺訓を守って五世同居の大家族を形成したという。まことに堂々たる家族経営であり、新儒教の基本精神である『大学』の「修身斉家」を文字どおり実践したのである。

このように『宋史』列女伝では、通読してみれば、兵乱の中、ただ死のみを余儀なくされた多数の烈女たちを背景に、この生活の達人たりえた二婦が、かえって強いインパクトをもって浮かび上がってくるのは、たくまざる効果といえようか。

（B）『元史』の「列女伝」

朱子学の体制イデオロギー化とは、元代よりはじまったことである。科挙の受験科目としての『四書』と『易』『詩』に朱子の解釈が採用された時、朱子学は国定化したといえる。それとともに朱子学は普及し、その教化も通俗化、卑俗化をこうむることになった。「列女伝」に独特の過剰な色彩が生まれてくるのは『元史』からといえよう。そして、「列女伝」に記載される女性の総数も、『元史』『明史』では前史に比べ飛躍的に多くなっている。

陳東原が『中国婦女生活史』の中で挙げている数字によれば、その数は『元史』では、巻二〇〇「列女一」、巻二〇一「列女二」を併せて一八七人（名のみ挙げられているものを含む）にのぼる。その記事の内容も、「列女二」の方はほとんどが元末の紅巾の兵乱の中で節を守って殺されたり自殺する話であり、王朝交代の非常時の悲劇として以上の内容は見出されない。「列女一」の方がまだしも多様な話を収録しているが、その内容を大別すれば孝女と守節のみである。守節の具体例は兵乱の中での受難の二例を除いて、あとはすべて不再婚を貫く話、夫に殉じて死ぬ話、夫の死後再婚を強制されて自殺する話である。

平常時であっても守節のために死に至るのであるから『宋史』と比べてそのイデオロギー性の強さが目を惹くのであるが、『元史』ではさらに、未成婚のうちに死んだ許婚者のために不婚をちかう話が三例登場してくる。婚礼が成立してもいない相手に対して貞節を守り、不再婚（?）を誓うということは、殉死とともに、むしろ不自然な礼の過剰性が出現しだしているといえよう。

しかし、その一方で再嫁を拒否する嫁に対して「世の婦人はみな再婚している。人だってそれを非としたことなどない。お前一人が何の恥だというのか」（霍氏二婦）と諭す姑のセリフからみれば、守節の理念とは別に、世間では再婚があたりまえであったこと、とりわけ年が若く子の無い嫁にはその自立できぬことから、再婚の圧力は婚家、実家双方からかかってきたことが確認できる。霍栄の妻段氏の例では、実子がなく養子をとっていたが、夫が死ぬと舅姑を養い孝婦と称せられていた。その舅姑も死ぬと、再嫁の圧力は婚家の族父からやってくる。養子は里に帰し、実子の無い嫁は再嫁すべきであるという族父の主張は「霍氏の業（不動産）はお前の関与するところではない」ということばからもわかるように、財産を取り込むことが目的であった。段氏は入れ墨して守節の決意を示すが、再嫁の問題はつまるところ経済問題と深くかかわるものであった。

ところで段氏の入れ墨の話が出てきたが、『元史』では守節を誓う際に、入れ墨、断髪、耳・指の切断、容貌の損傷という具合に、みずからの肉体を痛めつける行動様式をとることが多い。あるいは兵乱の悲劇の中、軍糧が足りず、一人の男が兵に食用に供されることになった、男の妻は秘匿してあった米と味噌を代わりに提供しようとしたが聞き入れられず、ついに自分が身代わりになって煮られるというカニバリズムの話も一例ある（李仲義の妻）。また重病の親のために自分の肉体を切りとって食べさせるという、中国の孝道に有名な人肉を薬とする習慣[5]も散見されると同時に、失明した親の目をなめる、癩病の親の膿血をなめる、夫の病状をはかるためにその糞をなめるといった、「烹身割股」のグロテスクな肉感的表現が目立つようになっている。そして、かような傾向は次の『明史』においてよりエスカレートしていくのである。

## （C）『明史』の「列女伝」

『明史』巻三〇〇～巻三〇三「列女伝」の女性の総数は二九四人にのぼる（陳東原）。このように節烈の婦女が盛んに生みだされた要因として、「列女伝」の序では「明が興ると、これを著わして規条となし、巡方督学は毎歳にそのことを上申する。大なる者は祠祀を賜い、次もまた坊表を樹てる」と政府の褒賞のあったことを指摘している。すなわち、『大明会典』巻七九によれば、洪武元年（一三六八）に「民間の寡婦、三十以前、夫亡くして守制、五十以後節を改めざる者は門閭に旌表し、本家の差役を除免す」という布令がなされ、三〇歳以前に寡婦となり五〇歳すぎまで再婚しなかった場合には本人が顕彰されるばかりか、その家の力役が免除になるという実利が加えられたのである。しかし、現実としては、この二〇年間、一族に寡婦を養っていくゆとりがあるのかということが問題になってこよう。「列女伝」の記事を見ていく限り、寡婦の周囲は、彼女を節婦たらしめようというよりは再婚させようという方向に動き、節を守ろうという寡婦は人々と摩擦を生じて孤立しがちである。烈女は多くこうした周囲との軋轢の中で生み出されてくるのだ。以下、「列女伝」の記事をいくつか要約してみていこう。

（a）湯慧信は鄧林に嫁いだが、二五歳の時、夫は七歳の女児を残して死んだ。夫の族人はその住居に目をつけ、実家に帰るように湯に迫ったが、従わないとみるや住居を富豪に売った。埋葬してある夫の遺骨を捨ててはいけぬと自殺しようとした湯の義に感じて富豪は去った。かくして、族人は財産に目をつけているだけなのだと察した湯は、資産を族人に譲り与え、みずからは機織りをして自給した。墓を守り続けて六〇年、大洪水になっても立ち去らず溺死した。

（b）王氏は陳家の要請により、許婚者の陳佳の看病をしていた。佳が死んでしまったので王氏は不再婚の誓いをする。しかるに陳佳の母は、婚礼が成立していないのに守節というのは名分がたたないと翻意を促す。王氏は髪を切り顔を傷つけて決意を示す。姑と二人の小姑は鞭で打つなど婢女のような辱めを王氏にあたえつづける。夜は小姑のベッドの下で寝かされて、湿気のためについに王氏はセムシになってしまった。のち節婦として郷薦を受け、その家を栄えさせた。

（c）馬氏は結婚五年後に夫が死に子がなかった。家がひどく貧しかったため、姑は再婚させようと彼女に糧食を与えない。それでも動じないので密かに結納を受け取ってしまう。馬氏は進退窮まり自殺するが、食器には糠が残されていただけだった。

「節に死するは易く、節を守るは難し」ということばさえある。このように再婚を促す周囲の圧力の下で守節を貫き生活していくということは並々ならぬこととして、寡婦の側の決意の表現にも異様なものが出てくる。『元史』に現われはじめた殉死、未婚の節婦という過剰な礼すら、『明史』ではもう目新しいものではありえず、入れ墨、断髪、耳・指の切断、容貌の損傷というようなことも、ほとんど常套句と化して刺激的ではない。節婦の行動はますますエスカレートして描かれる。

（d）王世昌に嫁いだ易氏はまだ処女のまま夫と死に別れることになった。節を守って四〇年以上も外に出なかったばかりか、世昌が病の時に吐いた痰血を一袋に収め、生涯それを枕にしていたという。

（e）劉慶の妻馮氏は、鉄釘を噛みきるほどの者でなければ守節は不可能だといわれると、ただちに壁の釘を抜いてくっきりと歯形が残るほどに噛みきった。さらに肘の肉を切って釘で壁に打ちつけたところ、死ぬまで肉は腐らず、歯形は新しいままだったという。

しかし、このように鬼面人を驚かすようなグロテスクで過剰な表現は、氾濫すればするほど現実味が薄れてくる。そして、守礼における過剰なリゴリズムはかえって礼のカリカチュアとなってしまう。

（f）史茂は文才を見込まれ谷氏の入り婿となるはずだった。ところが、谷氏の隣人の宋思が、谷氏の父に貸した金を結納金と称して横やりをいれ、裁判ざたにする。しかし、知県は虚偽の訴えと察して宋思を罰する。さて、一件落着後、谷氏が（県庁の）階段を下りようとし、史茂が手を貸そうと近づくと、もともと谷氏は「不出閨閣」の貞女である。下役人が居並ぶところで夫があまりに間近にいるため、恥ずかしさで思わず史茂を押し退けてしまう。知県がこれを遠目にみて、谷氏は史茂との結婚が不本意なのだと思いこみ、たちどころに判決を改めて宋思に嫁ぐようにいう。宋思は得たりとばかりに谷氏を連れていってしまう。谷氏は号泣し首を吊ってしまった。知県はこれを聞き驚いて宋思を捕らえようとするが逃げてしまった。史茂は谷氏の義に感じ、生涯結婚しなかった。

まるで公案物（裁判劇）の一幕を見ているような、この勘違いのドラマは「不出閨閤」の貞女の悲劇なのか、喜劇なのか。そして過剰な守節に対しても、人々は意外にさめた目をしてみているのである。

（g）宣氏は張樹田の妻である。夫は常軌を逸していて夫婦仲はよくなかった。それでも夫が病死すると宣氏は殉死を誓う。たまたま夫の友人であった沈思道も死んだので、その妻孫氏も殉死を誓い、二人は（首吊り用の）布を分けあう。孫氏が縊死した後、ある人が、孫氏は夫に人を得たので死をもって報いたのであるが、宣氏にはそんなことをする理由がないではないかと諭した。宣氏は、婦道を尽くすだけで夫の賢不賢とは関係がない、といい残して縊死した。

ここで宣氏の死を押し止めようとした人物のセリフには、実情に裏づけられた殉死（孫氏のケース）は肯定しても、ためにする殉死には批判的な口吻がみられる。

（h）鄭氏は趙鈺の妻であった。剛烈な性格で寝室でも言動は礼にかなっていた。ある寡婦が再婚して引き出物に茶菓子を持ってきた。鄭氏は怒って捨ててしまう。夫がからかって「罵りなさんな、お前さんは幸いまだ夫が死んでいないだけじゃないか」。鄭氏「ご心配なく。私がどうしてそんなことをしましょうか」。のちに夫が危篤となり、鄭氏をみつめているので「私を疑うのですか」とベッドの手すりで首を吊ってしまった。

この話は「荘子休、盆を鼓いて大道を為す」[6]という白話小説の導入部に酷似している。いま簡単にそのあら筋を紹介してみよう。

荘子はまだ盛土の乾かぬ墓を団扇であおいでいる喪服の婦人に会う。墓の土が乾いたら再婚できるのだという。荘子があおいでやると墓はたちまち乾く。喜んだ婦人から団扇をもらって帰り、その話を妻にすると妻は盛んに罵り、自分なら節を守るといって団扇を破ってしまう。ほどなく荘子が急病で死ぬ。妻は嘆いているが、初七日に美しい青年が出現するやたちまち恋仲になる。二人の婚礼の日、突然、青年は病気になるが、人間の脳が薬になるという。そこで、死んで間もない荘子の脳を取ろうと妻が棺桶を斧で破ると荘子が生き返る。すべて、荘子の術であった。妻は恥じて自殺する、というまことにすさまじい話であるが、作者馮夢龍の意図が偽善的な礼節の皮をうちはがし、人間の赤裸々な本音に迫ろうというものであることは明らかであろう。

馮夢龍は他の随筆の中でも、母を無くした孝子が哭くたびに群鳥が集まってくるという美談を、実は哭くたびに餅を地面にばらまいておいたので鳥が集まるようになり、度重なるうちに、哭いただけで鳥が群がるようになったのだとすっぱ抜く文章を書いている。[7] なにしろ白話小説の世界では、「女性」なるものは白蛇の精ともなって、奔放に恋しい男を追い続け、[8]『金瓶梅』では愛欲の限りを尽くす。そこに見透かされてきたものは、退廃的な現実社会の乱倫性と偽善性にほかならない。

(ⅰ) 嘉定の張氏は汪客の子に嫁した。その姑は人と私通することが多々あった。胡巌という悪党が姑と謀り、張氏の夫を県に派遣して、自分は日がな入りびたって飲食をほしいままにしていた。ある日、張氏に同席を求め、やがてこれを犯そうとした。張氏は杵をふるって抵抗したので、怒った胡巌は姑とともに事の漏洩を防ごうと、手下を呼び寄せ張氏を惨殺したうえで、証拠隠滅のために死体ごと室に火を放った。のちに事実が明らかにされ、みな処罰された。

嘉靖二三年（一五四四）のこの殺人事件は、多数の市人や学生の抗議を引き起こした有名な事件であった。[9] しかしながら、惨殺された張氏は貞婦であるといっても、この貞婦をリアルに語るためには、「列女伝」は、私通をくり返し、あまつさえ自分の情人との淫行を嫁に強制し、はては殺人に関わるという淫姑の存在をもあけすけに描き出さなければならなかった。悪女を描かないという「列女伝」も、醜悪な現実の側からその理念型に亀裂を生じさせてしまったといえよう。

（j）葉氏は父母が死んでしまったので婚約をしていた翁家に育てられる。一四歳の時、翁家は没落し、かつ姑も死んでしまったので、舅は彼女を家奴のように扱った。そのうえ息子がまだ幼いので彼女を羅姓に売ろうとした。「私は品物でもないのに、どうして輾転と売買されるのだろうか」と悲嘆にくれ河に身を投じた。

自分は物ではないのになぜ転々と売られるのかという葉氏の嘆きの声は、婚姻が人身売買の側面ももつ現実（この場合は童養媳）をなじったものにほかならず、その自殺は守節のためというより、いっそ現実への抵抗として受けとめられるものである。

以上、大まかに近世の「列女伝」を見てきた。近世は庶民化の時代ともいわれる。道学の卑俗化は卑俗であるが故に残酷な過剰性をもち、グロテスクな烈女伝説を作り上げることになった。その極みを我々は『明史』の「列女伝」に見出したわけである。明代の文学を語るグロテスク・リアリズム[10]という評価は「列女伝」を語るさいにも充分有効なものだといえよう。

しかし、明代は一面で銀経済の膨張を受け、新四民説（士商農工）が生まれるほどに、商人の活躍が見られ、社会の内部流動が活発な時代であった。「列女伝」にも士女だけではなく行商人の妻や乞食の婦までが登場してくる。現実を見抜く目はむしろ鍛えられ、現実をありのままに描写し、現実に抗議をする批判精神の芽生えすら感じられる時代であった。

実際、明代には節烈や孝義の殺身的行為をたたえる思想家のみが存在していたわけではなく、殺身行為に対する明確な批判があった。その代表的な人物の一人として、庶民学者、泰州学派の始祖王艮を冒頭に挙げたわけである。王艮（心斎）の「安身」の主張と「烹身割股」への危惧は弟子との問答においても言及されている。

先生は周季翰におっしゃった、仁に止まる、敬に止まる、孝に止まる、慈に止まる、信に止まる、などという時、もしその以前に身を安んずるということがよくわかっていなかったならば、孝に止まるもので烹身割股するものが出るに相違ない。敬に止まるもので纓を結んで餓死するものがあるに相違ない。[11]

島田虔次氏は、「私は未だ此の行為（割股）に対して儒家（士大夫）が一般にいかなる態度をとっているか調べてみたことはないけれども、近人の集を読むうち墓誌銘や節婦伝の二三のものより得た印象によって言えば、大体においてやはり是認賞賛の傾きにあるようである。殊に、嘗てはカントを読みニイチェを引用した燕京大学教授王国維の「羅君楚妻汪孺人墓碣銘」（『観堂集林』巻一九）に「孺人服勤無方……臂肉以療所天」の一句を読んだ時には、少なからず驚かされた（所天は夫）。いずれにせよ、少見多怪のそしりは免れぬかも知れないが、心斎の割股に対する意見は注目に値するものと思われるのである」と述べて、近人王国維に比しても、明人王艮の批判精神が突出していることに刮目されている。こうしてみると「烹身割股」の問題は時代を下ってなお存在するのである。引き続き清末までたどってみよう。

## 第三節　清末の「守節」と「孝義」

『清史稿』は民国になって編纂されたものである。巻五〇八「列女伝」の序文には、

晩近は、異議を好み、女は父に黍なわれ、妻は夫に黍なわれていると考えて、うれえ悲しみ自ら食うことを求めたり、あるいは女は父母に制約され、婦は舅姑に制約され、妻は夫に制約されているといい、一切を断絶し、家を捨て国を越え、広大に務める。[13]

との言及があり、女性の自立を唱う新思想流行のさまが反映されている。しかし、『清史稿』の編纂者（清朝の遺老を含む）はこのような風潮に対して「職分を棄て家、国を害する」と慨嘆するのであり、その意識は前代と全く変わっていない。また清朝の制度として、孝婦女、烈婦女、守節、殉節、未婚守節が礼部により賞揚されたことは明代と同じであるが、親の病気に割股し、親の死に殉ずることはともに「傷生」として禁止されている。[14]そのためか、『明史』に比して割股の事例の掲載は少なくなっているが、全くないわけではない。また、それに代わってというべきか、親や夫のために復讐（殺人）を遂げる事例が賞賛の対象として多数収録されていることも目を惹く現象で

ある。

一九世紀末、開港後の中国には海外より、新知識、新思想がようやくもたらされ、流行し始めることになる。この際、新たな情報メディアとして働いたのが、教会新聞を嚆矢とし、陸続と発行された各種の報刊類である。なかでも視覚に訴える絵入り新聞の果たした役割は大きかったであろう。その著名なものは『点石斎画報』であるが、筆を執った画家の一人呉友如の画譜には、守節と孝義に関する興味深い挿し絵が収録されている。最後にその絵と詞書きを簡単に紹介してみたい。

（図１－１）殺妻療母(15)

昔、呉起が妻を殺して将を求め、後人はこれを残忍な心だと思ったが、妻を殺して母の病を治療しようという者がいたとは。日本人の高羅は、農家の子である。母親孝行で知られていた。母は一〇年以上も眼疾を患い、百薬も効なく、最近はさらにひどくなり、ほとんど失明しそうであった。高は心配で寝食も忘れるほどであったが、たまたま鳥の肺がこの病の聖薬であると聞き、八方手を尽くして探し求め、母に服用させたところ、果たしていささかの効果があった。しかし間もなくまた元のように見えなくなってしまう。高の憂慮はますますつのった。人間の肺を薬と合わせると特別の効果があると聞き、これを求めたが手には入らない。我が身を殺して肺をとり母を治療しようと考えたが、自分が死んだら誰が母の治療をするのだろうと思い直した。高には五歳の娘がいる。抱いて人の居ないところで刀を振るおうとするが、耐えきれず呆然として止めてしまった。先月のはじめまで、娘を殺すことを転々として思い、ついに決心して妻にうち明けた。妻は承知せず口論となったすえに、自ら首に縄を掛け高に絞めさせ、娘の代わりに死のうとした。高は激昂してついに妻を縊り殺し、腹を割いて肺を取り出した。事は妻の妹の耳に入り、妹が控訴したため高は逮捕収監された。

（図1－2）西婦殉節[16]

烈女殉夫ということは中国には常にあり異とするに足りない。泰西の婦女にそれの出来るものがいようとは。広東人の林某は大ルソンにて雇われ、勤勉節倹に務めてこつこつ財をため、遂に当地に小さい店を出し一西婦を娶り一男一女をもうけていた。年来、商売がうまくいかず故郷に帰ろうと思ったが、西婦が田舎暮らしには耐えられまいと思い未だ決しかねていた。彼女はその様子をうかがい、西洋人だからといってどうして夫に従えないことがあろうかといい、ついに家族で東帰した。西婦は郷人とともに働き、郷里はこれを賢とした。今春、林が突然死に、婦は悲しみのあまり水ものどを通らず夫に殉じようとしたが、親族に子供の養育を理由にいさめられ、ついに思いとどまった。しかし、悲憤憂愁から胸を病み月初めに死んでしまった。ああ、この婦人こそ、まことに節烈というべきであろう。

この二枚の挿画が興味深いのは、伝統的な割股と殉死のエピソードを、外国の事例に見出して取り上げていることである。「殺妻療母」は日本人の話として紹介されているが、そのニュースソースは明確でない。描かれている日本の生活が、着物や下駄らしきものを配していても、まるで中国的であるということはさておき、果たしてこの種の事件が実際にあったものかどうか、私はまだ調べえていない。とはいえ、『二十四孝』は日本にも流布していたし、儒教の価値観も江戸時代以降は日本の社会に浸透しつつあった。中国の孝道に典型的な「割股」が日本の親孝行の具体的な実践としてどれほど普遍性をもっていたかは定かでないが、明治期の日本においてさえ、人間の内臓を薬として処置する猟奇的な事例は紛れもなくあったという。

図１－１　殺妻療母（呉友如著『海国座談百図』湖南美術出版社、より）

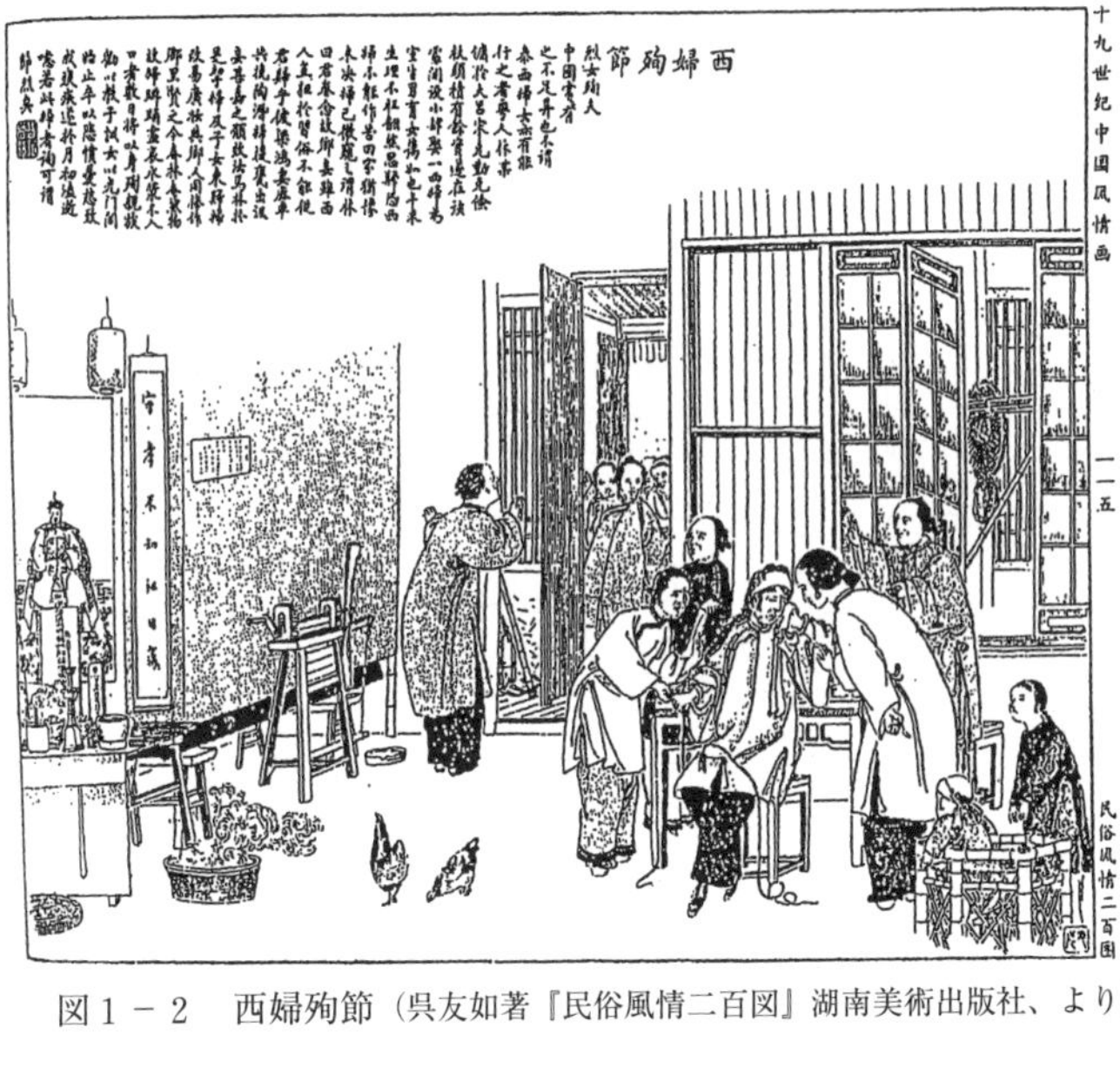


図１－２　西婦殉節（呉友如著『民俗風情二百図』湖南美術出版社、より）

「西婦殉節」にしても、典型的な節烈の主人公が西洋婦人であるところが、記者の関心を誘ったのであろう。開国とともにさまざまな海外の風俗習慣が虚実取り混ぜて紹介されているわけであるが、このような自己投影のような海外紹介が現れてきているのは、いかにも転換期ならではの混沌ぶりである。しかし、少なくともこの時期においてなお、作者呉友如において、伝統的な割股と殉死への疑問や批判は、全くなかったのである。

周知のように、五四新文化運動の中で、魯迅は『狂人日記』を始めとし「祝福」（強制的に再嫁させられた女性が、節を守れなかったとして死後の地獄行きにおびえる）、「薬」（処刑された女性革命家の死骸から血を取り、饅頭にひたして薬とする）等の絶望的な怨念をにじませた作品を書き綴り、徹底的な儒教批判を展開した。儒教は「人を食う礼教」とまで形容されたわけだが、それも無理からぬところで、割股と殉死は、実に二〇世紀初頭まで、孝義と守節という二大徳目の具体的表現であり続けたのだ。

ふりかえれば、古代の正史にはなお散見しえた多彩な女性像も、『元史』『明史』の「列女伝」に至るや全く影を潜め、採録される人物の徳行は守節と孝行に収斂されて単調化していき、本来「過不及」なき体でなければならない礼が、いやがうえにもその過剰性を増していく。この単調化と過剰性を近世的卑俗化の特徴ととらえることは可能であろう。しかし、過剰性の極みはほとんど非現実的な様相を呈し、人生の現実との亀裂は、むしろ偽善を暴く健康な批判精神も生んでいったのである。泰州学派の提示した人間観が、民国になってから再評価されるに至ったのも、まことに理由のあることであった。この問題に関しては本書の後半で詳述することとする。

（1）島田虔次『中国に於ける近代思惟の挫折』筑摩書房、一九七〇年。
（2）『重鐫心斎王先生全集』巻三「明哲保身論」、明刊、内閣文庫蔵本。
（3）劉向『列女伝』については、故中島みどり氏の遺作となった訳注と解説がある。『列女伝』一〜三、東洋文庫、平凡社、二〇〇一年。
（4）それぞれ『孔子家語』「不出於閨門」『礼記』「夫死不嫁」を通俗化したもの。
（5）桑原隲蔵「支那の孝道殊に法律上より観たる支那の孝道」『桑原隲蔵全集』第三巻、岩波書店、一九八七年。
（6）馮夢龍『警世通言』第二巻。
（7）馮夢龍『増補智嚢補』巻二七「偽孝」。
（8）馮夢龍『警世通言』第二八巻「白娘子永鎮雷峯塔」。
（9）拙稿「新都の楊氏と小説二題――烈婦と郷宦」『明末清初期の研究』京都大学人文科学研究所、一九八九年。本書第二章。
（10）井波律子『中国のグロテスク・リアリズム』平凡社、一九九二年。
（11）『重鐫心斎王先生全集』巻三「答問補遺」。
（12）島田虔次『中国における近代思惟の挫折』一四八頁、注一九、筑摩書房、一九七〇年。
（13）『清史稿』巻五〇八、中華書局本、一四〇一九頁。
（14）『清史稿』巻四九七「孝義一」中華書局本、一三七三〇頁。
（15）呉友如著庄子湾編『海国叢談百図』一四頁、湖南美術出版社、一九九八年。
（16）呉友如著庄子湾編『民俗風情二百図』一一五頁、湖南美術出版社、一九九八年。

# 第二章　白話小説に見る明末の世相——烈婦と郷宦——

明代きっての博学者焦竑（一五四〇～一六二〇）に「我朝両木蘭」という一文がある。(1)木蘭という題からも察することができるように、二人の男装の女性の話である。その一人、金陵の女子、黄善聡が男姿に身をやつし、同業者の李英とともに線香を行商し、寝食をともにしながらも、ついに女であることを見破られなかったという話は、当時、よほど人々の気に入られたエピソードであったとみえ、恵康野叟の『識餘』巻四、黄瑜の『雙槐歳鈔』巻一〇、馮夢龍の『情史』巻二などにも収録されている。

のち、この話はさらに脚色され、「李秀卿義結黄貞女」(2)という白話小説に仕立てあげられ、一方『明史』巻三〇一「列女一」にも黄善聡はその名をとどめたのである。

『明史』に名をとどめ、しかも白話小説化されている人物の例はまだある。例えば沈錬（『明史』巻二〇九）は「沈小霞相会出師表」(3)という小説に、盧柟（『明史』巻二八七）は「盧太学詩酒傲王侯」(4)、阿寄（『明史』巻二九七）は「徐老僕義憤成家」[5]という具合である。いずれもその出所は馮夢龍の『智嚢補』とか同『古今譚概』といった筆記小説に基づいているのであるが[6]、先述の黄善聰のように、同一の話がほとんど字句も変えずに、あちこちの筆記に散見されるということも多々ある。白話小説化の以前から、いかに人々の間で愛好され、書きつがれ、流布されていたかということを示すものであろう。逆にいえば明末の白話小説は、当時、人々の間で好んで話題にされ、取り沙汰されたゴシップや事件を脚色し潤色した、現代風にいえば、実話のノベライズといった性格を強くもっていたことになる。本章では、かような白話小説を手がかりに、混沌とした明末社会の意識変化、通俗化した社会規範の綻びを読みとってみたい。

## 第一節　小説「唐貴梅伝」

明末の白話小説といえば「三言二拍」がその代表とされる。馮夢龍の三言と凌濛初の初刻、二刻『拍案驚奇』であるが、『三刻拍案驚奇』という短編小説集も排印本で目にすることができるようになった[7]。原書は北京大学図書館蔵の明末の刻本で、八巻三〇回本。ただし、一三、一四、一五回は題目だけで文章はない。この書は別名を『幻影』ともいったようで、編者は西湖浪子、夢覚道人となっており、その実名ははっきりしないが、陸雲龍が著者の一人であろうと推定されている。陸雲龍、字は雨侯、浙江銭塘人。本の刊刻年代も明確でないが、鄭振鐸は崇禎一六年癸未（一六四三）と推論している[8]。

この『三刻拍案驚奇』の第六回「冰心還独抱　悪計枉教施」はいわゆる烈婦をテーマにしたものである。簡単にあら筋を紹介してみよう。

池州貴池県（安徽省）に唐貴梅という娘がいた。父親は老書生で、娘には幼い時から「孝経」「列女伝」を読ませていた[9]。唐貴梅が一三歳の時、母親は病死。育てあぐねた父親は彼女を朱寡婦の息子朱顔と結婚させる。宿屋を営んでいた朱寡婦は常客の汪洋という徽州商人と情を通じていた。やがて朱顔が病死すると、汪商人は寡婦を通じ唐貴梅に求婚する。寡婦は商人より八〇両をせしめ、彼女に再婚を強制する。守節を誓って承知しない唐貴梅に業をにやして打擲するうちに、もみあった唐の指先が寡婦の顔面をかすり、傷をつけてしまう。怒った寡婦は「打婆婆（母親を打つ）」の不孝者として彼女を県に訴える[10]。訴えを取りしきったのは毛通判であるが、汪商人よりの賄賂を受け、唐を厳罰に処したのち、なおもその改節をのぞむ汪商人の要請をいれ釈放する。事情を知った隣人達は、冤を雪ぐようすすめるが、事実をさらすことにより姑に悪名を与えたくないと、唐はついに庭の梅の木で自縊してしまう。

これはその由来が非常にはっきりしている実話のノベライズである。すでに小説の末尾に「四川の喩士積は詩を作りこれを弔った。楊升菴太史が彼女のために伝を作る」と明記し、楊慎（一四八八～一五五九）の著わした「孝烈婦唐貴梅伝」の一節と、それに対する李卓吾（一五二七～一六〇二）の評文一節を付記しているからである。

すなわち、この事件が実際におきたのは弘治年間のことであり、地元池州ではかなり喧伝されていたらしい。四川の喩士積というのは楊慎の舅（継母喩氏の兄弟、内江人）であり、たまたま池州に遊んだ際、この話を耳にして詩を作り、帰ってから楊慎に彼女の伝を書くようにすすめたという。楊慎がこの伝を執筆したのが正確にいつであるかはわからぬが、この伝は『太史升菴全集』巻一一に収められている。『升菴全集』の刊刻は万暦一〇年のこととみられ、李卓吾はこの文集に批点を加えた『李卓吾先生読升菴集』を出版している。李卓吾の批評はそれだけを拾い読みしていってもなかなかおもしろいものであるが、この「唐貴梅伝」に関する批評はその中でも最長のものであり、そのまま『焚書』（万暦一八年刊）巻五にも収録されている。この批評の内容についてはのちに触れたい。

こうして、楊慎と李卓吾の手によって世間に流布された「唐貴梅伝」が、崇禎中に白話小説化されたわけであるが、白話小説ということでいえば、『二刻拍案驚奇』（崇禎五年刊）の巻三五「錯調情賈母詈女　誤告状孫郎得妻」の入話の部分も、この「唐貴梅伝」ときわめて類似した筋立てである。ただし、女主人公は湖広の黄州蘄水県の陳氏であり、冤罪や官への賄賂という要素も入っていない。凌濛初が全く別の素材にのっとって書いたのか、やはり楊慎の唐貴梅伝にモティーフを得て改作したのか、今のところ明らかでないが、『二刻』と『三刻』では同じ材料を使いながら別の物語に仕立てあげられている作品例が他にもあるので[11]、改作であっても不思議ではない。

ともあれ、ここでは弘治年間に発生した烈婦唐貴梅の事件が、楊慎、李卓吾の筆を得て、世間に流布されたのが、万暦年間であり、のち、崇禎年間に白話小説化され、いっそう生き生きと明人の記憶に刻まれ、最終的には『明史』巻三〇一「列女一」にもその名をとどめられたという経過を、まず確認しておきたい。

## 第二節　『明史』の三烈婦と帰安の烈婦

『明史』列女伝には、ざっと二六〇名余りもの孝女、烈婦、節婦の行事が並べられている。あの劉向の『列女伝』のような、明確な分類意識をもって記述されているわけではないが、類型化できるものは、それなりにひとまとめにして敍述されている。

唐貴梅の伝は、王妙鳳、嘉定の張氏の伝と一括されている。この三者に共通する要素とはどのようなものであったのか。唐に関しては既に小説により紹介してあるので、残りの二人の伝をここに紹介し比較してみよう。

〔王妙鳳〕

王妙鳳、呉県人。呉奎に適《とつ》ぐ。姑は淫乱であった。正統中、奎が行商に出かけた。姑は私通の相手と飲み、ともに妙鳳を汚そうとして、彼女に命じて酒を取らせたが、瓶を挈げたまま進んでこない。頻りにこれを促がすのでやむをえず入室すると、姑の情人は戯むれにその臂を縒《ねじ》った。妙鳳は憤り、抜刀して〔自分の〕臂を切断しようとしたが断ち切れない。再度試みてやっと絶ち切った。〔彼女の〕父母はこれを官に訟えようとしたが、妙鳳がいうには、死ぬのであれば死ぬだけです。婦《よめ》が姑を訟えるという道理がどうしてありましょう、と。一〇日余りして亡くなった。

〔嘉定の張氏〕

そののち嘉靖二三年、嘉定に張氏というものがいた。汪客の息子に嫁ぐ。その姑はたびたび私通していた。諸々の無頼の中に胡巖というものがおり、最も悪辣で群党はみなその指示を聴いた。ここに姑と謀って息子を県に派遣して兵卒とさせ、そうして巖らは一日中飲みあかしていた。ある日、婦を呼んで同席させようとしたが応じない。〔……〕巖はただちに入って婦を犯そうとした。婦は人殺しと大呼し、杵をもって巖を撃った。巖は怒って走り出た。〔……〕早朝、巖と姑は事が洩れることを恐れ、婦をベッドの足に摯ぎこれを監禁した。日が明けると諸々の無頼を召集して酣飲し、二鼓〔午後一〇時〕、みなで婦を縛り槌斧を交ごも撃ち下した。〔……〕死体を挙げてこれを焚こうとしたが重くて挙げることができなかったので、その室に放火した。

『明史』に記述されたこの三者の伝の共通項をあげれば、「姑有淫行」(王妙鳳伝)、「姑与富商私」(唐貴梅伝)、「其姑多与人私」(嘉定の張氏伝)と見られるように、身持ちの悪い姑とその情人が加害者となり、夫の不在中に嫁に不倫を強制するという設定にある(唐貴梅の場合も、楊慎の著作では「夫貧且弱」とのみあり、小説のように病死したとは明記されていない)。

そもそも、夫に先立たれた寡婦が再婚を強制されたあげく、それに従えば失節の嘲笑を受けるという悲劇は、魯迅の「祝福」[12]にも見られるものである。『喩世明言』巻一「蒋興哥重会珍珠衫」の平氏の場合のように、意に染まぬ改嫁をすすめるものが賤しい家人(奴僕陳旺の妻)でもあるならば、「平氏大怒、把他罵了一頓、連打幾箇耳光子」と思いっ切りひっぱたくこともできようが(結局、平氏は再婚するのだが)、これが姑のことばとあれば、従わなければ「不孝」従えば「失節」である。嫁にとって進退極まるシチュエイションといえよう。そのうえ、この三件ではきちんとした再婚話というわけでもなく、相手として強制されるのが姑の情人という点ではなはだしく理不尽であり、むしろ相手の非を訴えることもできようものを、「豈有婦訟姑理邪」(王妙鳳)、「妾之名幸全、如播姑之悪何」(唐貴梅)とあるように、嫁として姑の悪事は暴けないというのであれば、結局、黙して死んでいくしか道はないのである。そればかりか、嘉定の張氏の場合は、陰惨で残酷な殺人事件になってしまった。

さて、正統中の事件とされる王妙鳳の伝が何に由来しているのか、私はまだ見出せていないが、三話の中では原型ともいうべき比較的単純な筋立てで、道徳の化身、烈婦を描写するに止まっている。それにひき較べ、後の二者にはそれぞれ新しい要素が付加されてきている。冤罪と、事件を処理する官吏のモラルの問題である。その点についてもう少し史料を見ていこう。

二件目の『明史』唐貴梅伝が楊慎の「唐貴梅伝」を簡略化しただけのものであることは指摘するまでもなかろう。三件目、嘉靖二三年（一五四四）の嘉定の張氏の事件は、帰有光の文章に基づいている。帰有光はこの事件になみなみならぬ関心をみせ、「書張貞女死事」「張貞女獄事」「貞婦弁」と実に三篇もの文章を書いている。[13]その文章は、あたかもルポルタージュの如く、事件を生々しくとらえている。ここでは「張貞女獄事」によって、もう少し詳しくこの事件を追ってみよう。

張氏の姑は以前、傭奴の王秀と私通していた。胡巖父子は張氏を謀殺したのち、金を餌に王秀を呼びよせ、張氏の死体を焼いて犯跡をくらまそうとしたのみならず、張氏は王秀と私通して自殺したのであると誣告しようとした。その一方、張氏の義父汪客、張氏の族人、県の小役人へと幅広く賄いして、事件のもみ消しを謀ったのである。県令は新参者で法律に暗く、在郷の名士、すなわち罷官ののち家居している張副使、服喪中の丘評事の両人に示唆され、「雇工人奸家長婦」の律[14]をもって王秀を処刑し、一件落着させようとしたのである。県令は事件の周辺に賄いを受けた者達がいることを察しつつも、あえて厳しい態度はとらなかった。しかし、死体の傷は明らかに殺人を物語り、訊問を受けた小女奴が、具体的に犯人達を指摘したため、市人は冤罪を唱え、県学の諸生も大義をかざして県令に詰めよる。ついにいったんは釈放した胡巖等を縛につけたのである。

帰有光はこの文章を嘉靖二七年に書いている。被害者張氏の族人[15]までが賄いをうけ、口を閉ざして語ろうとしないのに義憤を覚え、張氏のために事の次第を反復弁じたのである。彼は、傭奴との私通という張氏の被った冤を雪ぐだけでなく、張氏が貞婦、烈婦であったということも、強く論じたてなければならなかった。世間では、自殺をしなかった張氏は烈婦たりえなかったといい、張氏はなぜ早く自殺しなかったのかという疑念の声も厳然と存在していたのだ。[16]

楊慎においても、帰有光においても、かかる文章を執筆した意図はもちろん、烈婦を顕彰することにあったはずだ。しかし、冤を雪ぐべく、彼女たちのおかれた状況に筆をすすめれば、おのずから、烈婦を囲繞し、烈婦を生みだした諸悪の存在を浮かび上らせることとなる。淫姑、悪少、賄賂を授受する商人、役人。そして、これら諸悪の中でも贓吏に対する指弾において、ことの外強烈なものがあることに注目すべきである。

楊慎は、賄いを受け唐貴梅を冤獄に下した通判を「慈谿〔浙江〕の毛玉」とその名を伏せることなく書き記した。李卓吾の批評に至っては、その非難の鋒先を挙げて毛通判に向けている。ちなみに、白話小説の『三刻』では、毛通判と記しながらも慈谿の人であることは省略され、小説の最後に卓吾のこの評論を一部引用しながら、その眼目である毛通判批判のことばは全く除いている。また、『明史』ではその姓名も省略されてしまっている。では、ここに卓吾の批評をみてみよう。

卓吾子曰く、先王の教化は、ただ窮郷下邑に行われているのであり、冠裳済済たる名區には行われていない。ただ三家村中の字も識らない女児に行われて、平素より読書して民の上に居る君子には行われていない。池州の通判毛某は、平素より読書して民の上に居る君子ではなかったのか。慈谿の県城は、また毛某を産んだ巨邑、名區ではなかったのか。今、通判は賄を貪って孝烈に淫行を死逼した。平素より読書して教化に沐するものがこの有様である。孝烈唐貴梅はむしろ死んでも辱しめを受けなかった。いまだかつて読書もせず、聖教に沐することもなかったものがこのようであったとすれば、先王の教化もまた徒労である、と。[17]

卓吾の批評は、君子の教えを受けているはずの毛通判と、字も識らぬ女児唐貴梅とが、その道徳性においてはっきり逆転していることを指摘し、偽君子をあばき、先王教化の虚しさをいうものであるが、さらに語をつなぎ、唐貴梅の死の効果にも言及する。すなわち、唐貴梅が孝にして烈なる婦として死んだことは、衆人の知るところであるのに、官はそれを烈婦として推挙しようとはしなかった。楊慎が彼女のために筆をとった理由もそこにあったわけであるが、それをむしろ唐貴梅の幸福であると李卓吾はみなした。

楊太史は当代の名流である。有力者があれこれ手を尽くし、その一言を借りて自分を権威づけたいと思ってもできないのである。今、孝烈だけが独り太史の伝を得ることができ、みずからを百世に輝かせることができた。それだけで孝烈は死んだ甲斐があった。かりに当時において貴池に賢者がおり、果たしてよく慨然として彼女のことをお上に申し上げたとしても、また額を賜い匾を掛けるにすぎず、一故事で終わってしまっただけだ。

地方の賢者に推賞され、烈婦の匾額を賜ったところで、ローカルなエピソードに終わってしまう。有力者が何としても手に入れたい、当代の名流楊慎の筆になる伝をはからずも得たことにより、彼女の名は百世に伝わる歴史的なものとなった。そしてそれは翻って毛通判に対しても大きな影響を及ぼすことになる。そもそも、毛通判のしたことといえばただ賄をむさぼっただけであり、唐貴梅が死んだうえは誰も言いたてるはずのないことだった。それが当代の名流楊慎の筆により満天下に暴露されようとは誰が知ろう。

今、升菴文集は世間に盛行している。この集の中にこの事件を伝えていることを知らぬものはない。貴池の人士はみな知っている、贓吏毛某が賄を受けて、孝烈に淫行を死逼したと。慈谿の人士もまたみな知っている、郷官毛某が賄を受けて、孝烈に淫行を死逼したと。毛某に子孫がいなければそれだけのことだが、かりにも子があれば、決して毛某を父と認めることはしないだろう。かりにも孫があれば、決して毛某を祖と認めることはしないだろう。〔……〕そもそも毛某の心は、多くの金銭をつんでその子孫に遺してやり、子孫に己を感じさせたかったのである。子孫が己を決して認めないようにさせてしまったとはどうして知ろう。太史の伝が先王の教化よりも厳しいことは明らかである。

たたみこむような李卓吾のことばは、「先王の教化よりも厳なる」文筆の宣伝効果をよく知っているものの言である。後世まで悪名が書きとどめられることの恐ろしさは、当時の知識人であれば容易に察しがついたことであろう。我々は、かの王漁洋（一六三四〜一七一一）が曽祖父王之垣の名誉回復のため、後世、幾度となく反駁の論をはっている事例を想起すればいい[18]。王之垣は泰州学派の何心隠を冤罪に陥しいれたとして、万暦一三年（一五八五）、趙崇善に弾劾された人物である[19]。李卓吾が『焚書』で何心隠の冤罪を強く訴えていることは、すでに有名な話であった[20]。

唐貴梅の事件そのものはつとに弘治のできごとであったとしても、新たなる関心のもとに再びその事件が声高に喧伝された万暦の世において、賄いと冤罪が日常的現実であった以上、そこに影射を読みとるものも必ず存在したであろうし、より直接的に慈谿の毛氏にゆかりの人々がいたとすれば、ふってわいたような指弾の声として聞こえたであろう。

嘉靖末から万暦にかけ、つぎつぎと刊刻された楊慎、帰有光[21]、李卓吾の烈婦伝に展開されていったものは、烈婦の死を反省したり、烈婦を価値とする道徳原理への批判などでは決してなかった。烈婦の死は痛まれこそはすれ、無用のものとはみなされていない。ここで問われるモラルとは、むしろ、李卓吾のいう「偽君子」すなわち贓吏への批判であり、さらには豪家への警戒である。帰有光は張氏殺人事件の顛末を述べながら、次のようにいっている。

蓋し今、豪家の殺人は多くその尸《しかばね》を纂取してこれを焚く。官司その跡なきをもってすなわち置きて問わず。故に殺人は往々にして尸を焚くこと、吏たるもの知らざる可からず。(22)

かく豪家の殺人のやり口を説いているということは、豪家の無法行為が日常茶飯事であったことを示唆しよう。張氏を謀殺した胡厳父子の社会的地位は文中に明示されていない。しかし、厚く賄いをし、彼らのために奔走した副使、評事が獄の定まってからも「この獄必ず反す」といい、胡厳を相変らず「胡公」と呼称しているという帰有光(23)の憤慨からみれば、地方の勢家であるには違いない。そしてさらに我々は、県令を慚悔せしめ、曲りなりにも胡厳父子を縛につかしめた圧力として、大義をかざして県令に詰め寄った諸生の動きがあったことを知る時、確かに烈婦の問題は、この時期にあって一婦女のモラルの問題ではなくなっていることに注目させられるのである。烈婦の存在は、すでに理不尽で不条理な社会事象への表象としての意味をにないつつある。

『焚書』の出版からほどなく、万暦二一年（一五九三）から二二年にかけ、湖州（浙江）に大騒動がおきた。文秉『定陵注略』巻七にいう湖州の民変、すなわち董氏の変である。(24)これに関してはすでに佐伯有一氏の詳細な研究があり、(25)その経過に関し、今ここにつけ加えるものはない。佐伯論文に依拠して簡単に事件のあらましをふり返ってみよう。

事の発端は、万暦二一年七月、呉江の董氏の所領に関し繋争がおきたことにある。強引な土地集積をはかった董氏に対する呉江の民の集団的抗議がまきあがると、それは湖州に飛火し、湖州民による董氏への集団的抗議をも引き起した。と同時に、董氏とは姻戚関係にある、湖州帰安県の范氏もまた湖州民の襲撃をうけることとなった。范応期（元国子祭酒）の長男汝訥（監生）が若年でありながら礼法に循わず、奴僕を使って非行をなし、郷里に怨みを買っていたことが、変の直接的原因であったという。

翌二二年正月、御史彭応参が事件の取調べを開始するや、監生がリーダーとなり、数百人の訴件が提出され、二月には再び不穏な空気が流れる。董范両家の家人が調査を受ける間、范応期は湖州府城内へ逃れることとなった。そして三月、范汝訥が自殺。この時から范氏の家人たちの離反が始まり、ついに五月、范応期も自殺を遂げた。以上が変のあらましである。

この変の根本的な原因が土地問題にあることはすでに指摘されている通りであろう。しかし、今ここでは、社会経済史的にこの民変を正面からとりあげるのではない。我々の眼目は、当時の表層意識を読みとることにある。いわば、変をあおりたてるのに直接的な動機となったと思われる、エモーショナルな側面に注目したいのである。

すでに佐伯論文の中でも、范氏の長男の「品性」問題が事件の引き金になったことが指摘されているのであるが、我々は『定陵注略』巻七に記された湖州民変の記事の中に、先に列挙したものと同じパターンの烈婦の存在を見出すことができるのである。

范応期、嘉靖乙丹〔四四年〕の状元に登第する。歴官して祭酒となる。御史徐甲のために、弾劾されて罷める。家居しては横暴さが甚だしかった。小民を魚肉し、訟謀は山のようだった。〔……〕これより先、帰安の一監生が其の息子の婦を奸《おか》そうとした。婦は、気性が烈しく従わなかった。そこで其の奴と姦通したと誣告し、知県李松に賄いを納め、応期に仲介を委嘱した。誣告により逼って獄案を成立させた。たまたま巡按某が湖州を視察していた。婦は利刃を隠し持ち〔巡按のところに〕入り、大哭して冤罪を訴え、訴え畢ると堂上に自刎した。巡按は応期を弾劾して処分に降した。しかし〔知県〕李のために曲げて解かれ免がれることができた。

〔……〕ここに至って応期は変に遭遇した。人々は烈婦が冤罪をはらしたのだとして、李の漏網を恨んだ。

この件では、加害者は「淫姑」ならぬ淫舅であるが、嫁にとって不順の態度がとれぬ相手であることに違いはない。冤罪がその家の奴僕との関係を誣告するものであることは、嘉定の張氏と同一パターンである。婦と奴僕（あるいは雇工人）といえば、家父長制の中で、最も異議申し立ての困難な、冤罪を被りやすい立場であったろう。このたびも、やはり加害者は、知県に賄いして獄を成立させているが、その仲立をしたのが范応期であったわけだ。

帰安の婦は、自刃することにより烈婦となったのであるが、この万暦の烈婦には、先の『明史』に掲載された烈婦達とは大きく異なる点がある。すなわち、みずからの冤を雪ぐべく、ついに巡按に訴えるという行為をとっているのである。范応期の変（特に范父子の自縊と、それにともなう逆奴の出現）を、佐伯氏はまさに范氏家父長制の内部崩壊と表現したが[26]、いみじくも当時の人々は、その崩壊現象を「烈婦伸冤」といいつくしていたのである。彼らは烈婦の事件の背後にあるもの、頽廃的な現実をすでに見抜いていた。『定陵注略』の作者がなぜ、民変の記事にあえて烈婦のエピソードを挿入しているのか。そこにこそ、当時の人々の意識がゆくりなくも表明されている。烈婦とは歪んだ理不尽な現実を体制の弱者の側から告訴する象徴となっていたといえよう。

万暦の時代は、未婚の女性の死節を称賛する文章が盛んに書かれ始めるようになった時期ともいう[27]。婚礼が未成立であるのに死をもって節を守るというような行為自体が、礼にはずれた形態である、と帰有光などは喝破しているが[28]、かく不健全な貞節礼賛が行われるに至ったということこそ、むしろ現実社会の乱倫性、無法性をよく物語っている。

烈婦の存在とは、同時に「看你独造了貞節牌坊不成《あんたひとりいいこになろうたってだめさ》」（『二刻拍案驚奇』巻三五）[29]といい放つ淫姑の存在があってのものである。それは、「義僕」の存在を人々が筆記に書き留めようとする時、現実社会では「逆奴」「紀綱之僕」の横行、すなわち奴変が社会問題となっていたことと同じ構造である。(30) あるいは李卓吾が、やはり『焚書』に収録した義僕阿寄と寡婦徐氏の美談さえ、婦と家奴との私通（冤罪の誣告も含め）というよくある現実と、ネガポジの関係にあるとみなすことができよう。そして、このような社会の乱倫性、無法性を醸しだしているのが、他でもない、聖人に至る教えを人一倍受けているはずの人間達であるのなら、「郷居驕縦(31)」「家居横甚」という郷宦の問題は、時代の最大の懸案として必ずや白話小説にも登場してくるに違いない。とりわけ『二刻』の作者凌濛初は、湖州烏程県の人（万暦八年生）である。(32) 万暦二一、二二年の湖州の民変を知らぬはずはなかったろう。

## 第三節　小説「新都の楊氏」とその実像

王古魯は『二刻拍案驚奇』の紹介の中で、その四〇篇の短編小説の内容を二つに大別している。(33) ㈠は不法官吏に対する批判であり、四〇篇中、訴訟事に渡っている話が約四分の一以上を占めているとする。㈡は男女夫婦問題をテーマとしたものである。㈠に関しては、とりわけ巻四、巻一六に注目しているが、巻一六は宋代に題材を求めたものである。そこで我々は巻四の小説に注目してみよう。

巻四の「青楼市探人踪　紅花場仮鬼鬧」はその形式からいっても、『二刻』の四〇篇中ではいささかユニークなものである。大概の話がその導入部に、詩や詞をもってきているのに対し、それは宋代、宋彦瞻が状元留夢炎にあてた手紙を入話とし、その出典が『斉東野語』にあると作者自ら明記している(34)（但し、現行の『斉東野語』のどれにもこの条はみられない）。しかし、この話の示唆するところは重要である。

むかし、浙江省三衢に奉常（太常）に第し、帰郷したものがいる。宗族、縁者、友人はもちろん、仇者までもが祝いにくるのに、隣家だけが門を固くとざし、引きこもっている。不思議に思って聞くと、「今や或は一名を窃み、一官を得れば、即ち朝貴暮富の想いを起す。名愈々高く、官愈々窮まり、而して用心愈々謬まれり。武断するものこれあり。奸慝を庇い州県を持するものこれあり。これ一身の栄は一郷の害なり。その居、日に以て広く、隣居、日に以て蹙む。吾まさに山林深密の地に入り、以てこれを避けんとす。これ弔うべきも、何ぞ賀を以てなさん」と答えたというのである。この入話を一読すれば、郷宦の害がこの回のテーマであることは実にはっきりしている。

さて正話についてみてみよう。

四川新都県に一郷宦がいた。姓は楊。名諱はいえない。本朝の甲科（進士）である。その人の家は裕福であったが心は貪欲で凶暴残忍。居家しては一郷の害となることはいわずもがなのこと。かつて雲南で兵備僉事をしていた。その時、張寅という廩生が配下にいた。張の父は巨万の財主であり、張自身も地元の名士であった。父が死ぬと、父の妾、庶弟と張との間に分家財産争いがおき、庶母子は楊僉事に訴える。そこで張寅は三〇〇両の現銀と、二〇〇両相当の金の壺、装飾品を楊僉事への賄いとし、訴状の却下を願った。そうこうするうち、頼みの楊僉事は思いもかけず「冠帯閑住」の身となり、そのまま新都へ戻ってしまう。あわてた張は四人の家人をつれ、雲南から四川まで賄いの財物をとり返しに行く。財物を手離しがたい楊僉事はついにこの五人を斬殺させ、紅花園に埋めてしまう。この楊僉事の所有する紅花園は「広さ一千畝余り。毎年その紅花を売って八九百両の利益があった（広衍一千余畝、毎年売那紅花、有八九百両出息）」と形容され、荘園の中には、客商用の多くの部屋もある大規模なものとして描写されている。明末の商品作物経営の実態を反映した一例として、経済史の研究者も注目するところである。(35)

図２－１　青楼市探人踪　　　　　　　　　　紅花場仮鬼鬧
崇禎本『二刻拍案驚奇』巻之四（内閣文庫蔵）

話の後半は、張寅の二人の息子が、消息を断った父をさがし、とうとう新都までたどりつき、ここで五人の雲南人殺害のうわさを耳にする。二人は成都に帰り、告訴状を巡按に提出する。新都楊僉事の悪道を以前から聞き、地方の害を除きたいと思っていた巡按は、これを機に確證をつかむよう配下のものに内偵させる。彼らは紅花買いの客商に扮し、楊家に出入りするうち、ついに死体の埋葬現場を発見。楊僉事は獄死の憂目にあうというのが大まかなストーリーである。

ところで、『二刻』では戯曲一篇を除いて三九篇の小説中、三二篇までがその出典をつきとめられているのに、この小説はその出典がまだ不明である。作者の全くの創作ということは、他の作品例から推していささか考えにくいので、ここでモデルの比定を試みたい。

この小説を読み、最初に注目されるのは、悪郷宦が「新都の楊氏」とされていることである。新

表2－1　新都県挙人姓別表

| | |
|---|---|
| 洪武17年 | 王(2)尚(1) |
| 永楽3 | 王(2)唐(1)杜(1) |
| 6 | 王(1)朱(1) |
| 9 | 張(1) |
| 15 | 楊彪 |
| 正統12 | 朱(1) |
| 成化1 | ＊楊春 |
| 7 | ＊楊廷和　胡(1)李(2) |
| 19 | 竇(1) |
| 22 | 王(1) |
| 弘修2 | 単(1) |
| 8 | ＊楊廷儀　劉(1)尚(1) |
| 11 | ＊楊廷平 |
| 14 | ＊楊廷宣　王(1)鄭(1)謝(1) |
| 正徳2 | ＊楊慎 |
| 5 | ＊楊惇 |
| 8 | ＊楊恂　＊楊愷 |
| 11 | ＊楊忱　王(1) |
| 嘉靖1 | 馬(1) |
| 10 | 湯(1) |
| 25 | 孫(1) |
| 31 | 湯(1) |
| 40 | 周(1) |
| 43 | 楊万仭 |
| 万歴1 | ＊楊有仁 |
| 13 | 謝(1) |
| 37 | 張(1) |
| 46 | 張(1) |

注）・楊姓のみ名もしるす。
・(　)内の数字は人数。
・＊は同族。
出典）「四川通志」一二五選挙。

表2－2a　新都進士表

| | | |
|---|---|---|
| 正統中 | 楊　観 | 蒲城県知県 |
| 成化14年 | 楊廷和 | 華蓋殿大学士兼吏部尚書 |
| 16 | 楊　春 | 湖北提学僉事 |
| 弘治12 | 楊廷儀 | 兵部侍郎 |
| 正徳6 | 楊　慎 | 修撰 |
| 嘉靖2 | 楊　惇 | 兵部主事 |
| 5 | 楊　恂 | 雲南僉事 |
| 11 | 馬中驥 | 主事 |
| 38 | 湯　仰 | 布政 |
| 萬歴5 | 楊有仁 | 河南僉事 |

表2－2b　楊氏の生員

| (貢　生) | | (監　生) | |
|---|---|---|---|
| 楊　玟 | 永寧州吏目 | 楊　慥 | 姚安府知府 |
| 楊　愊 | 永平通判 | 楊　悦 | 楚府長史 |
| 楊　性 | 爐渓県丞 | | |
| 楊　恢 | 寧国訓導 | | |

出典）「四川通志」一二四選挙。
「新都県志」四人物上、選挙、仕官。

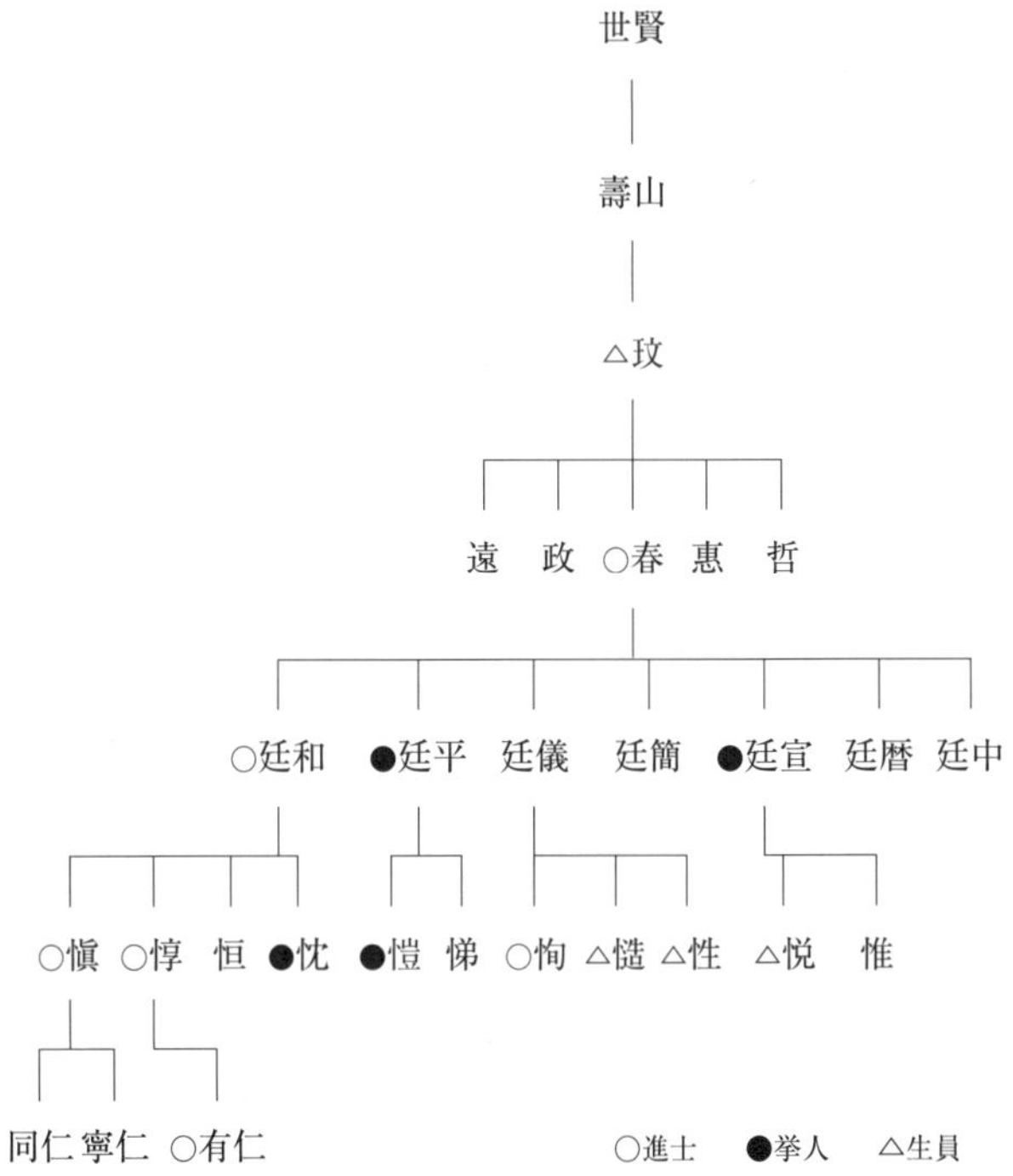


図２－２　楊氏世系図

都の楊氏といえば、楊廷和、楊慎父子が先ず連想される。本章で取り上げた「唐貴梅伝」の作者楊升菴である。成都北郊の新都県には、現在も桂湖公園として楊升菴の故宅跡が残されている。しかし、短絡的にそうと断定することはできないので、いますこし確認してみよう。

　小説中の楊氏はその名を明らかにされていないが、明朝の進士出身であることは明言されている。地方志によって、明代の新都県出身の挙人、進士を数えあげてみれば、挙人四四名、進士一〇人にすぎない（表2―1、2―2参照）。それを簡紹芳『楊升菴先生年譜』や『献徴録』巻一五「楊公廷和行状」などから作図した楊氏世系図（図2―2参照）と比較していくと、実に挙人の四分の一弱、進士に至っては、一〇人中七人までが楊廷和、楊慎の同族であることがわかる。残り三人とは、馬姓、湯姓、そして新都県では最初の進士合格者といわれる楊観である。楊観に関しては同族である確證はない。

また、小説の楊氏は雲南で兵備僉事をしていた。先の楊観は、御史より蒲城知県に調されたものである(36)。これをはずせば、考察の対象となる楊姓の進士はすべて楊廷和、楊慎の同族である。そして一族の中に、雲南僉事の職名をもつ人物は確かに存在していた。楊廷和の弟楊廷儀の子楊恂(37)である。楊慎からみれば従弟にあたる。モデルとしての可能性の濃厚な人物を指摘したうえで、我々は新都の楊氏についてもう少し全体的な考察をしてみよう。

楊氏の先世はもと江西廬陵の人であったという。元末の兵乱を避け湖北麻城へ遷る。そして楊世賢の時、四川へ再遷したのが新都の楊氏の始まりである(38)。楊慎の曽祖父玫は貢生として国学に入学。その間、後妻の熊氏は留守を守り、織繫や養豚、養鶏で銭穀を得て自給を計り、余金は全て京師に旅費として送るという賢夫人であった。玫は貴州永寧の吏目を授けられ、熊氏もともに任地に従ったが、玫は客死。前妻の二子も相継いで夭死するという憂目に遭う。熊氏は貴州の苗族の乱という困難をかいくぐり、遺骸を四川まで持ち帰り安葬する。家は仕官前のように貧しくなったが、子の春を県学に入れることに成功した。春は成化一六年（一四八〇）に進士となり、官は湖北提学僉事となる。

ところで、楊家では、楊春が進士に合格するより一足早く、成化一四年、春の長男廷和が一九歳で進士に合格していた。楊氏の繁栄は、まさにこの楊廷和によってもたらされるのである。彼は正徳二年（一五〇七）、戸部尚書兼文淵閣大学士として入閣して以来、嘉靖三年（一五二四）に致仕するまで、およそ一七年間、政権の中枢に居つづけた。当然、彼の周囲もその御蔭をこうむることになる。弘治、正徳年間に、楊氏は同族から多数の挙人、生員を輩出した。廷和の長男楊慎も、正徳六年（一五一一）に状元で合格、翰林院修撰となる。

楊氏の新都における影響力はどのようなものであったろうか。「位人臣を極め、居処は寒素に同じ」というのが墓祠碑[39]に記された楊廷和の姿である。彼は帰郷のたびに、郷人のために土木工事をしている。最初は涸田万頃をうるおしたといわれる水利工事であり、郷人はこれを徳として「学士堰」と号した。ついで、楊慎が進士合格を果すと、坊表を建立しようという動きがあったが、祖父楊春の提言からその費用で城壁を修復し、邑の防衛に務めた。のち正徳九年（一五一四）、廖賊（廖恵あるいは廖麻子）が県城におしよせた際にも事なきをえたという。[40]また県城の西北には義田をおき、族人の助けとした。その他、橋の建設にも尽力をしている。すなわち、清源橋は楊春が創建したものである。県北の寶光寺（現在も残る大寺院）の右側にある相公橋は廷和にあやかって名づけたもの。県東の状元橋は嘉靖一六年（一五三七）に重建されているが、楊慎にちなんだもの。県南の学士橋は楊廷和が私建したものとなっている。[41]城壁から橋に至るまで、新都県を丸がかえで経営している楊氏の姿が垣間見られよう。

ところで、小説の楊氏は大規模な紅花園を経営している。現実の楊氏をささえる経済基盤に、このように大々的な商品作物経営の実態があったということを直接的に示す史料はない。ただ一般論として、「新都は専ら紅花を産す」という小説中のセリフの可能性を裏づけることはできる。

史料に即して言えば、遅くとも乾隆二年（一七三七）以前から、成都府では紅花を買いつける商人から税銀を徴収していた。当時、資州、資陽、簡陽といった沱江流域の地が紅花を特産として、客商が雲集していたことは史料に散見する。[42]新都は成都の北二〇㎞位にあり、簡陽は成都の東南六〇㎞位という位置関係である。成都がいわゆる蜀錦、絹織物の生産地として全国的に有名な地であることを思えば、その近郊に染料としての紅花栽培が普及していることに何の不思議もない。ただそれがいつまでさかのぼれるかということになると、逆にこの小説の記事しか今のところ見出せないのである。小説での描写も、作者凌濛初の時代（万暦～崇禎）の直接的な反映であるのか、あるいは楊慎、楊恂の時代（正徳～嘉靖）にもみられたものか厳密には決め手がない。今は可能性のみ認め、後考にまちたい。

さて、この小説が、楊慎及びその一族を意識、ないしは暗示しようとして描かれたと思われるふしは、その他にもまだいくつか指摘できる。

①入話の手紙。状元にあて「要他做好人《いい人になるよう》」と訓戒するスタイルをとっているが、楊慎が状元(43)であったことは、先述した通りである。

②手紙の書きだし「吾郷昔有第奉常而帰」すなわち奉常（太常）に登ったものを隣家が警戒するのであるが、あえていえば楊恂の父楊廷儀も、太常少卿を経て兵部侍郎となった。しかも、太常少卿の時、劉瑾に阿附した廷臣の一人として弾劾されている(44)。これらのからみでか、楊廷和が失脚すると、縉紳は「新都、逆瑾に附麗し以て進む」と謗言したのである(45)。

③小説の題「青楼市探人踪　紅花場仮鬼鬧」にも暗示は見出せる。楊慎の文学者としての力量は定評があり、その博学ぶりは焦竑と並んで明一代に傑出しているといわれる。簡紹芳(46)の『楊文憲公升菴先生年譜』では一二歳の条に「嘗て古戦場文〔李華〕に擬いて作り「青楼に断つ紅粉の魂、白日照らす蒼苔の骨」の句あり。仲父瑞虹〔楊廷儀〕極めてこれを称す」とある。時代は下って銭謙益の『列朝詩集小伝』でもこの句がとりあげられ、「時人伝誦し以て淵雲の再出となす」とその早熟ぶりを示している(47)。これを見れば、楊慎の友人簡紹芳の手になる年譜が世に

問われて以来、楊慎のこの句は明末にあって、かなり世間に広まっていたと考えられよう。その上で再び『二刻』の題を見れば、その趣好の類似性に気づかされよう。まさに楊慎の句のもじりといっていい。

他にも、登場人物の張寅という名は、楊氏と密接な関係にある大礼問題の余波としてあった李福達の獄を連想させる（李福達＝張寅）ということなどもあるが、実際のところ、当時の人々であれば、新都の楊氏と設定しただけで、その影射するところはわかったはずである。まして、明末の小説の愛読者は知識人層であったとするなら、なおさらのことである。[48]そこに内輪話の世界に近いものがあったとしても不思議ではない。

楊氏が中央政界から遠ざかるのは、周知のように大礼問題[49]が原因であった。嘉靖帝を擁立するのにあずかって力のあった楊廷和であったが、嘉靖帝の実父興献王の尊号をめぐり、継統か継嗣かという論議に、皇帝との妥協点が見出せぬまま、嘉靖三年（一五二四）二月丙午、ついに政権を手離し致仕する。もっとも、楊廷和への弾劾は嘉靖元年から始まっていたのである。[50]ちなみに弟の兵部侍郎楊廷儀は、その「姦佞貪黷」を劾され、すでに正徳一六年（一五二一）六月に致仕していた。[51]

あとを受けて浮上してきたのは、大礼問題で帝の意を強く代弁した張璁、桂萼、席書、方献夫、霍韜らの新進勢力であった。嘉靖三年（一五二四）六月、桂萼、張璁が翰林学士に抜擢されるが、修撰楊慎ら三六人は、彼らとは学術、議論ともにあわず、同列できぬと拒絶反応を示し、[52]議礼問題は大詰めを迎えることとなる。

七月、憲宗の時代に葬礼の問題で百官が文華門に伏哭し皇帝と力争した故事にならい、二二〇余人の廷臣が左順門に跪伏し、大呼するという騒ぎになる。首謀者八人が詔獄に下されると、楊慎、王元正は奉天門に大哭することを三日、群臣もそれにならい哭すという抵抗を示し、ついに議礼の諸臣一三四人が詔獄に下され、杖死者一六人をだす惨事となったのである。[53]楊慎は廷杖を受けたのち、雲南永昌衛に謫戍される。

楊廷和父子に対する皇帝の怒りは生涯とけることなく[54]、楊氏は嘉靖一代逼塞を余儀なくされる。嘉靖三年以降、楊氏から挙人は一人も生れず、例の楊恂のみ嘉靖五年（一五二六）に進士に合格している。しかし、この楊恂にしても前途には困難が待ち受けていた。楊廷和一派の勢力を朝廷から一掃しようとする動きはなお続くのである。

六年二月、百戸王邦奇の誣告により、兵部主事楊惇（楊廷和の二男）、修撰余承勛（長女の婿）、侍読葉桂章（郷人、義男）が錦衣衛の獄に下された[55]。そして一〇月、張璁が礼部尚書文淵閣大学士として入閣するや、翰林院のメンバーの大幅入れ替えという事件が発生する。

ことの起りは、翰林侍読汪佃の講読が「遅鈍」であるとして、皇帝の不興を買ったことに始まる。そこで翰林諸臣の職にかなわぬものは、「才を量って外補」することになり、さらに前年度（嘉靖五年）の庶吉士は「大半が私情によるものだ。再度、考選を加えて能力を量り、三五人を留めることにして、余人は皆、科道部属に改職させよ」と大鉈が振われたのである。この庶吉士の中にいたのが毛渠（元大学士毛紀の子）、費懋賢（元大学士費宏の子）、楊恂（楊廷和の姪）であった。ともに、張璁との政争に敗れ致仕した人々の子弟であり、張璁はこの三人を「切歯して深仇」していたため、累が余人にも波及したと沈徳符はいう[56]。

「そもそも張璁は書香の家の出身ではなく、当初また攻撃を受けていた。そこで彼等を排除したのである[57]」と、楊慎らに拒絶されていた張璁の個人的な恨みも含みつつ、およそ二二人が改官、罷黜の憂目にあったのである。「翰院空となる」と形容されたこの人事異動が、残存する旧勢力の影響の一掃を意図したものであることは明らかである。楊恂が雲南僉事となった事情もここにはっきりとした。だが、これ以後の楊恂に関しては、何の記録も見出せない[58]。

嘉靖一一年（一五三二）になっても、編修楊芳洲が楊廷和の姪として指弾されるということがあった[59]。楊芳洲は四川人ではあるが、遂寧の人で、新都の楊氏とは直接のかかわりはない。張璁に媚びるための指弾で、給事中楊言がいみじくも「これからは、全躯保身の臣は、みな廷和をもって口実とするだろう」[60]と憂えた事態が現実となっていたのである。楊廷和は致仕ののち、時政に関しては口をつぐんで語らなかったという。すでに嘉靖七年（一五二八）には、削籍され民とされていた。[61]

ところで、大礼問題の一方の主役である張璁は永嘉（浙江）人である。その出身地に由来するのか、張璁派には王陽明に近しいものが多い。席書は王陽明が龍場の駅丞に謫された時、貴州提学副使であり、州県の子弟を選んで陽明の教えを受けさせたという。方献夫、黄綰は陽明の弟子である。[62]彼らは大礼の議に関する意見を陽明から得ようとしていたが、陽明は答えようとしなかったという。[63]彼等は大礼問題を機に政権に近づくと、王陽明の入閣を力説し、張璁、霍韜、桂萼すらも、当初は陽明を推薦していた。それに反し、楊廷和は確かに陽明を疏んじていたのである。[64]

大礼問題は、結局、政治力学にものをいわせた政変劇であった。しかし、だからといって全くその思想的側面を無視しうるものでもなかろう。方献夫によれば、大礼に関する礼官の議論は人情に合しない[65]ものであった。陽明の学に親しんだものにとっては、皇帝のいう実生の父子の情も共感できるものだったに違いない。明代の思想的雰囲気の中で、彼らのとった方向は新しい流れに沿ったものではあった。[66]しかし、この時の対立の図式は、新旧思想の対立と言い切ってしまえるほど単純なものではない。ついでながら明代の異端思想家・李卓吾を尺度にして楊慎を量ってみよう。

楊氏の名誉回復は、嘉靖帝の死をみると同時になされた。隆慶元年（一五六七）正月、楊慎は翰林院修撰に復職、光禄寺少卿を贈られる。夏五月、大学士楊廷和の官を復し太保を贈られる。[67]もっとも、楊廷和は嘉靖八年に、楊慎は嘉靖三八年（一五五九）にそれぞれすでに没していた。

万暦五年（一五七七）、楊氏は実に四七年ぶりに一族から進士合格者をだす。楊慎の弟楊惇の子有仁である。楊慎の全集の刊行もこれ以後のことである。たまたま四川に任官していた副都御史張士佩（韓城人、嘉靖三五年の進士）と御史宋仕（平原人、隆慶五年の進士）が、楊慎の遺文が散落しているということで極力捜索をし、楊有仁からこれを得て、校訂を加え八一巻本として万暦一〇年に刻したのが最初の全集である。以後、(68)楊慎の文集が海内に流行したことは李卓吾もいうところである。李卓吾の批点本が出版されたことも、楊慎の文集に対する人気を高めるのに大いに力となったに違いない。

李卓吾は『続焚書』『続蔵書』(69)の中でまず楊廷和の人物に言及している。それによれば、廷和は「正真不阿、卓然名世」と評される人物であり、大礼問題の時は、皇帝に非礼を犯させてはならないという一念のみから帝意に反する継嗣の主張を頑くなにしたのであって、その心根は忠心というべきものである。楊廷和に非があるとすれば、彼の見識が「窠臼《つきなみ》」を脱することができなかった点である。かような人物に対して、劉瑾に賄賂を送り、友を売ったと謗言するのは「市井の談、愛憎の口」であろう、との弁護もしている。

また『続蔵書』の楊慎伝は簡紹芳の編んだ『年譜』とほぼ同じ内容のものであるが、李卓吾は「余は先生の文集を読み、その生卒の年月を求めようとしたが得られなかった。遍く諸序文を閲覧したが、序文にもまた載せられていない(70)」と楊慎の生涯に深い関心をよせていた。

『李卓吾先生読升菴集』という批点本を出版したこと自体、李卓吾の楊慎への傾倒を示すのであり、楊慎には李卓吾を引きつける見識が確かに備わっていた。たとえ、李卓吾の真骨頂ともいうべき王安石や卓文君といった人物に対する評価において、二人に一致が見出せなかったとしても、(71)群書に親しんだ楊慎は、朱子をもちだせば事足れりとするような腐儒ではなかった。

今の学者には、私は当惑している。宋人の緒言を摭拾するだけで古昔の妙論を究めず、百家は一掃してこれをあげて宋人に帰着させ、また、宋人を一掃してあげて朱子に帰着させる(72)。

李卓吾は当然ながら、この楊慎のことばに「至言、至言」と同感を表する。

また楊慎は、「朱文公の道を談ずる著書は、百世これを宗としている。しかし、その古今人品を評論するのを観れば、誠に公是に違い人情に遠いものがある」と、王安石を名臣録に列したこと、蘇東坡を極力詆ったことの二点において、朱子を論難する。楊慎が王安石に批判的であるのは、安石が新法を行い、小人を登用したという認識による。そして「真の小人は以て国を乱すに足らず。その国を乱すは必ずや偽君子なり」と、偽君子の批判に至る。これに対して李卓吾は、「卓吾曰く、偽君子の禍を説き出すは、千古見るが如し、ただ安石は偽に非ざるなり」と評している(73)。

楊慎は、最晩年の七二歳の時「永昌感懐詩」を詠んでいるが、なかに「遷調はもと明主の意にあらず、網羅の巧、中《あた》る細人の謀(74)」という句がある。自分の生涯は細人、偽君子の手によって閉ざされたのだという感懐は、最後までつきまとっていたのであろう。そして偽君子への批判は、李卓吾においてももっとも強く主張するところであった。

さらにいえば、李卓吾の楊慎への関心は、単に文集からのみ得られたものではない。李卓吾にはもっと身近にその人物を感じうる条件があった。すなわち、李卓吾は万暦五年、雲南姚安府の知府に任ぜられ、三年間をこの地で過ごす。雲南の各地には、当然、楊慎を偲ぶよすがを見出せたであろうし、何よりも、この地にはまだ李中渓が健在でいた。

李中渓、本名元陽、雲南太和人、荊州府知府を最後に官を罷め「家居四十年」。鶏足山に読書すること数年。放光寺を創建し、常住田数百畝を施置。山中の寺院の傾頽するものは全て修葺し、鶏足山を隆盛に導いた第一の功労者である。羅念菴、王龍渓とも学を認めあい、泰州学派の異人鄧豁渠を指導し、張居正も彼について参禅した。当時、士大夫の間に陽明学とともに流行していた談禅の風の中心人物といっていいだろう(75)。

李卓吾は万暦八年、五四歳で官を辞すとそのまま鶏足山に籠った。李中渓はこの年八四歳で没している。李卓吾は「李中渓先生告文」を書いているが、その中にはっきりと「某その人に見《まみ》え、またその語を聞く(76)」と記している。この李中渓は、奇しくも楊恂と同年の嘉靖五年の進士であり、例の翰林院騒動で、楊恂と同様に庶吉士から江陰知県に外調されたという経歴をもつ。雲南に謫戍された楊慎と李中渓は、文学の同志として終世の交わりを結ぶ。楊慎を取りまく文学青年たちは、李中渓の外、さらに張含、楊士雲、王廷表、胡廷禄、唐池南の五人を加え、「楊門の六学士」と称し、文才をもってその名を滇南にひびかせていたのである(77)。

雲南での日々、楊門の一人李中渓とのふれあいを媒介に、李卓吾が楊慎の人格に接近しえたことは想像に難くない。世間の小人が風声だけで楊慎を「ただこれを博学の人というべし」などと評しているのを「尤も笑うべし(78)」と言い切ったのである。楊慎の見識を知る李卓吾の自信であろう。

パターン化された烈婦の話と聞けば、今日の我々は、現実離れのした生気のない話とみなしがちである。しかし、パターン化ということが、ある時代の人々の間でのイメージの約束事であるとすれば、そのイメージを共有できる人々の間にあっては、パターンとは、より多くの意味を即時的に、附随的に想起させる至便なものといえよう。

明末にあって、〝烈婦の冤〟とは、まさしくそういうものであった。楊慎、帰有光は、哀切にして残酷な烈婦の物語を、烈婦を囲繞する醜悪な現実のイメージともども、世人に提示した。〝烈婦の冤〟が物語られる時、人々は即座に賄いの官僚を、殺人の豪家を想起するようになったに違いない。そして、烈婦の物語から、かかる不法官僚への批判を、とりわけ鋭くぬきだし、方向づけしたのが李卓吾であった。李卓吾の批判は、万暦の不法無法な世相にあって、きわめてジャーナリスティックなものであった。『焚書』の刊刻からまもなく、湖州の民変が勃発し、この民変の中でやはり〝烈婦の冤〟が呼号されたという経緯をみれば、なおさらその感が強められるのである。〝烈婦の冤〟とは、民変の激発する明末社会を弾劾するキーワードにほかならなかった。

ところで、その筆によって、一人の烈女の死を万暦の世に再生させた楊慎であるが、自らの一族もまた、その郷宦としての醜悪な一面を明末の白話小説の中に取り沙汰されることとなった。楊廷和、楊慎父子は、あたかも楊廷和、楊慎父子の影の部分を演じさせられているかのようである。ネガポジの関係はここにも見出せるのである。

楊氏をめぐるスキャンダルは、何ほどかの現実味をもつものであったに違いない。しかし、なぜ、凌濛初は四川の郷宦を小説の題材としたのであろう。郷宦の害は江南に甚だしく、董份、范応期をまつまでもなく、万暦一五年にも蘇州の原任兵部尚書凌雲翼が生員二人を殺害、数十人の諸生に暴行を加えるという事件が起きているのである(79)。

また、状元の一族の横暴を示唆したいのであれば、湖州民変の中で自殺した范応期は、嘉靖四四年の状元であった。楊慎の場合とその意味するところは違うとはいえ、やはり悲劇の状元であった（奇しくも帰有光が同年の進士である）。しかも、蚕糸絹織業商品生産の最も繁栄した地域の郷宦である。このようにみてくると、染色の原料、紅花の広大な荘園を所有し、「家僮数千(80)」と形容される小説中の四川の楊氏と范氏には、奇妙に強い近似性が感じられる。凌濛初の画いた四川の郷宦楊氏には、それを通してさらに江南の郷宦の姿もが、二重に投影されているのではなかろうか。

烏程の淩濛初の父は、嘉靖三五年の進士であり、彼自身も上海の県丞になっている。まぎれもなく官僚の家柄といっていい[81]。ところで、烏程の董氏に投靠した豪奴の中には、前姓が淩姓だったものもいる（董世維。のち監生となる。祖父淩祥が董份に投靠[82]）。うがった見方をすれば、同郷の勢家を直接俎上にのぼせることのはばかられる何かが、淩濛初の小説が刊刻された崇禎年間であっても、なお存在していたのかも知れぬ。

さて、四川新都の楊氏の顛末をこのようにながめてきた時、楊氏と浙江人脈との重なる軋轢も気になるところである。大礼問題で新都の楊氏は浙江の張璁に敗北した。新都の楊氏は「唐貴梅伝」で浙江の毛通判を攻撃した。浙江の淩濛初は白話小説で新都の楊氏の暗黒部を暴露した。これらは何の関連もない、偶然の重なりにすぎないのであろうか。それとも我々にはまだ見抜けぬ、地域的、人脈的網の目がその一端をのぞかせているのであろうか。明末の白話小説の世界が、現代の週刊誌のように、当時のゴシップやスキャンダルを反映した世界であるのならば、そこに中傷、誹謗の応酬がみられても不思議ではないだろう。今は指摘のみにとどめておく。

---

（1）焦紘『焦氏筆乗』巻三。
（2）馮夢龍『喩世明言』巻二八。
（3）同右、巻四〇。
（4）馮夢龍『醒世恒言』巻二九。
（5）同右、巻三五。
（6）白話小説三言二拍の出典に関しては譚正璧編『三言両拍資料』上、下、上海古籍出版社、一九八〇年に詳しい。

（7）夢覚道人、西湖浪子輯『三刻拍案驚奇』原名『幻影』北京大学出版社、一九八七年。

（8）同右、前言、Ⅵ頁。

（9）この部分は小説の脚色。この小説の出典である楊慎の「唐貴梅伝」にはそのような指摘はない。唐貴梅が烈婦としての行為をとるに至る心理を合理的に解釈するためのものであろう。烈婦という存在は、当時であってもやはり人情に遠いのである。のちに李卓吾のいう「不識字之女児」という評と形容上矛盾があるのでここに注記しておく。

（10）楊慎「唐貴梅伝」には「姑乃以婦不孝訟於官」とのみあり、唐が寡婦を傷つけたという具体的な内容はない。小説の脚色であろう。顔をひっかくというのは女性同志の喧嘩の常套句か。『明史』列女伝にも見られる。「稍不順即爪其面」（王氏伝）。ちなみに明律（巻二〇刑律闘殴）では、「妻妾殴夫之祖父母父母者皆斬〔……〕過失〔……〕傷者杖一百徒三年」とある。黄彰健『明代律例彙編』八四二頁、中央研究院歴史語言研究所、一九七七年。

（11）『二刻』巻二九「贈芝麻識仮形　擷草薬巧諧真偶」と『三刻』二〇回「良縁狐作合　伉儷草能偕」とは同一題材である。『二刻』ではこの話の原名は『霊狐三束草』と記している。

（12）『彷徨』所収。祥林嫂は八十貫で強制的に再婚させられたあげく、人々の嘲笑の的となり、地獄におびえつつのたれ死する。

（13）帰有光『震川先生集』巻四、雑文。また朱国禎『湧幢小品』巻一九、断獄の一文は帰有光自身の経験として、非常に相似した事件を記している。「帰震川先生、令長興、〔……〕有郷豪与媳姦、為僕所見、揮刀殺之、知事不可掩、取一婢殺之提二首赴県、告以獲之姦所、欲脱己罪」。

（14）明律巻二五、刑律、犯姦。凡奴及雇工人、姦家長妻女者、各斬。『明代律例彙編』九四一頁。

（15）張貞女の外祖は金炳。炳の父楷は成化乙未（一一年）進士第二名。知涪州。帰有光は金炳の家が事件現場に近く、先に張氏の死体を見ていながら賄いを得て口をつぐんでしまったとなじっている。

（16）『震川先生集』巻四、貞婦弁。

（17）『李卓吾先生読升菴集』巻二、孝烈婦唐貴梅伝。

（18）王士禛『居易録』巻二一。『池北偶談』巻一〇、何顔偽道学。

（19）『万暦疏鈔』巻六、国是類、明公論正大典伸積冤以彰国是疏、趙崇善、山東道監察御史、万暦十三年七月。

(20)『焚書』巻三、何心隠論。なお、何心隠に関しては拙稿「何心隠論――名教逸脱の構図――」『史林』六〇巻、五号、一九七七年。本書第四章。
(21) 帰有光の全集は、康熙七年に曽孫帰荘の苦心により出版される。それ以前には震川文集として、不完全なものであるが、閩本、崑山本、常熟本の三本が刻されていた。各々刊行年月は不明であるが、「震川先生文集流伝海内百有余年」(康熙一二年の王崇簡の震川先生全集序)との文章に依拠して逆算すると、隆慶〜万暦元年にかけてのことと思われる。帰有光の文章は銭謙益に愛好されたことが先鞭となり、天啓、崇禎年間、海内に尊崇されたという。青木正児「清代文学評論史」第四章、清初唐宋八家文の流行『青木正児全集』巻一、春秋社、一九六九年。
(22)『震川先生集』巻四、張貞女獄事。
(23) 同右。
(24)『定陵註略』の記事は、沈炳巽『権斎老人筆記』巻三にも引用されている。但し書名が『定陵紀略』とされている(呉興叢書第二十九函所載)。また、沈徳符『敝帚斎余談』董伯念。
(25) 佐伯有一「明末の董氏の変――所謂「奴変」の性格に関連して――」『東洋史研究』第一六巻、第一号、一九五七年。
(26) 同右、四四頁。
(27) 湯浅幸孫「シナに於ける貞節観念の変遷」『京都大学文学部研究紀要』一一号、一九六七年。このことはまた、肉体的な処女性を問題とすることも、明季の作品に至って集中的に現われることとパラレルであると湯浅氏は論じている。そのいきつくところ、妓女についても処女性が尊重される。
(28)『震川先生集』巻三、貞女論、また注(27)の湯浅論文参照。
(29)「錯調情賈母詈女　誤告状孫郎得妻」の入話の部分。湖広黄州の陳氏は一四才で周世文と結婚。夫は陳氏より幼いため、二人に夫婦関係はまだなかった。姑の馬氏は寡婦であり、二人の情人をもっている。彼ら三人は自分達の情事に陳氏を誘いこもうとするが、陳氏が承知しないので、馬氏が彼女に毒づいたセリフ。この話の大筋が「唐貴梅伝」と酷似していることは先述の通り。
(30) 義僕といえば、田汝成が書き、李卓吾が『焚書』で喧伝した阿寄が一番有名である。朱国禎はこの阿寄伝を読み、みずからも義僕数人の記事を記述した。『湧幢小品』巻二〇、義僕。

（31）『明史』巻二二二、凌雲翼。元兵部尚書であった彼は病いで帰郷したのち、「家居驕従」ということで、給事中、御史からこもごも弾劾される。『定陵註略』巻七参照。

（32）凌濛初の生平に関しては李基厚「関于二拍的作者凌濛初」『光明日報』一九五八年、五月四日号参照。万暦二一年といえば凌濛初一四才。彼は一八才の時廩膳生に補せられる。

（33）「本書的介紹」（一九五六年）『二刻拍案驚奇』下、上海古籍出版社、一九八三年、附録一。

（34）侯志漢「話本的演変――従六十家小説到三言両拍――」『漢学論文集』文史哲出版社、中華民国七一年、一六三頁。なお、この入話部分の手紙に相当するものが『斉東野語』にないという指摘は『三言両拍資料』下、七七〇頁による。

（35）馮天瑜、涂文学「『三言』『二拍』所表現的明代歴史的新変遷」『史学集刊』一九八四年、第二期、四三頁。明代中後期にいくつかの地方に経営地主が出現し始めたという例としてこの部分を引用。それ以上の分析はなされていない。

（36）民国一七年『新都県志』四編、人物中、賢良。

（37）光緒『雲南通志』巻一二一、秩官志、官制題名僉事、楊恂、新都人進士。『新都県志』四編、人物上、仕宦、楊恂、雲南僉事。

（38）以下、楊氏の族史に関しては、焦紘『国朝献徴録』巻一五、文忠楊公廷和行状（孫の志仁述）。同書巻二一、楊升菴太史慎年譜（陳文燭）。簡紹芳『楊文憲公升菴先生年譜』（古棠書屋叢書）。王文才『楊慎学譜』上海古籍出版社、一九八八年。楊玫、楊春の伝については嘉慶『四川通志』巻一四五、人物参照。『新都県志』五編、人物下、節婦列伝（楊節婦熊氏）。

（39）『献徴録』巻一五、楊文忠公廷和墓祠碑（趙貞吉）。以下、楊氏の事業についても。

（40）『新都県志』一編、輿地、城池。四川における藍廷瑞、鄢本恕の乱は正徳三年に勃発。廖恵が鎮圧される正徳八年まで、五年間に及ぶものであった。

（41）同右、二編、政紀、交通。

（42）『四川通志』巻六七、食貨志、権政。同書巻七四、食貨志、物産。民国一六年『簡陽県志』巻一九、食貨篇、土産。民国二〇年『簡陽県続志』巻五、士女篇、孝友、四二三頁。拙文「清代四川の移民経済」『東洋史研究』第四五巻、第四号、一九八七年。

（43）楊慎の状元合格は二四歳。少年状元としてはやされた（王世貞『皇明盛事』）。しかし、のちに楊氏が失脚すると、大学士楊廷和の公子である楊慎には策題があらかじめ示されていたという取り沙汰もされた（沈徳符『万歴野穫編』巻一四、科場、関節状元）。
(44)『明史』巻三〇六、閹党。
(45)『野穫編』巻七、三相同気。
(46)簡紹芳、字西畬、郫県人。三〇歳ごろ雲南に客游し、楊慎に詩を認められる。楊慎の年譜を作り、楊慎集（蜀本）に序す。六〇歳の時、四川に帰り数年にして卒す。『四川通史』巻一四五、人物。
(47)『列朝詩集小伝』丙集、楊修撰慎。銭謙益はこの詩作を七歳の時のこととしている。
(48)大木康「馮夢龍『三言』の編纂意図について」『東方学』第六九輯、一九八五年参照。
(49)正徳一六年五月戊午、礼部尚書毛澄等が興献王の称号を皇叔父興献大王と上奏したのに対し、嘉靖帝が不満であったことに端を発する。七月壬子、進士張璁が「継統不継嗣」の説を上言する。八月庚辰朔、礼部はやはり孝廟を考とすることを請う。九月丙子、帝は楊廷和等に自分の孝情を通してくれるように願うが、丁丑、礼部はなお「昔は、献王を考とするも今は孝廟を考とするが人情の安んずる所なり」と主張。一〇月己卯朔、興献王を興献帝と称するよう上諭。一一月癸酉、進士張璁、大礼或問を上進する。以後、張璁派の主張が漸く主流となっていく。『世宗実録』の各条参照。
(50)『世宗実録』巻二一、嘉靖元年一二月戊子の条。兵科給事中史道による弾劾である。
(51)同右、巻三、正徳一六年六月庚寅、兵部左侍郎楊廷儀、以疾求去。許之。廷儀大学士廷和弟也。先是御史方鳳、劾其姦佞貪黷状。上以廷和故優容之、而言者不已。廷議《ママ》自知不為公論所容、遂謝病去。
(52)『世宗実録』巻四〇。桂蕚、張璁が翰林学士を命じられるのは嘉靖三年六月丙午の条。修撰楊慎等三〇人が罷帰を願うのは乙卯の条。
(53)『世宗実録』巻四一、嘉靖三年七月戊寅の条、癸未の条。
(54)世宗は大礼問題の故に楊氏父子を悪むこと特に甚はだしく、配所の楊慎の様子を気にかけ、閣臣が「老病」と答えるとやや気持がなごんだ。これを伝え聞いた楊慎は、ますます酒をあおり、放縦になったという。簡紹芳『年譜』嘉靖二六年、年六〇の条。また、嘉靖四年五月、陳洪謨が楊慎等を辯護するが入れられず。嘉靖一六年二月、刑部が赦免者一四二人の名を記録したが、楊慎ら数人は宥されなかった。

(55)『実録』巻七三、嘉靖六年二月己未の条。

(56)同右、巻八一、嘉靖六年十月丙寅の条。『野獲編』巻七、吉士不読書。

(57)『国榷』巻五三、世宗嘉靖六年十月丙寅。

(58)『雲南通志』『新都県志』も楊恂の官職を示すのみで記事は一切ない。また、『新都県志』一編、輿地には、楊寿山、玟、春、廷和、慎、惇、廷儀、寧仁、金吾等の墓の所在が記されているのに、ここにも楊恂のものはない。

(59)『野獲編』巻一〇、楊名編脩。

(60)注(55)参照。

(61)『献徴録』巻一五、文忠楊公廷和行状。

(62)『明史』巻一九六、張璁　桂蕚　方献夫　夏言。『明書』巻一五五、佞幸伝二、張孚敬　桂蕚　席書　方献夫　霍韜　黄綰　熊浹　黄宗明。

(63)『王文成公全書』巻三四、年譜三、嘉靖三年の条。霍兀厓、席元山、黄宗賢、黄宗明、先後皆以大礼問、竟不答。

(64)『明史』巻一九五、王守仁。巻一九六、桂蕚。

(65)同右、巻一九六、方献夫。もっとも、礼部尚書毛澄等廷臣の側も、先王の制礼は人情に基づくといい、孝廟を考とすることが人情の安んずるところだといっている。人情をどこにおくかである。

(66)楊慎等が桂蕚、張璁の翰林学士、方献夫の侍読学士任命に拒絶反応をしめした際、「臣等、桂蕚輩と学術同じからず、議論もまた異なる。臣等の執る所のものは程頤朱熹の説なり」とことさらに正統性を主張しているのも、そのような動向を感じとっての発言か。

(67)簡紹芳『年譜』。

(68)乾隆六〇年の「重刻太史升菴全集序〔周参元〕」に「升菴全集」出版のいきさつがある。「偶得太史升菴全集一編、乃前明按蜀御史宋可泉先生、偕蜀撫張公濾浜、極力捜索、得之升菴之姪之手、而親加釐訂、創為付梓。後又有御史陳公諱大科重為較定劂者」。また劉鴻訓『四素山房集』巻一七、可泉宋公行状によると「壬午〔万暦一〇年〕〔……〕楊太史用修遺文散落、檄所司捜輯較訂、得八十一巻為刻於官」とあり、楊慎の全集が刊刻されたのは万歴一〇年とみられる。但し、これより以前に簡紹芳が序を付したという、蜀本なるものがあった。注（46）参照。なお宋仕とともに全集の刊刻に尽力した張士佩は読書講学を好み、耿天台と親しかったという。葉向高『蒼霞草続草』巻一四、濾浜張公神道碑。

（69）『続焚書』巻三、続史彙、楊廷和。『続蔵書』巻一二、内閣補臣、太保楊文忠公。

（70）『李卓吾先生読升菴集』小引。『焚書』巻五、楊升菴集。

（71）『読升菴集』巻七、司馬相如。楊慎が「然文君夜奔事、亦不自諱何哉」と卓文君の私奔を諱むべきこととしたのに対し、「卓吾子曰、先生甚不妙、何不改何哉為妙哉也」と、卓吾は当然、反論するのである。

（72）同右、巻六、先鄭後鄭。

（73）同右、巻六、文公著書。

（74）簡紹芳『年譜』嘉靖三八年の条。

（75）『雲南通志』巻一五六、人物志一之一、郷賢上。陳垣『明季滇黔仏教考』巻三、士大夫之禅悦及出家第十、李元陽。

（76）『焚書』巻三、李中渓先生告文。

（77）簡紹芳『年譜』嘉靖二八年の条。

（78）注（70）参照。また、銭謙益の『列朝詩集小伝』丙集、楊修撰慎では王世貞の楊慎評を引用している。「用修工於證経、而疎於解経、詳於稗史、而忽於正史、詳於詩事、而不得詩旨、求之宇宙之外、而失之耳目之前」。さしずめ楊慎は博学なだけという風声の出所はこのあたりか。

（79）『定陵註略』巻七。

（80）『二刻拍案驚奇』巻四。

（81）注（32）参照。

（82）注（25）参照。

# 第三章　泰州学派の形成——塩場からの異軍突起——

過安豊場詩

蒲青露白水滔滔
斜日春風動客懐
若道安豊民最賎
布衣亦有王心斎
我自携琴東海浜
相逢半是売塩人
論詩近有呉生好
三十場中一隠淪

安豊場を過ぐる詩

蒲青く露白くして水滔滔たり
斜日《ゆうひ》どき春風ふき客の懐ひを動かす
若し安豊は民最も賎しと道はば
布衣にまたあり王心斎
我自から琴を携へいく東海の浜
相逢ふは半ばこれ塩を売るの人
詩を論ずれば近きに呉生の好きあり
三十場中一隠淪あり

これは[1]清初、三原人孫枝蔚が、友人呉嘉紀の住む泰州安豊場を訪れた時の詩である。詩中に呉生とあるのは呉嘉紀のこと。呉氏は明初から安豊場に住みついている一族である。平生、人と交わることの少ない詩人を塩場に訪なった時、孫枝蔚の感懐にいやおうなく浮かんできたのは、安豊場の布衣王艮（心斎　一四八三～一五四〇）であった。本書の第一章において、すでに言及してきた王艮の名は、塩場のイメージと切り離すことができないのである。「安豊は民最も賤し」の一句は、当時のごく一般的な通念であったろう。普通の知識人にとって塩場とはやはり、いささか特殊な雰囲気をもったところであったはずである。呉嘉紀の伝を書いた汪懋麟は、安豊場を次のように形容する。「地は浜海でアルカリ性の不毛の地である。住人は煎塩を業としている。性来、剽悍で格闘を好む。凶歳とか、天下が物騒な時になると、たちまち興起して盗人となる。普段無事な時でも、口論に火がつくと人を殺してしまう。[2]」あるいは「竈戸謡[3]」（作者不明）の冒頭にも「昔の竈戸は罪人なり。今の竈戸は頑民なり」と歌っているのである。

かような塩場を舞台に形成された、泰州学派、及びその始祖王心斎に関しては、すでに島田虔次氏により、王陽明（一四七二～一五二八）から泰州学派、そして李卓吾（一五二七～一六〇二）に至る思想の内在理路の展開として、すなわち、〝良知の一人だち〟の系譜として明白に跡づけられている。[4]あるいは、より具体的にその格物説の展開に注目して、良知（王陽明）―身（王心斎）―家（何心隠）という図式も描くことができる。[5]「王学左派[6]」という呼称は、ほとんど泰州学派に付与されたものであったし、かつての中国における「資本主義萌芽」論争ではその上部構造として、泰州学派の主張である欲望肯定への傾斜が評価された。[7]そして、いずれの場合においても、その歴史的背景として嘉靖、万暦時代の「銀経済、商品経済の活発化」が指摘されているのである。

ところで、王心斎が王龍谿（一四九八～一五八三）とともに、二王と称される王陽明門下の高弟であったことは当時から有名なことであった。それにもかかわらず、黄宗羲（一六一〇～一六九五）がその『明儒学案』において、泰州学派を「泰州王門」と記さずに、単に「泰州学案」として独立のあつかいをしていることも、つとに指摘されている。[8] 黄宗羲は、他の王門と一線を画さざるをえない特殊性を泰州学派に見出したわけであるが、その特殊性とはどのような体のものであったのか。王心斎が抱いていた「大人造命」という意識、あるいは彼の「明哲保身論」「楽学歌」などに見られる能動的生命への大肯定（生機主義）が、はるか民国に至って再評価されたこと等々、泰州学派に関しては、その思想史上に異軍突起したありさまがまことに興味をそそられるのである。

本章では、かような泰州派が出現してきた明末の社会的条件を伺うべく、王心斎とその直接の弟子達が塩場出身者であった点に注目して、彼らの社会的相貌[9]について、当時の塩場の事情とからめて考察してみたい。

## 第一節　安豊場の王氏

安豊場は、両淮都転運塩使司の泰州分司に所属する中十場（富安場、東台場、梁垛場、安豊場、何垛場、丁渓場、拼茶場、草堰場、角斜場、小海場）の一場である。そして、これら十ケ所の塩場をぬうように、蜿蜒とのびている防波堤が范公隄である。

宋代、范仲淹（九八九～一〇五二）がその修工に関与したことから、この名のある范公隄は、中十場のみならず、南は通州分司所属の呂四場から、北は塩城県をぬけ、淮安分司所属の廟湾場、莞瀆場にまで達する規模をもつ。「隄の東は竈に属し、隄の西は民に属す」[10]とあるように、この范公隄を境に、竈籍に編入された竈戸（製塩業者）と民籍の民戸とが、その居住区を判然と分かたれていたのである。

各場ともおおむね、南北にのびる范公隄の西側、すなわち防波堤に守られた内陸側に市街地があり、塩課司、塩大使署等の官衙や寺廟がたちならぶ。そして范公隄の東側、海に直面した一帯が製塩現場であり、竈戸の家屋が散在し、竈戸の組識である団の編成もここに見られるのである。

ただし、安豊場では、この范公隄の両側に民居が密集し、甎石のしきつめられたこの堤防の南北七里は中街と呼ばれ、そのまま安豊場をつらぬく街道と化している。王心斎の故宅は、この中街の東、安豊場の東北隅に位置している[11]。さらに東の方、月塘湾の北には、王心斎及びその父、兄弟、子等一三人の墓所があった[12]。

そもそも王氏の系譜は、始祖伯寿が、蘇州より、淮南安豊場のこの地に遷徙した国初にさかのぼる[13]。王氏が蘇州より塩場に遷徙した間の事情は定かでない。しかし、年代的に見て、張士誠の政権の崩壊、蘇州城の落城と無関係ではありえまい。

竈戸は率むね呉の民が多い。伝えるところでは、〔呉の〕張士誠が長期にわたり王師に抵抗していた。明祖はその負固を怒り、悪しみをその民に遷して、これを浜海に擯て、世々熬波の役〔製塩業〕に服務させることで彼らを困辱させたという[14]。

朱元璋が、張士誠への報復から呉の民を沿海に遷し、竈戸におとしたというこの伝承は、また、王氏の遷居の事情を物語るものかもしれぬ。

王伯寿には、国祥、国端、国禎の三子があった。長子の王国祥は、安豊場の北盛団に竈籍をもって編入され、以後、彼の系統は場北王家と称された。王心斎はこの後裔である。次子の王国端は、姜堰鎮にあって民籍に編入され

図３－１（上）　王心斎を祭る泰州崇儒祠。現在は泰州学派記念館。
（下）　現在の安豊場范公隄。街路となっている。

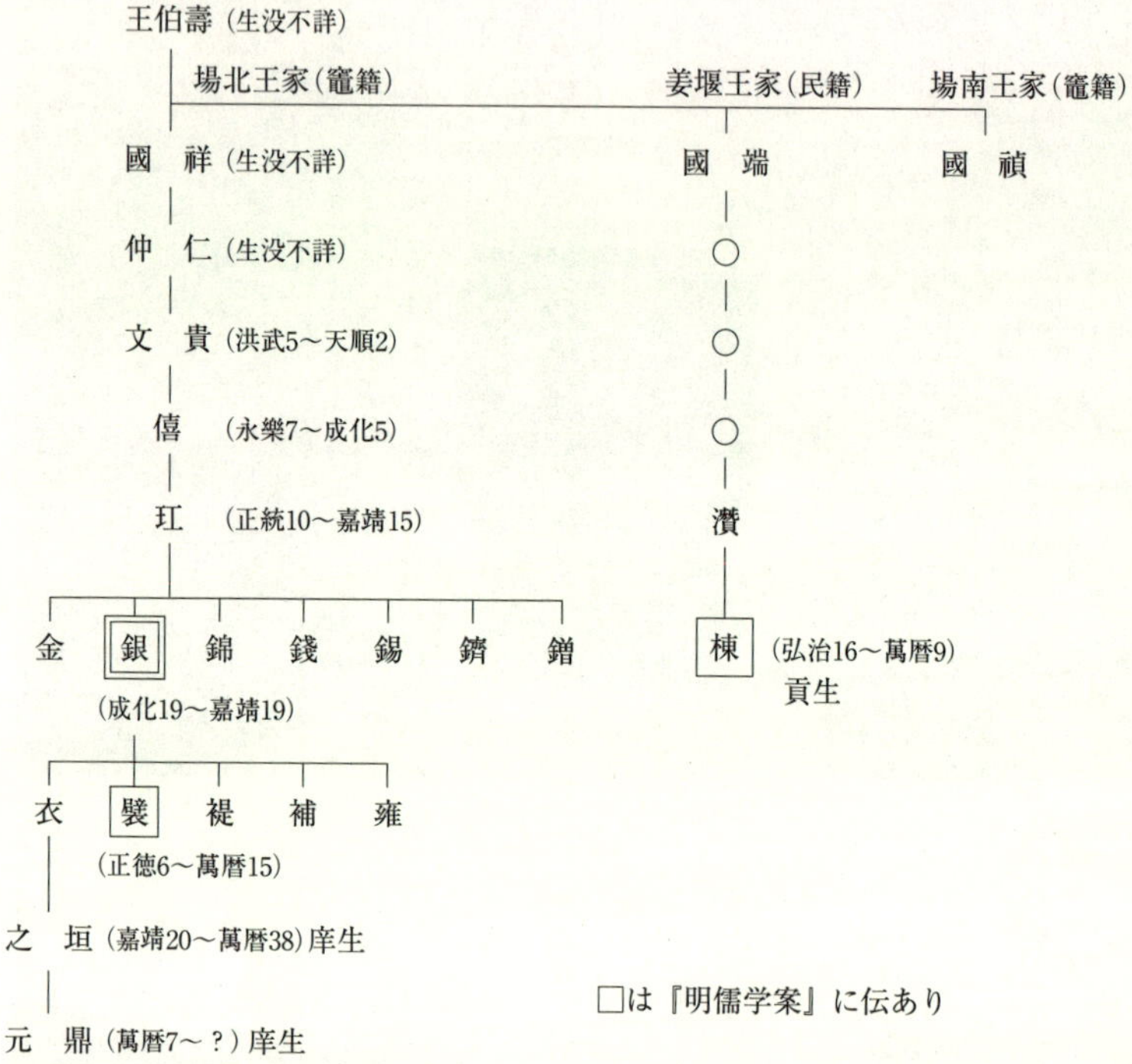
王伯壽（生没不詳）
場北王家（竈籍）
姜堰王家（民籍）
場南王家（竈籍）
國　祥（生没不詳）
國　端
國　禎
仲　仁（生没不詳）
○
文　貴（洪武5～天順2）
○
僖（永樂7～成化5）
○
玒（正統10～嘉靖15）
濱
金
銀
錦
錢
錫
鐐
鐕
棟（弘治16～萬暦9）
貢生
（成化19～嘉靖19）
衣
襞
褆
補
雍
（正徳6～萬暦15）
之　垣（嘉靖20～萬暦38）庠生
□は『明儒学案』に伝あり
元　鼎（萬暦7～？）庠生

図３－２　王氏系図

る。姜堰王家と称される彼の後裔には、王心斎とともに泰州学派形成の核となった王棟（王一庵）[15]がいる。三子の王国禎は、安豊場南盛団に居住し、やはり竈籍に編入された。場南王家である。

ここに北盛団、南盛団とあるのは、塩場特有の組織である。州県の民戸に里甲があるように、塩場では団によって竈戸を組織し、団煎の基礎[16]とした。のちに団煎が崩壊し、実行されなくなってからも、団の名のみは地名として残っている。ちなみに地志には、安豊場の団として、北勝団、南豊団、新豊団、王家団の名が見られる[17]。

王孝女、安豊人。父国祥は百夫長である。早くに歿しており、兄仲仁は募兵に応じて南征した。家には次の男手は無かった。孝女は貞節を守り寡母を養っていた。縁談をもたらす者がいた。すぐに固辞していうには、父が死に、兄は兵役に就いています。母と女《むすめ》で相依りながら生活していますので、出嫁することは願いません、と。年七〇余りで亡くなった[18]。

未婚のまま母を養ったことにより、孝女と称された王国祥の娘の記事によれば、国祥は百夫長であったという。百夫長とは、明初、未だ塩課司の体裁が整わない時期、塩場において塩課を徴収すべく設けられた役職である。

明の国初、各場の塩課はみな管勾に主らせていた。洪武三年〔一三七〇〕、勾管を罷め、老軍を百夫長となし、煎塩を促し、塩課を監督させた。一四年、老軍を革去し、本場の竈戸内において丁糧相応しき者を選び永く充てることにした。一八年に定めて一年一換とした。二五年四月、始めて塩課司を設ける。毎場大使、副使各一人。銅条の印を鋳しこれに給した[19]。

王国祥の子が王仲仁である。彼もやはり百夫長であったが、前述の記事にもあったように、のちに兵役に当てられて四川に配属させられる。すなわち、洪武初年、辺境警備の軍戸を補充するために、「垜集」という方法がとられた。民戸三戸を集めて垜集の一単位とし、その中の一戸を正戸とし、一丁を選抜して軍役にあて、他の二戸を貼戸として正戸の補助としたものである。[20] 王氏は鄧、滕の二姓と合して、四川寧藩衛に永戍させられたのである。王仲仁はこの南征の折に戦死した。のちに鄧姓は戸絶し、滕姓は逃亡してしまい、王姓のみが残ったという。[21]

一般に竈戸といえば、それだけでその過重な力役、劣悪な生活条件が想起される。百夫長に任ぜられた王氏は、「丁糧相応しき者」であったとしても、その督徴の責任は重いものであったろう。そこへもってきてさらに軍役がかけられてきたのであるから、この時の王氏の負担は並々ならぬものといわざるをえない。なにか特殊な事情が、そこにからんでいるようである。

洪武中、明朝体制の確立をめざし、朱元璋によって執拗にくり返されたのが、江南の富民、地主層に対する弾圧であった。とりわけ浙東、浙西地域では、多数の富民が籍没の憂目にあったのであるが、ここ淮南の地も例外ではなかった。興化県と泰州の境界一帯において、田糧を欺隠したということで、民三〇〇戸が遷徙され、また、塩徒とみなされた蔡玄等五〇〇戸が良郷、涿州（順天府）に徙された。そのために、この一帯の田は無主となると記録される事件だったのである。[22] そして安豊場においても、呉嘉紀の祖呉汝陽は、この「蔡塩法を権るの事」に株連して雲南烏撒衛に配されている。[23] いずれも洪武一七年（一三八四）ごろのできごとと推測される。

ところで、王国祥、王仲仁と二代にわたって百夫長になっていることが、「本場竈戸内において丁糧相応しき者を選び永く充つ」という前述の記事に該当するのであれば、それは洪武一四年から洪武一七年にかけてのことである。洪武一八年からは、百夫長は一年一換になるからである。とすれば、王仲仁が四川に永戍させられた時期と、蔡玄等五〇〇戸の遷徙、呉汝陽の雲南への流配の時期はほぼ重なるとみてよいであろう。王氏の四川への永戍にも、懲罰的な意味がこめられていたに違いない。

王仲仁の長子が文貴である。「世系源流截略」によれば、彼は商業に従事していたという。塩の自煎自販ということであろう。彼はそれなりの経済力をつけたとみえ、安豊場に広容石橋を捐建している。(24) 彼以後も、この橋の修理改築には、彼の長子である僖（公美）と従子王尚端が尽力しており、その間のことは布政使林正茂の「安豊広容橋記」に詳しい。


正統一四年（一四四九）、東淘（安豊場の別名）の善士王文貴は徒杠《こばし》が圮壊しているのを覩た。このため広く石材を市い、小規模なものを易えて大規模にし、下に闕門を搆へ上は欄楯で衛った。いわゆる輿梁なるものがこれで、とりわけ昔の卑陋なのとは異なっていた。だが、いかんせん歳月も久しく崩れてきた。王氏公美がまたこれを改修した。時に成化六年（一四七〇）のことである。今に至るまで四十余年。復たび傾圮するのを見る。義官王尚端が衆人とともに謀っていうには、この橋はどうしてこんなに速く壊れるのだろう、と。〔……〕ここに自分の貲産を寄付してこれを鼎新した。制度の工みさ、規模の壮大さ、倶に元のもの以上だった。上流には石閘を増やし、下流には直瀆を鑿った。


この記事から推すに、王尚端の工事は正徳七年（一五一二）前後のことであろう。(25)

各塩場には、塩の運搬に深くかかわる運河が網の目のように走っている。当然、橋梁の建設も、地域において重要な意味をもってくるわけであるが、その建設の担い手はどのような人達であったろう。

康熙『中十場志』巻二彊域に記載された各場の橋のうち、その修建者の名が明らかなものを一瞥するに、明一代は全て竈民某とある。場内の有力竈戸の存在を示すものといえよう。ところが、順治、康熙と清朝に入ってからは、まみられる）。

徽商某と変わってくるのである（もちろん清朝に入ってからでも、安豊場盈寧橋のように、義竈の捐資によるという例はま

明末、万暦四五年（一六一七）の綱法の成立と、両淮における塩課の折銀化は、塩の専売制度の構造を大きくかえるものであった。王朝権力による塩場の直接管理の建前は、名実ともに崩れ、特権商人の運営にかかる商専売が確立したのである。これ以後商業資本の塩場への進出はめざましく（もちろん、高利貸としての商業資本の塩場への流入はそれ以前から活発であった）、積極的に塩の生産にも関与していくのである。このように商人の経済力が直接塩場を支配していく過程が、橋の建設といったものにまで反映されているわけで、なかなか興味深い。ちなみに、十場の一つ、東台場は、乾隆三三年（一七六八）に県となるが、ここには養和堂という徽商の会館が乾隆二年から建てられている[26]。

王僖には四子があった。第三子の王玒（字紀芳、号守庵）が王心斎の父である。この父親に関しては、「少くして任侠を喜び、中年更に善を楽しみて倦まず。古朴にして坦夷なり[27]」とか、「父は豪放にして娼家に遊ぶ。艮、幾諫むること百端、終に聴かず[28]」といったように、その豪放かつ遊蕩三昧の人柄を記すのみで、家業にわたるものがない。ついでにいえば、この遊蕩を好む性癖は、王心斎の族弟であり、かつ泰州学派の中心人物であった王棟にもみられたことであった。

李氏は安豊王棟の妻である。棟は家が貧しかった。氏はその衣や釵環等を鬻ぎ、それで宿逋〔租税の滞納分〕を償った。〔……〕初め棟は嬉遊を好み、博奕を喜ぶ。花晨月夜の毎に酒を酌み茶を煎じていた[29]。

もう少しこれを敷衍していうならば、塩場一帯は、商人が集中するところである。とりわけ成化年間（一四六五

〜一四八七）よりは、商人の本場において余塩を収買することが公けに許されたのであるから、現銀を携えた商人の塩場への出入は一層頻繁であったろう。このために、倹約を旨とする農村とはまた違った気風が塩場には、培われたのである。

各場の竈戸は、煮海の利を貪ぼる。恒業ありて恒産なく、安逸を好み、労苦を悪む。取引が重要だと、その郷から出かけ、遊蕩酒食で大盤振る舞いをする。闤闠《まち》、通衢には茶坊、酒肆、浴湢《よくじょう》が多い(30)。

あるいは、霍韜もまた両淮の気風を次のようにいう。

両淮、通〔州〕・泰〔州〕・宝応の州県では、民は農田を厭い、惟だ塩利を狙う。そのため山陽の民は、十五以上になると倶に武勇を習う。気性もまた悍頑であり、死刑をも忌はない(31)。

ここには、時として官兵と一戦交えることすら辞さない、強力な私塩の集団を形成しうる荒々しい塩場の気風がよくでている。

さすがに隆慶、万暦以前には、まだ淳朴な風が残っていたということではあるが、明末にもなると、この格闘を好む気風と奢侈の習慣には一層拍車がかかり、草堰場と丁渓場の境界では、毎年、年始になると両場の子供が互いにののしり、殴打しあい、それに父兄が加わって大乱闘となり、家屋を焚焼したり、殺人沙汰にまで発展するのが常であったという。あるいは「富安の馬、梁垛の楼」という俗謡が生まれるほど、富安場では馬に金をかけ、華靡を好み、梁垛場では競って美邸を構えたという(32)。

安豊場もまた「安豊の塩はその色青白、日久しくして甜美なり。口に入るるに鹵苦の味なし。而して質、較重し。

故に商家多く聚まる。[33]」と、質のいい塩を産していたがために、商人がよく集まっていたのである。現金の流入とともに、その酒食遊蕩を好む風も決して他場に劣るものではなかったろう。以上、安豊場の王氏の系譜を簡単に述べた。

## 第二節　王心斎の軌跡

王心斎の生涯については「年譜[34]」があるし、彼の思想形成とのからみで、すでに先学により紹介されてもいる。ここではその社会的な面に注目して見ていきたい。

王心斎、本名銀（のちに王陽明によって艮と改名された。易の艮卦は止まるの意味。「止於至善」に通ず）。字汝止。成化一九年（一四八三）王玒の第二子として生れる。弘治二年（一四八九）、七歳の時、郷塾で読書を始めるが、家が貧しいため学業を続けることができず、一一歳で家業を手伝うこととなった。弘治一四年、一九歳のおり、父の命をうけ山東へ商遊している。山東へはこの後にも二度（弘治一八年、正徳二年）出かけているが、李二曲はこれを販塩のためとしている。いうまでもなく私塩である。[35]

当時、私的に販塩することが全面的に禁止されているわけではなかった。私塩の取締りは一〇〇斤以上であって、「その近海近場の窮軍、貧民の、以て肩挑し米に易える者あるも、必ずしも具奏せず[36]」と『会典』にもあるように、日々の糧を得る程度の売買は公認されていた。竈戸の生活を支えるため支給されるはずになっていた工本米、工本鈔が空手形に近い現状では、竈戸が私的に販塩するということは、むしろ当然という認識があったのである。そしてこれを突破口に、一〇〇斤に止まらず相当数の塩が流通したのであろうことも、容易に想像できるのである。

ところで、山東もまた都転運塩使司がおかれ、一九ケ所の塩場を持つ産塩地である。淮南から山東へ販塩に行くということに、どのようなメリットがあったのであろう。この疑問に関連し、注意しなければならないのは、両淮塩に対しては、その開中を願う商人が多かったのに比して、山東塩の開中には商人が集まらなかったということである。このために、かなり早い時期から山東塩では客商の開中を行わず、本地において塩課の折色を行っていたのである。

すなわち、宣徳五年（一四三〇）には、山東の信陽などの塩場で、塩課二大引（大引＝四〇〇斤）につき、綿布一疋を折色とし、登州府に運ばせ、遼東の軍用に当てている。正統一〇年（一四四五）には官台場もその例にならい折布ということになる。さらに弘治一二年（一四九九）には、その塩が苦く黒いため開中に応じる商人がいないということから、涛洛等の三塩場において、一大引ごとに銀一銭五分を徴する折銀が始まった。正徳三年（一五〇八）になると、折布していた八ケ所の塩場も新たに折銀化したのである。(37) 両淮の折銀化が万暦四五年（一六一七）とされているのとひき較べ、いかにその折銀化が早いかわかるであろう。山東塩が、かく不人気であったのは、品質の低さもさることながら、会通河から遠いという地理的条件の悪さによるところが大きい。かかる点に乗じて、淮南塩が越境販売されたと考えることはできよう。

また、王心斎が山東に商遊した年は、泰州において天災が記録されている年でもある。山東へ行く前年、弘治一三年（一五〇〇）には大水があり、弘治一四年の春から一六年にかけては旱魃があった。二度目の山東行きの年、弘治一八年も旱魃の年であった。(38) かかる困難に直面しては、積極的に販路を求めねばならぬ経済的要請も強かったであろう。ともあれ、王心斎は経営の才が豊かであったらしい。彼が家業を経理するようになってから、王家は日に裕福になったと「年譜」には記されている。

この山東行は、彼の思想形成においても重要な転機となった。正徳二年（一五〇七）、山東に遊び、孔子廟に謁した彼は「夫子も亦人なり。我も亦人なり」と発奮し、道を志すに至ったのである。これ以後「孝経」「論語」「大学」を常に袖中に入れ、人に逢えばその意味を質すという独学を始めた。二五歳のことである。

あくる正徳三年も泰州は旱魃であった。

守菴公（父王玒）は戸役のために、早起して官家に赴こうと急いでおり、冷水を取って洗顔していた。たまたま先生（心斎）はこれを見、自分がこの労役に服すことができないのを深く心痛し、遂に我が身が代役することを申請した(39)。

戸役に従事しようとする父の労を見て、みずから代わって服役したという王心斎の孝行を語るエピソードであるが、この戸役とはどんな内容のものであったろうか。

竈戸の役負担はなかなか複雑である。「竈戸はその戸籍そのものが一種の役たることを表示してをり、製塩事業に従事すること自体が一種の力役に服することにほかならなかった(40)」といわれるように、塩課、貢課(41)を全うするため団煎に従事するのが基本であるが、殷実の竈戸は排年の総催に、それにつぐものも、輪年の頭目にあてられる。あたかも里甲における里長、甲首に匹敵するものであり、塩課催徴の事務にあたるわけである。

また洪武の規定では、各場とも、一〇戸につき一丁を（先年あてられた戸は除く）工脚にあてる。具体的には塩場において引塩を扛《かつ》抬ぐこと、倉庫を看守することである(42)。時代は下るが、嘉靖三九年（一五六〇）、州県の均徭に含まれるものとして、各場に割りつけられた工脚の名目として次の七つが上がっている。

綱甲（解運貢塩者）　経紀（估直証募者）　阜頭（雇募商船者）　地主（出地屯塩者）
脚頭（統率脚夫者）　店戸（邸寓商旅者）　堆頭（堆垛商塩者）

いずれも一年一換である[43]。

さらに田産をもつ竈戸は、塩課の他に田糧も負担する。例えば、角斜場のように東西半里にすぎぬ塩場では、居民も寥々として、わずか百余家があるのみ。その富室、巨室はみな村落に散居しているといわれるように[44]、竈戸であっても必ずしも塩場に居住しているとは限らない。その場合、竈戸の田糧は、州県の有司の管轄下にあった。そうであれば、一般民戸と同様に、里甲の正役は間違いなくかけられてきたのである。

雑役に関しては、塩課の負担があることから免除される、というのが洪武以来の建前であったが、無視されることが多く、州県の均徭の負担があったことは、嘉靖三九年の例をもって示した通りである。要するに、塩運司及び布政司による二重収奪を受けていたということである[45]。王心斎の家は、このような戸役の負担をまともに引きうけさせられる層であった。生員以上の資格をもつ戸が享授している雑役免除の優免権も[46]、いまだ手に入れることのできぬ層であったのである。

しかし、過重な賦役負担に苦しむのは王氏のみではなかった。まさにこの時、明初以来の賦役体制は大きな転換期に入っていた。矛盾は全国で表面化してきたのである。まず、はるか西南の四川において、大規模な反乱がひき起こされた。藍廷瑞、鄢本恕等の乱[47]である。

正徳三年（一五〇八）、湖広の生員崔逢頭、施州衛軍人張端等八〇人の暴徒が、四川大寧の塩場に到達したのをきっかけに、一〇〇〇人余りの竈丁が蜂起した。リーダー格となった竈丁鄢本恕は営山県の人。廖恵（廖麻子）は鄰水県の人。ともに流民となり、大寧の塩場に流れ込んで塩丁となっていたものである。彼らは大昌県をおとし、その戦闘中に崔を失うと、鄢、廖に率いられ、鄖陽県五渓鎮に至り、営山の商人藍廷端の参加をみた。鄖陽一帯を舞台に転戦するうち、一〇万の流民を擁する大軍となり、鄢、廖、藍はそれぞれ王を称した。その戦闘は、正徳八年（一五一三）、最後に残った廖恵の部隊が鎮圧されるまで五年間も続いたのである。その間、これに呼応するかのように、川南の江津でも曹甫、方四の乱が発生し、その一部は、鄢、廖の軍に合流した。

四川の反乱が続く間の正徳五年、河北に勃発したのが有名な劉六劉七の乱[48]である。河南、山西、山東と騎馬の機動力をもって縦横に転戦する流民軍は、官軍の追討をうけ、次第に南下し、正徳七年には湖広に入った。これ以後、馬を棄て舟を操り、長江沿いに掠奪をしていくなか、劉六とその子劉仲淮らは水死した。残された劉七と斉彦名等は、長江の水賊を糾合し、江を下ってついに通州の狼山と常熟の福山港に泊り、この間の江面を制圧した。「通〔州〕、泰〔州〕、如皋の浜江の区も咸な創残を被る」と、ここに淮南の塩場も直接的な被害を受けるに至ったのである。劉七と斉彦名は通州、泰州から上陸し、淮安をぬけ山東へ還ることを謀ったが、結局、官軍に封じ込められた形勢となり、通州への攻撃も撃退され、狼山に敗死し終わった。

あたかも全国的な一斉蜂起にさらされたかのように激動する世情は、王心斎の精神をも根底からゆり動かすに至った。正徳六年（一五一一）は、王心斎の思想形成において最も重要な契機となったのである。

先生〔心斎〕一夕、夢に天墜ち身を圧し、万人の奔り号して救いを求むるをみる。先生独り、臂を奮い天を托して起つ。日月列宿の序を失うを見、又手もて自ら整布すること故の如し。万人歓舞して拝謝し、醒むれば則ち汗の溢るること雨の如し。頓かに心体の洞徹せるを覚ゆ。万物一体、宇宙は我に在りの念、益ます真切にして已むを容れず。(49)

楊天石氏はこの「天墜」の夢を、劉六劉七の反乱軍の「龍飛九五、重開混沌之天」というスローガンと対比させ、混沌の天を開かんとする農民軍に対し、失われた秩序を回復せんとする泰州学派の政治目的を象徴するものとしている。(50)確かに王朝をゆるがすこの正徳の諸反乱に終止符をうったのは、王心斎がのちに師とあおぐ王陽明であった。正徳一二年（一五一七）、巡撫南赣右僉都御史に任ぜられた王陽明は、翌一三年には、七年間も江西一帯に蠢動していた流賊の反乱を鎮圧しつくす。「諸臣の賊を平らぐるや、遅くして変随う。新建〔王陽明〕の賊を平らぐるや、速やかにして賊定まる」(51)と記されるように、その軍事的手腕は、明一代に雄たるものであった。のちにその武功によって新建伯の爵位を授けられている。また、王心斎以後、泰州派の異人と目された何心隠（一五一七〜一五七九）も、嘉靖末年、重慶で白蓮教の乱の鎮圧に参画している。(52)泰州派諸子が民衆反乱に敵対的であることは明白である。

同じく竈丁と規定されても、故郷から離れて流民と化し、流れついた塩場で焼塩という苦業に従事していたと覚しき鄒、廖の徒と、代々、科派に耐え、それなりに家産を積み、一族の根を地方に張っている王心斎とでは、その社会的立場は判然と分かたれる。王氏一族にとって、郷党の秩序はその維持を責務とするものであり、そのための努力こそが期待されるべきものであった。まして、時代の矛盾を直感する鋭敏な精神にとって「万物一体の仁」の確信は、天下への責任を一身にひきうけんとする気概となり、性急な教化活動への意欲をいやが上にもかきたてたのである。これ以後の彼は、経書を講説するに自在であり、伝注にとらわれぬ独特な見解を披瀝していく。

正徳一五年、王陽明は江西南昌に講学していた。江西吉安出身の黄文剛から、陽明と自分の思想の相似を知らされた王心斎は、舟を買い、陽明に会見しようと江西に渡った。南昌の城内では、その古式にのっとった冠服が人の目を引き、「観る者市道を環繞す」と最初からすこぶるエピソードにとむ会見であった。布衣ながら王陽明の上座に陣どった王心斎は、陽明との激しい議論応酬の内、次第にその座を下り、遂に陽明に師事することとなった。三八歳のことである。陽明の死まで、八年間ほどの師弟関係であった。

嘉靖元年（一五二二）には有名な「鰍鱔賦」を作り、冠服、車輪は古の制度そのままという出立ちで、師説をひろめるため、天下に周流しようとして物議をかもす。明代思想史においてよく知られた事件である。その短絡的と思えるほど率直に実践を志向する性癖は、本人が真剣であればあるほど、生粋の士大夫層の感性とはズレを生じていく。陽明が艮（止）と命名したのがなにか反語にも見えてくる。しかしこのズレにこそ、王心斎の思想の面目と活力はあったといえよう。

翌年、大きな天災が塩場を見舞った。正月から六月にかけ、雨が極めて少なかったのであるが、七月からはうって変わって長雨となり、堤防が決壊し、田も家屋も漂没してしまった。洪水の塩場を襲ったのは、人相食む大飢饉であった。冬には疫病が流行し、おびただしい死者を出したのである。あくる年も旱魃となり、飢饉はなお続いた。[53] この時、王心斎は真州（儀徴）の王商人より米二〇〇〇石を借用し、賑済に務めている。かような非常時における王心斎の働きは、地域における彼の指導力と信用をよく示すものといえよう。

ついでにいえば、嘉靖一四年（一五三五）にも塩場に大飢饉があった。六月の大旱魃が原因だったのであろう。この時にも王心斎は賑済を請い、郷里の富者にもすすめていた。これを受け、東台場永盛団の竈戸盧源は、豆麦一千石を出して施賑したのである。[54] これを縁に、のちに盧源の子盧栄（例監生）と王心斎の孫娘（王衣の娘）との間に婚姻が成立する。〝門当戸対《いえのつりあい》〟が当時の婚姻の一般であるとすれば、東台場の富者盧氏に匹敵するだけの実力を、安豊場の王氏も備えていたということになろう。

嘉靖に入ってからの（王陽明門下となってからの、といった方がいいかもしれぬ）彼の活動はなかなかめざましいものであり、復初書院、安定書院での講学は、すでに知識人としてのそれであった。泰州出身者を中心に、数十人の門下生が彼のもとに集まるようになったのもこの時期からである。そして、陽明門下として遊学する父親に代わって、家業を管理し、遊学の費用を捻出したのは長子の王衣であった[55]。

嘉靖一五年には塩法御使洪垣に郷約を請われ、また彼の肝煎りで、王心斎の講堂として東淘精舎が建立される。嘉靖一七年には、安豊場の竈戸の所有に不均衡が生じ、業を失う者が多いという、当時の塩場における最大の懸案について、場官の相談を受け、「均分草蕩議」をものした。これについてはのちに言及する。そして翌々年、嘉靖一九年（一五四〇）に五八歳でその布衣としての生涯をおえたのである。

王心斎が没してから一三年ののち、嘉靖三二年（一五五三）、王衣を頭に四人の息子達は優免を願う帖文を提出した。

告状人王衣、王襞、王褆、王補、各年甲同じからざるも、倶に安豊場の竈籍に係る。状して雑差を優免せられ、以て遊学に便にして、以て先志を承けんことを懇乞せんが事のためにす。〔……〕窃かに慮んばかるに、本場の竈総人等は鄙情を諒せず、或は編派差徭の際において、一槩に衣等の名字を以て僉点して官にあり。即ち身を分かち役に応ずる比《ころ》おい、則ち初志尽く隳つ。〔……〕本名において便ずべき塩課の外、凡そ丁身に点充するの雑役あらば、優免に與かるを得るを許されよ[56]。

父の死後、その聖道を求める志をうけついで、王衣達は、浙江や江西に師友をもとめて遊学していたのであるが、役にあてられたため、その志も頓挫してしまうとして、雑役の優免を訴えでたわけである。この結果がどうであったのか資料的にはわからないが、王家が雑役の負担を正式に免れるのはやっと次の代からである。王心斎の孫王之垣、曽孫王元鼎が晴れて生員になったのである。(57)こうして安豊場の王家は、布衣王心斎の講学における名声を梃子に、ついに名実ともに知識人階層の末端に列することとなった。

## 第三節　塩場の弟子達

王心斎の門下に最初に集まったのは、族弟王棟を筆頭に、林春、張淳、李珠、陳芑らである。嘉靖五年（一五二六）、王心斎が知泰州王臣（江西南昌人。陽明門下の同学）の招きで安定書院に講学した年、「明哲保身論」を作った年のことである。翌年、王俊、宗部、朱軏、朱恕、殷三聘が門下に入った。以上一〇人の出身を見ると、王俊、殷三聘の二人が江都人であるのを除き、全て泰州人である。嘉靖七年、王陽明が歿する。この年、王心斎のもとにきた徐樾（波石）、張士賢、兪文徳の三人は江西省の出身である。(58)

「王心斎先生弟子師承表」(59)によれば、王心斎に直接師事したもの（一伝の弟子）は七九名を数えることができる（名のみ残っている者を加えれば更に六九人いるという）。このうち、泰州出身者は四二名でほぼ半数である。泰州学派ということであれば、まずは当然のことといえよう。次に多いのは江西出身の一五名である。二割弱を占める。ついで安徽出身の六名。外省の中では江西出身が多いのはなぜであろう。

まず考えられることは、王陽明が江西南昌で講学をしていたことである。王心斎も江西におもむいていたことがあるが、そもそも陽明門下では、江西すなわち江右王門は一大勢力であった。

泰州学派においても、徐樾（字子直、号波石、嘉靖一一年の進士。雲南左布政使となるが、沅江府の土酋那鑑の反乱にあい戦死）[60]の系列には、顔山農、何心隠、羅汝芳と江西出身者が続き、それがさらに、広東の楊起元、浙江の周汝登、南京の焦竑と広がっていくのであり、泰州学派として名のある人物はほとんどここに集約されている[61]。

泰州〔王心斎〕の後、其人多く能く赤手もて、以て龍蛇を搏たんとす。伝えて顔山農、何心隠一派に至りては、ついに復た名教のよく羈絡する所にあるざるなり[62]。

黄宗羲がかくいうところの、名教逸脱への思想展開を担ったのは、他でもない泰州学派の江西グループである。ところが、その一方で黄宗羲は、江右王門のみが王陽明の正伝をえ、陽明死後の思想的混乱を正したと評価するのである[63]。皮肉にも、右派も左派も中心は江西出身者というわけで、思想史的には最も興味深い人脈といえよう。

しかし、今は王心斎に直接師事していた、泰州出身の弟子達についてみていきたい。心斎とともに高く評価される王棟は別格として、彼ら直弟子達のほとんどは、『明儒学案』に列せられることもなく、思想的な発明もあるわけではない。とはいえ、彼らが泰州学派形成の中核であったことも事実である。彼らに関して伝えられていることは少ないが、めぼしいものをあげていこう。

林春　字子仁、号東城。泰州千戸所人。軍籍。嘉靖一一年進士。吏部文選司郎中。家は貧しく、王氏の傭工であった。聡明さを見込まれ、王氏の子とともに学ぶ。王龍渓の友でもある。四四歳で死んだ時、銀四両を残すだけであった[64]。

王棟　字隆吉、号一菴。泰州姜堰鎮人。民籍。心斎の族弟。嘉靖三七年歳貢生。訓導、教諭を歴任。白鹿洞、正

学書院でも講学。布衣を集めて会を作り、講学化俗に務める。また水東会を創設し、義倉を建て講学した(65)。
陳芑　字実夫、号美斎。泰州千戸所人。歳貢生。河南新郷県訓導。心斎の長子王衣の友人(66)。
張淳　字済化、号此菴。泰州人。嘉靖二五年挙人。山東范県知事。
李珠　字明祥、号天泉。江西より泰州に遷居。胥吏に充てられていたが、知泰州の王臣に事え、学問を聞いたことから胥吏をやめ、心斎の門下となった。その弟李瑶、李璽もともに門下である。
以上五人が、最初に王心斎の門下となった人々である。
宗部　字尚恩、号丸斎。泰州草堰場人。竈籍。監生。南京兵馬司指揮。王心斎に師事し安豊場に寓居していた(67)。王心斎は彼の任官に対し「某、吾が丸斎の第一等の人物たることを欲す。惜しいかな。日にこれを小用するは我の望むところにあらざるなり(68)」と書を寄せている。兄宗節は曹州吏目。やはり心斎の門下に入った。
朱軏　字維実、号平斎。泰州草堰場人。正徳一四年挙人。林春とともに会試を受けるが不合格。第一名で合格した林春に従僕がいなかったので、すすんで代わりを務めた。先後七回応試するが、結局合格しなかった。高陽、塩山二県に知事となる。晩年は貧しく、棺を具えることもできず、塩大使陶悦が葬式を出した(69)。
この宗部と朱軏は、正徳一一年に草堰場の范文正公祠を修復するよう提案し、捐貲している。この時、ともに出資したのが宗部の兄宗節（国子生）及び宗郲、唐満（生員）であった(70)。
袁株　字子立、号懐堂。泰州草堰場人。竈籍。嘉靖七年挙人。のちの内閣首輔李春芳（興化人）と同学。吉安知府、袁州知府を歴す。
朱恕　字光信、号楽斎。泰州草堰場人。初め字《あざな》がなかった。自分には平生好いところはないが、唯一、信だけはあるといったので、里人は光信と呼ぶようになった。幼い時から孤貧。樵夫となり、薪を麦に易え、暮らしを建てていた。心斎の講学を聞くようになってからは、袋に小麦粉を入れ、食事時には河の水でこねて食い、なくなるとまた薪をとりにいった。宗部や袁株が経済的な援助をしようとしたが受けなかった。[71]

この樵夫朱恕及びその学を慕って、心斎の次子王襞（東崖　一五一一〜一五八七）の門に入った陶工韓貞と、焦竑（一五四〇〜一六二〇）に師事した安徽繁昌県の農夫夏廷美の三人が純然たる庶人学者として『明儒学案』[72]にも取りあげられていることから、庶民学派としての泰州学派を代表する、いわば表看板になっているわけであるが、泰州学派の構成員全体からみた時には、このような貧窮の庶人はむしろまれである。

季宦　字存海、号東洲。泰州安豊場人。若い時から父に従って塩商をしていた。牙儈《ブローカー》から五〇〇金をあずかったところ、盗人にあい、室中のものを全てとられてしまった。別室においてあった預かり金は無事であったので、ただちに返還して欺むくことはなかった。やがて、食を謀るは道を謀るにしかず、と心斎に師事した。二人の子供が府学に入ると家産を提供し、学田としている。[73]

季寅　字存威。泰州安豊場人。季宦の従弟。少年のころから腕力が人にすぐれ、騎射、搏撃を喜んでいた。季宦にすすめられ学問を志すようになった。彼は王襞の弟子である。竈居の苦を数首、詩に詠み、塩官を諷したという。[74]

安豊場の季氏に関しては、季宦の姪季柱も家学をうけついだ。下ってその長子季来之は崇禎の挙人。呉嘉紀の友人であったが、心斎の学に親しんだという。

周盤　字崇寿、号西野。泰州安豊場人。王心斎の妹婿である。聡敏で八歳から詩をよくし、王心斎の門下に入ってからも良知をよく悟り、心斎を感嘆させた。[75]

崔殷　字邦実、号北洋。泰州富安場人。性格は剛毅。若くして心斎の講学を聞き、悟ればすぐ行うという実践派であった。王心斎は彼を大器として期待した[76]。王襞と最も仲がよく、その子崔希翰は王襞の女婿となった。富安場の崔氏からは、他に崔贇、崔便の名が心斎門下として上っている。崔便についてはのちに言及する。これらの弟子に加えて、安豊場の王氏からは、心斎の従姪、族姪にあたる王社、王枢、王卿の名が心斎の弟子として上っている。ちなみに王氏の一族について、いま少し言及すれば、王襞に師事した王弘器、王謁、王熈、王弘道、王譲は全て王襞の従兄弟である。さらに一一名の従姪、四名の従姪孫の名も上っている。王襞にとっては叔父にあたる王心斎の実弟王銭も、兄の死後、王襞に師事しているのである。

以上、王心斎に直接師事した泰州出身の弟子達を概観してきた。もちろんここにあげたのはその一部にすぎないのであるが、それなりに気づいた点をあげてみよう。まず出身塩場であるが、安豊場が多いのは当然のこととして、うち十場の中でも、草堰場、富安場が目につく。富安場は隣接の塩場であるとして、草堰場との関係がなぜ深いのか、今は判然としない。

また入門に際しても、兄弟ぐるみ、親子ぐるみ、あるいは従兄弟がつれだってという具合に、親族単位で所属していることは興味深い。安豊場の王氏が、一族あげて泰州学派にその名を列しているのは、これが王氏の家学であることを示すものであろう。また富安場の崔氏は、族人に著作の多い[77]ところからして、富安場を代表する名族とみられるが、泰州学派の中に多くその名を見かけるのみならず、安豊場の王氏と姻戚関係を結んでいる。崔氏以外にも王氏と姻戚関係をもっている氏族は、泰州学派にはままみられる。すなわち、塩場における族的結合のあり方が、そのまま泰州学派の人脈を形成する土台となっているといえよう。あるいは、泰州学派というスクールを媒介として、族的結合が強められているといいかえてもいいだろう。

元来、塩場は読書と縁のうすい地域とされてきた。泰州学派の核をなす人々の社会的地位も、一言でいって、庶民と知識階層の境界といったところである。林春のような進士出身者は他にみあたらない。もっとも泰州学派の中でも、徐波石を筆頭とする江西グループに連なる人脈には、進士出身者はかなりみられる。(78)『明儒学案』にいう泰州学派とは、ほぼこれらの人々を目しているのである。くどいようであるが、今ここに進士出身者がほとんど見られぬといったのは、塩場出身者に限っていうのである。

しかも、例外的に進士出身であった林春も、その前身は王氏の傭人であった。母や妻と屨《ぞうり》を編んで生活したといわれるほど、経済的には困窮していた人物である。彼以外の人々の資格といえば、よくても挙人、貢生、監生、生員といったところで、王心斎、王襞を始めとし、生員にすらなっていないものも多かった。そういう意味では、泰州学派＝庶民学派という等式はあやまりではない。

だが、そういいながらも、先に樵夫朱怒、陶工韓貞(79)の存在をむしろまれだったといったのは、王氏にしろ、崔氏にしろ、季氏にしろ、庶民ではあっても、それなりに家産をもち、子孫の代からは生員を出しているというように、まさに民と知識階層の境界に立っているからであって、全くその日暮らしというような貧窮者は、やはりまれな存在といわざるをえない。しかし、そのような貧窮者を切り捨てることなく、経済的な援助を申し出てでも包括していこうとするところに、講学の同志としての連帯の強さをみることができる。

ところで、このようにして、心斎の講学に結集した人々は何を学びとっていったのであろう。『県志』や『塩法志』に簡述されている彼らの列伝の中で、判でおしたように述べられているのが「身体力行」という句である。もちろんこれは、「大学」の格物の実践、修身の実行をいうのであるが、王心斎の講学には「万物一体の仁」という確信が常に備わっているのであれば、「身体力行」も一個人の内面的修養として済まされるわけにはいかなくなる。必然的に、社会性をもった講学活動、教俗化民の精神運動が展開されるわけであるが、かく覚醒された精神が、現実の矛盾に全く無感動でありえたろうか。

## 第四節　塩場の課題

両淮の地に任官してきたものの中にも、泰州学派に名をつらねるものはいる。揚州同知の周良相（湖広人）や、知泰州の朱簦（浙江）、泰州同知の林庭樟（福建人）、嘉靖一三年に興化県知県となった傅佩（杭州人）などは、いずれも王心斎に直接師事した地方官である。(80) これら、泰州学派に属する地方官にとって、その治政は何が課題となっていたのであろうか。

嘉靖一七年（一五三八）、興化県知県の傅佩は、興化県と泰州府の境界を明確にし、均田を行うよう上奏文を提出している。これは当時の泰州における実状にもよく言及し、興味深いものである。

直隷揚州府高郵州興化県臣傅佩、彊界を正しくし、糧站を均しく、欺隠を究めて国賦を資《たす》け、貧民を安んずるために謹しんで上奏いたします。〔……〕本県〔興化県〕の地は海浜に片寄り、守禦千戸一所を設立しています。丁渓、白駒、草堰、劉庄、小海の各司塩場に鄰接しているため、軍〔戸〕竈〔戸〕が雑処し、五千余戸に止まりません。しかし、軍〔戸〕は守禦のため民差に当てられず、竈〔戸〕は塩課を負って徭役に任ぜられませんが、倶にそれぞれ高腴の田地を占買すること万頃に止まりません。兼ねて窘民を逼迫し、文契を捏造し、多く重糧を軽糧となし、有站を無站となし、甚はだしきは無糧無站の荒草柴場と作為《な》すありさまで、歴年の欺隠は漫然として考査もされません[81]。

知県傅佩の目に映った興化県の特殊性とは、海岸に近いところから、諸塩場に隣接し、また千戸所が設けられているため、軍戸、竈戸が雑居していることである。州県官の立場からすれば、この軍戸、竈戸はそれぞれ軍役と塩課を負っていることを口実に、州県の雑役を免れているものである。それが、興化県内に田地を占有し、しかも無糧、無站の地といつわり、州県に納めるべき田糧までも隠蔽しているというのである。興化県周辺の軍戸、竈戸が、県内に土地を占有するに至ったのは、国初において、この一帯に大規模な遷徙政策[82]がとられ、田地の所有者が不明になってしまったことに起因する。

後に正統、成化等の年間に至り、南は泰州の豪勢大家の越界侵占を被むり、〔……〕東は丁渓等の塩場、運塩河界を跳越して田地五百余頃を侵占されて、竈戸の火伏煎塩の草湯〔蕩?〕と作為され、北は塩城県界に抵り、刁悪郝恩等のために二万余畝を侵占されました。累《しば》しば業主〔地主〕がお上に向けて告訴いたしましたが、卒に併呑されてしまいました。このため田は勢家の占種にまかせ、その税糧は興化県の包賠を累《わず》らはせることになって歴年久しく、民は倒懸に困しみ、逃竄する者は二千余戸に上り、杖殺せらるる者も数百余人に止まりません。憔悴の極み、これ以上甚だしい時もございません[83]。

泰州の勢豪、豪竈、刁軍により、越境して侵占された田地の税糧は、その定額がかえって興化県の民にかけられ、逃散、杖殺といった悲劇を招いているのである。ここに傅佩は、巡撫、按察司、巡塩使等と会同し、本来の境域を確認し、富豪の侵占した土地は本県に復帰させて税糧を納めさせ、軍戸や竈戸の占買した民田は、その畝数を丈量して田糧を公平に負担させ、寄籍して差にあてること等を建議したのである。

この傅佩の上奏を支持したのが御史の洪垣であった。王心斎のために東淘精舎を建立した人物である。

洪垣、字峻之。徽州婺源人。督鹾御史となる。性明敏にして風節あり。嘉靖一七年、興化知県傅佩が均田を奏請するに、豪強の阻議する者が多かった。公は力めてこれを主さどり、みずから各属官を率い、蚌沿河に詣り、故道を尋ね、その侵彊を明らかにした。権豪は粛然とした。(84)

彼は、豪強たちの反対をものともせず、実際に現地におもむき検分したのである。この時、不正の甚だしき者として槍玉にあげられたのは、泰州の徐蘭、劉春といった人物である。「徐蘭、劉春等の如きは、巨富を号称するも、しかも冊に在りし糧米は三石の数に及ばず(85)」といわれていた彼らは、当然抵抗をし、検地を拒んだのであるが、洪垣らはこの豪氏を拘禁し、断然と処理したのである。

豪民による田地の占有という州県の問題は、塩場における豪竈の、草蕩兼併という問題にオーバーラップする。竈戸の生産手段である草蕩は、竈戸の年間のノルマ、十大引（四〇〇〇斤）の塩を煎辦するのに、燃料として草二十余束を用いるものとして、洪武中、丁ごとに一段を支給した。そこに成育した蘆、葦等の草を自分で砍伐し、煎塩に用いるのである。(86)草蕩は名目上官有地であるから、開墾、典当、承佃、売買は禁止されていた。にもかかわらず、この草蕩の兼併問題は、はるか以前から論議されている。

弘治元年（一四八八）、両淮御史の史簡が塩法疏を上奏しているが、その七項目めが「均草蕩」である。

近ごろ、草蕩は豪強、軍民、総竈の勢力にまかせて占種されるものがある。衆人を糾合し、公然と採打し、貨売する者もある。又、逃移した竈丁と通同して、荒閑の田土と謬称し、立約して盗売する者もある。その支出する価は甚だ少くて、歴年得る利は甚だ多い。そのうえ升合の糧をも納めない。しかも売却させられた竈丁が反って虚詞仮契を被る。長年、刁潑の証人を買雇し、有司の貪婪の官吏に賄いして委嘱している。その害を告訴しても、有司の官吏は又審査することなく、直ちに人を遣って勾拏淹禁し、何年たっても結審しない。草蕩は日に侵没せられ、塩課はますます虧欠を加えていく(87)。

ここに述べられた草蕩の占種、貨売、盗売といった事態に対し、考えられた対策は、罪を免ずる代わりに官に草蕩を返還させるというものであったが、なんの効果もないものであったことは、以後もひき続き、草蕩の問題が提出されていることからも伺えよう。嘉靖四年（一五二五）、両淮御史張珩の禁約(88)にも、草蕩を清査することの一項がある。この禁約からも、草蕩が質入れされたり売り払われたり、あるいは侵占されて不明になっている現状がわかるのであるが、その対策は、検地を行い原主に返還させ、清冊を作るというものである。

ただ、嘉靖の初期からは、草蕩を清理しようという動きが、他ならぬ塩場に籍をおくものからでてきているということに注目しよう。

富安の崔便は十場の草蕩を清理した。角斜〔場〕の潘道光は本場の草蕩二千五百畝を清理した。又何垛〔場〕の何良、朱瑾皆《とも》に本場の草蕩を清理する事があった(89)。

ここにいう崔便は、崔殿とともに王心斎に師事した富安場の崔氏である。安豊場の王氏とは姻戚関係もあることはすでに指摘した。崔便の記事は『東台県志』にもみられる。

崔便は富安の人である。ときに十場の草蕩は均準でなく、多く兼併されていた。そこで責任者に力請してこれを清釐した。(90)

また、いう。

王辰は安豊の人である。本場の草蕩は、旧の彊界を、梁垛〔場〕に侵されていた。これを有司に訴え、悉ごとくその旧に循うことができた。(91)

ところで王辰の孫の王嘉令も、嘉靖の間、潮害にあった角斜場の塩課を安豊場が肩代わりし、(92)それが五〇年あまりも続いていたのを訴え、始めて免ずることができたという。孤貧であったのが、数十年にして巨万の富を積んだといわれる王嘉令は安豊場の鉅族であった。(93)王辰、王嘉令とも、泰州学派には列せられていないし、王心斎との族的なつながりも明記されていない。しかし、王辰の名は、王心斎の子、王衣、王襞、王褆らと同じく衣の字を含んでいるし、王嘉令に関しても、王心斎の曽孫王嘉弟と嘉の字を同じくしている。排行を同じくする王氏の一族とみても間違いはなかろう。

以上、いくつか塩場の人間による草蕩清理の例をあげたが、これらに先がけて、王心斎自身が、草蕩の問題と深くかかわっていた。彼は嘉靖一七年「均分草蕩議」(94)を提出している。

このため、草蕩を均分するには、先に経界を定める必要がある。経界が定まれば落ちつく所がはっきりする。上に簿冊を存し、下に票を給付する。上に図面を存し、下は不動産を守る。後に年月を経ても再び紊乱することはない。〔……〕本場五十総、毎総一里を丈量する。毎里、方五百四十畝を以て区と為す。内に糧田、官地等の項目を除き、共に若干頃畝を計る。本場一千五百余丁、毎丁に当該若干頃畝を分かつ。各原産の草蕩、灰場、住基、竈基、糧田、墳墓等は地に随い十段、二十段と四散するに拘わらず、某里某区内に固着し、印信、紙票を供与し、書写を明白にして、本総本区頭に着落し、界壗を立てて定め、明白にその不動産を受領させれば、後に逃亡事故に遇ったとしても、票に随って不動産を受与する。千万年の長きにわたっても再び紊乱することはない。

ここに王心斎が強調することは丈量である。経界を明白に定め、清冊や給票により所有の根拠を確実にすることに他ならない。しかもこの丈量の提議にあたって本場一千五百余丁の、丁分というものが考慮されている。丈量の目ざすものは、その所有にみあった応分の賦役の負担であったろう。「均分草蕩」はまさに均田均役と軌を同じくするものであった。

塩場において泰州学派の直面した政治課題とは、以上みてきたように、豪強、豪竈といわれる層の兼併、侵占の行為をチェックすることであった。彼ら自身、庶民と優免権をもつ知識人層とのいわば接点に位置することにより、賦役負担の不平等には人一倍敏感にならざるをえない層であった。かくして兼併行為のチェックは、自らの階層利益と合致するものであったが、同時にそれは、単なる階層利害の追求に止まらぬ、土着としての責任感に裏づけされたものでもあった。泰州学派が、同族的な結合を下地としているスクールである以上、塩場という地域社会の保全を図らずには存続しえまいし、また地域への責任を主体的に担わんとするだけの自信も、有産者、生産者としての彼らはもちあわせていたのである。

最後に、この草蕩兼併のもつ意味を含め、塩場の生産関係を今少し考察してこの章のしめくくりとしよう。

塩場における竈戸の階層分化は、早くから為政者の目につくことであった。正統元年（一四三六）の曹弘の「禁私販疏」[95]には、わずか五斤、一〇斤の私塩を近隣の郷村にもちこみ、食糧と交換し家口を養おうとしても禁制の前にそれすらままならず、他郷に流入する貧竈がいる反面、家人を使って大船を仕立てて、二〇〇引、三〇〇引もの私塩を引きうけていく江南の富豪や糧長を取引き相手にしている大竈戸（頑民、大戸と呼ばれる）の存在が対比的に記されている。このように太い私塩ルートの形成は、元末以来の塩場の社会関係が、そのままもちこされてきてのことであろう。この階層分化は、時代をおって激化していく一方であった。ことは単なる貧富の差に止まらず、生産手段の占有化をも招き、富竈＝有産の製塩業者と、傭工化した貧竈の二極化を現象しつつあったのである。先に言及した草蕩の兼併化も、この意味で深刻な問題であった。

生産手段の占有化は草蕩に止まらず、より直接的な生産用具である鉄盤、鍋鐅にも及んでいる。弘治元年（一四八八）の史簡の「塩法疏」には次のようにいう。

富安等の塩場の盤鉄はみな、洪武、永楽中に鋳造されたもので、長年の間に破損してしまい、何度か修理を上奏しても未だにきかれない。旺煎期には各竈戸が輪煎することになっているが、富豪が〔盤鉄を〕独占してしまい、貧竈は煎塩しようがない。たまに自前で鍋鐅を置こうとすると、人から恐嚇される。労働力はあっても器具がないのである。[96]

明初からの規定である団煎が、すでに弘治の時期に機能していないことがよくわかる。官給の鍋盤は、破損しても修理されず、輪煎することになっていても、豪強が占有してしまっている。自前で小さい鍋を設置しようとすれば、私塩にあたるとして人からおどされるのである。

さらに下って、嘉靖六年（一五二七）の戴金「塩法疏」でも事態はほとんど変わらない。

立法の初めは鉄盤を鼓鋳し、竈戸に団煎させることになっていた。〔……〕年を経て、〔鉄盤は〕破損するものが日に多くなっている。富家は私に鍋鏊を設置し、定額以上の煎塩生産をしている。貧難のものはどうしようもなく、逃散するものが相継いでいる(98)。

ただ、この資料で、さすがに時代の流れを思わせるものは、富豪が官給の鉄盤の占有からすすんで、自ら鍋鏊を設置していることである。また、塩場で使用される煎塩の鍋も、鉄盤から鍋鏊へと主流が変わってきている。

嘉靖三〇年には、富竈と商人が合謀し、損壊した旧盤の修理を官に願うにあたり、鍋鏊の有利な点をとき、鉄盤から鍋鏊に切り変えさせている。さらに富竈は経紀と合謀し、鎮江に住む鉄匠を移住させ、白塔河に作業場を開設し、鋳造させるという許可も官からとりつけ、ますます鍋鏊を増設していったのである(99)。富竈は家に十数個の鍋を私有し、草蕩を兼併し、貧竈はその義男、女壻という名目(100)で、傭工になり下るという形での私的な大規模経営がここに出現しているのである。「富は王侯に敵《かな》う」といわれるほどの豪竈もその中からは生れていた。

ただ、このように塩場において、竈戸の二極化がすすむといっても、個々の事例をみると、王心斎や王嘉令のように一代で富を積むものもあり、その反面、次の詩に詠われているような落魄の元富竈もあったであろう。

海風野草望無辺　　海風野草にふき望むに辺なし
幾樹枯楊一破椽　　幾ばくかの枯楊、一破椽
赤脚老翁原富竈　　赤脚の老翁は原《もと》の富竈なり

自言遭水十三年[101]　　自ら言えり水に遭ひて十三年と

専売制度と表裏をなして、私塩が大きなマーケットとしてある以上、個人の才覚にものをいわせる余地は充分あったであろうし、范公隄の外側に住む竈戸にとって、洪水により一切を消失するという恐れもまた現実のものであったのだ。かくしてその内部はかなり流動的であったといえよう。

しかしながら、生産手段の占有化から生じる貧竈の逃亡、流民化という現実は、安定した塩課収入を目ろむ王朝権力にとっても、塩場の保全を願う在地の有産者にとっても、願わしいことではなかった。四川でおきた竈丁の反乱、淮南の塩場までがまきこまれた劉六劉七の乱、ともに生々しい記憶であった。

正徳一〇年（一五一五）、御史藍章が団煎の法を復活することを上奏している[102]。藍章はこれより先、正徳六年に陝西巡撫都御史として、陝西の兵を率い、四川の竈丁藍廷瑞、鄢本恕の乱の鎮圧に参加している[103]。彼の団煎復活の建議に治安の意味がなかったとはいえまい。そして王心斎の「万物一体の仁」も、正徳の流民反乱に直接誘発されたものであった。

正徳、嘉靖期は明王朝の経済構造が大きく変換しようとしていた時期である。この変換期に塩場にあって「明哲保身」をいい、身を愛することを修身の内容として風俗教化をはかり、族的結合を媒介に塩場の保全に意を注いでいた泰州学派が、現実の矛盾に直面しては、豪民、豪竈の兼併をチェックしようとしたことは当然のことであった。それは全国的な、賦役体制の不均衡を再編成しようという気運とも軌を同じくするはずのものであった。次章で言及する江西グループの何心隠にしても、冤罪をもって出奔する以前、郷里において試みていたことは、賦役負担の相互扶助をも含んだ宗族の教化である。その罪におとされた原因も、不当な税負担を拒否したことにあった[104]。このようにみるならば、地域社会に根づいた改良者としての泰州学派の基層的性格は、一層明確であろう(105)。その講学活動につきまとう強烈な天下への伝道意識が、のちに処士横議として処断されるという現象を一方に生んだとしても、本来、心学のもつ郷土保全への教化作用は地方官のよく容認するところであったのである(106)。

注

(1) 嘉慶『東台県志』巻八、都里。布衣ながら呉嘉紀の詩人としての名声は高く、著書に『陋軒詩』がある。字骨賢、号野人。
(2) 康熙『両淮塩法志』巻二七、芸文三、呉処士伝。
(3) 『同右』巻二八、詩。
(4) 島田虔次『中国における近代思惟の挫折』筑摩書房、一九七〇年。
(5) 拙稿「何心隠論」『史林』六〇巻、五号、一九七七年。本書第四章。
(6) 嵇文甫『左派王学』においては王龍谿、王心斉を王学左派の二大領袖とし、泰州学派を王学の極左派とする。
(7) 侯外廬編『中国思想通史』巻四下、人民出版社、一九六〇年。
(8) 『同右』九七二頁。ここでは、王心斎が、王陽明に師事する以前から、その思想形成を独自に行ったことを強調し、王陽明と泰州学派を切り離す意図をもって、黄宗義が援用されている。
(9) 同様な関心からの先行論文として大久保英子「泰州学派とその社会的基礎」『東洋史学論集』第三、一九四五年がある。
(10) 『東台県志』巻一一、水利下、隄圩。范公隄に関しては記、詩などそれを素材にしたものは多い。唐の大暦元年(七六六)、李承が淮南節度判官に任じ、楚の塩城より揚の海陵まで築堰したのが始まり。宋の開宝中、王文佑が増築したのちは放置されたままであったのを、范仲淹が興化知県に任じ、その修工にあたった。天聖六年(一〇二八)、四年の歳月を費やして一四三里の隄が完成。
(11) 康熙『中十場志』巻二、彊域、安豊場。ちなみに、安豊場は東西七十五里、南北十四里とされている。(『東台県志』巻八、疆域)。

(12)『重鐫心斎王先生全集』巻一、安豊場図、心斎故宅図、心斎墓図。以下『全集』と略称す。ちなみに本章に使用したものは万暦四三年序四代孫元鼎補刊本であり、内閣文庫所蔵のものである。『東台県志』巻三四、古跡、冢墓。

(13)『全集』巻二、世系源流載略。系譜に関しては以下これによる。なお、王艮の家系については寺田隆信「王艮の家系について」『加賀博士退官記念中国文史哲学論集』に詳細な紹介がある。寺田氏は王氏の泰州への移住を一三〇〇年前後と推測されるが、今は「世系源流」の記載に従う。

(14)康熙『両淮塩法志』巻一五、風俗、竈俗。

(15)『明儒王心斎先生遺集』「王一庵先生遺集」年譜。

(16)明代の塩場に関しては、藤井宏「明代塩場の研究」上、下『北海道大学文学部紀要』一、三、一九五二・五四年。佐伯富「明代における灶戸について」『東洋史研究』四三巻、四号、一九八五年。

(17)『中十場志』巻二、疆域、安豊場。

(18)『東台県志』巻三二、列女上、守貞孝女。

(19)『中十場志』巻一、建置、塩課司。

(20)王毓銓『明代的軍屯』二三八頁。

(21)『東台県志』巻二一、忠節。

(22)万暦『興化県志』巻二、疆域、知県傅公珮疆界議。

(23)『東台県志』巻二二、孝友。呉汝寧。安豊人。洪武中。兄汝陽。以蔡権塩法事。株連□《ママ》雲南烏撤衛。〔……〕七世孫嘉紀。厳密にいえば、呉汝陽の弟、呉汝寧が呉嘉紀の祖。

(24)『東台県志』巻二七、尚義。

(25)『同右』巻三六、芸文。

(26)『同右』巻四〇、雑記。

(27)『同右』巻二六、篤行。

(28)『全集』「別伝類編」巻下、館課伝、其四、編修許獬。
(29)『東台県志』巻三二、列女上、賢婦。
(30)『同右』巻一五、風俗。
(31)『明経世文編』巻一八七、霍韜、塩政疏。
(32)『中十場志』巻一、風俗。
(33)『同右』巻一、食貨。
(34)『全集』巻二、年譜。以下の記述もこれによる。
(35)李二曲『観感録』心斎王先生塩丁。場俗業塩。不事詩書。以故先生不知書。惟以販塩為務。年近三十。同郷人販塩山東。
(36)万暦『大明会典』巻三四、塩法三、塩法通例。
(37)『同右』巻三二、塩法一、山東。
(38)『東台県志』巻七、祥異。以下天災の記述はこれによる。
(39)『全集』巻二、年譜。
(40)藤井宏「明代塩場の研究」下、第三章　竈戸の差役。
(41)『中十場志』巻四、賦役。貢課については次のようなものが上がっている。

| | |
|---|---|
| 孝陵神宮監塩 | 三五〇〇斤 |
| 内府供応庫塩 | 二〇〇〇〇斤 |
| 南京孝陵寺塩 | 一八〇〇〇斤 |
| 菜台湾塩 | 二〇〇〇斤 |
| 鹹鹵鰣魚塩 | 六二一三斤 |
| 計 | 四九七一三斤 |

十場とも同数が課せられた。各場三〇年輪解。
(42)(43)『同右』巻四、賦役、工脚。有明洪武元年額設工脚、各場除先年充竈戸外、十戸一丁、奉旨由帖、在場扛抬引塩、看守

倉庫。

(44)『同右』巻二、彊域、角斜場。

(45) 竈戸が運司と布政司の双方から、二重支配を受けているということに関しては、前掲藤井論文に詳しい。また『中十場志』巻四、賦役田糧には次のようにいう。「以上田糧は前朝正統以前、倶に有司において辦納す。景泰四年、両淮運使蘇肄奏すらく。竈戸の田糧を将て余塩を折納す。糧一石毎に小引塩一引を折すと。成化八年、泰州分司柴秀奏すらく、竈戸の折塩の田糧を将て仍ち有司に復さん」。竈戸の田糧に関しても、運司と州県官の間で管轄を争っているのがわかる。

(46)『塩政志』巻一〇、禁約。嘉靖四年、両淮御史張珩の禁約内の優免則例によれば、優免されるのは、見任官、以礼致仕官、挙人、監生、曽経科挙生員であり、「其附学未経科挙者」は優免されない。

(47)『明史紀事本末』巻四六、平蜀盗。なお、藍廷瑞、鄢本恕、廖恵らの出身に関しては、唐光沛「明正徳年間四川大寧竈夫領導的起義」『井塩史通訊』一九七九年一期、張学君、冉光栄『明清四川井塩史稿』第二章「大寧竈夫鄢本恕等人領導的起義闘争」等の研究による。これらの論文においては、この正徳年間の竈夫の反乱は、実質上荊襄の乱の継続であるとする。

(48)『明史紀事本末』巻四五、平河北盗。西村元照「劉六劉七の乱について」『東洋史研究』三二巻、四号、一九七四年。

(49)『全集』巻二、年譜。

(50) 楊天石『泰州学派』五頁、中華書局、一九八〇年。

(51)『明史紀事本末』巻四八、平南贛盗。

(52) 前掲拙稿「何心隠論」

(53)『東台県志』巻七、祥異。

(54)『東台県志』巻二七、尚義。盧源。永盛団人。正統二年。輸穀千石賑飢民〔……〕又捐麦千五百石。仍設廠三官殿。招各竈飢民人。日給米一昇。〔……〕又賑米数千石。彼はこのようにたびたび賑災行為をしている。ちなみに東台場の団としては、永盛団、余慶団、利用団、豊盈団、大益団、広儲団がある。『中十場誌』巻二　彊域　東台場。

(55)『全集』巻二、世系。

(56)『全集』巻五、優免帖文。

(57) 王之垣と王元鼎の二代にわたって王家の族譜、すなわち『大儒族譜』一二巻が完成された。王元鼎は陳履祥に師事。また家廟、義塾などを整えた。二人は『心斎全集』『心斎遺集』の出版にも尽力している。王之垣の伝は『東台県志』巻二六、篤行に、王元鼎の伝は同じく『東台県志』巻二四、儒林にみられる。
(58) 『全集』巻二、年譜。
(59) 『明儒王心斎先生遺集』内「王心斎先生弟子師承表」一巻。以下「師承表」と略称す。
(60) 『明儒学案』巻三二、泰州学案一。
(61) 「師承表」によれば江西グループの関係は次の通りである。
(62) 『明儒学案』巻三二、泰州学案序。
(63) 『同右』巻一六、江右王門学案序。
(64) 『国朝献徴録』巻二六、吏部三、吏部郎中林東城春墓志銘。『明儒学案』巻三十二、泰州学案一、銓部林東城先生春。
(65) 『心斎先生遺集』「王一菴先生遺集」年譜。
(66) 「師承表」。以後、弟子の伝で特記しないものはこの「師承表」の記事による。
(67) 『東台県志』巻三〇、流寓。
(68) 『全集』巻四、答宗尚恩。
(69) 『東台県志』巻三〇、流寓。
(70) 『同右』巻三六、芸文、草堰范文正公祠記、楊果。
(71) 『両淮塩法志』巻一九、理学。
(72) 『明儒学案』巻三二、泰州学案一、樵夫朱恕、陶匠韓楽吾、田夫夏叟。
(73) 『両淮塩法志』巻一九、理学。
(74) (75) (76) 『東台県志』巻二四、儒林。
(77) 『同右』巻三九、選述。富安崔氏の著述として、崔殷「漁舍遺響」、崔弟「鹿野集」、崔三錫「崔氏遺稿」等があがっている。
(78) 注(4)を参照。

(79)『観感録』韓楽吾。この伝には「蒲を買い塩嚢を織らしめ糈に易え以て朝夕に給す」と、韓がその妻に塩袋を作らせて生活していたことがかかれている。塩場における副業としておもしろい記事である。
(80)いずれも「師承表」にみられる。『全集』巻五、門弟子姓氏には、この四人が宦遊維揚門人として分類されている。
(81)康熙『興化県志』巻三、詳文、知県傅公均田本。
(82)本章第一節に既出の、蔡玄等塩徒五〇〇戸、東南の民三〇〇戸の遷徙事件をさす。
(83)注(2)参照。
(84)万暦『興化県志』巻五、名宦列伝。『明史』巻二〇八にも洪垣の伝はある。
(85)万暦『興化県志』巻二、彊域、知県傅公佩彊界議。
(86)『塩政志』巻七、疏議下、史簡塩法疏。
(87)『同右』また同治『両淮塩法志』巻二、古今塩議録要上。
(88)『塩政志』巻一〇、禁約、張珩禁約。
(89)康熙『両淮塩法志』巻四四、人物二、才略。
(90)(91)『東台県志』巻二七、尚義。
(92)安豊場にかかってきた、角斜場の代辦額は、九八四引であった(『中十場志』巻四、賦役)。同じく『中十場志』巻六、篤行の王嘉令の伝内には、一〇七一引とある。
(93)『東台県志』巻二六、篤行。
(94)『全集』巻四。ここに引用したのは、全集に収録されているほぼ全文である。しかしこれが果たして本来の「均分草蕩議」の完全な姿かいささか疑問の残る文である。
(95)(97)(98)『塩政志』巻七、疏議下。
(96)『両淮塩法志』巻一八、土産。毎歳三四五六月地気上昇。滷液勝湧。産塩為多。謂之旺煎月。
(99)『明経世文編』巻三五七、龐尚鵬「清理塩法疏」。
(100)『塩政志』巻一〇、禁約、嘉靖七年李佶禁約。二日招撫逃竈。各場竈戸。近年凶荒。逃亡頗多。見在者、加以豪強侵害凌虐。

或将親子改名。投入富戸。為義男女壻。以致塩課不得完徴。

(101)『両淮塩法志』巻二八、詩、姑蘇、陳翼「七家団」。『東台県志』巻八、都里では「戚家団」と題されている。

(102)『両淮塩法志』巻二八、沿革。

(103)『明史紀事本末』巻四六、平蜀盗。

(104)前掲拙稿「何心隠論」。

(105)浜島敦俊「均役の実施をめぐって」『東洋史研究』三三巻、三号。ここには、下級読書人を含む非身分制地主による均田均役の改革が述べられ、王学左派、東林系などとの関連にも言及され、興味深い。

(106)隆慶三年、興化県は大水で田廬が水没し、人心大いに乱れた。知県李対泉はこれを憂え泰州学派の韓楽吾に災民の教化を願った。韓は門人をつれ小舟をしたてて村落をまわり、詩を作って戸ごとに喩した。貧に安じた顔子、餓死した伯夷、叔斉を引いて、短慮をいましめた彼の教化は効を奏し、妻子を売るほどの苦境であってもついに村に騒乱は生じなかったという。『楽吾韓先生遺稿』「楽吾韓先生遺事」(台湾国立図書館蔵)。

# 第四章　処刑された泰洲学派——名教の罪人・何心隠——

何心隠[1]、本名梁汝元は明の嘉靖から万暦にかけての思想家である。学統的には王陽明→王心斎→徐波石→顔山農→何心隠と系譜づけられる泰州学派の一員である。李卓吾と並んで「空疎不学」「王学末流の弊害」とあびせかけられた非難は長い間の定評であった。「語録を摭捨し、仏を引いて儒に入れ、率性をもって宗となし、操持をもって偽となし、礼法を蕩棄し、聖賢を蔑視し[2]」と評せられる彼は、異端的な存在として『明儒学案』でもかろうじて泰州学案の序に記録されているにすぎず、その事跡も、雑記や小説に散見される程度であった。しかし近来、社会思想史的な観点からの関心が彼にも及ぼされ、「王学左派[3]」の一人として、「郷村教育の先導者[4]」として、あるいは「烏托邦《ユートピア》社会思想[5]」の持ち主として積極的な評価がなされるようになった。

わが国においてもその名は関心をもって知られるようになったが、資料的制約もあり、これまで部分的な紹介がなされているだけで[6]、その思想の全容が対象としてとりあげられたことはない。本章では、できるだけ体系的に彼の思想を読みとることを課題とし、その名教逸脱の構造を解明することにより、彼が処刑に至るほど対社会的に不安感を醸しだした根拠を考察し、明代思想界の質を伺う一視座としようとするものである。

なお現存する彼の著作は、『爨桐集』としてまとめられた論説、上書の若干のみで、その他は同治元年（一八六二）の時点で板が失われているという(7)。

## 第一節　講学の風潮及び弾圧

陽明学の興隆は書院講学の風潮を世に蔓延させたが、製塩業者出身の王心斎(8)を祖とする泰州派の出現とともに、それが士大夫層のみならず庶民層にまで広まっていったことは、明代思想史上に特筆されるべき現象であった。泰州草偃場の樵夫朱恕は、仕事に往くたびに心斎の講堂の門の側に聴講し(9)、この朱恕及び心斎の子王東崖に師事した陶匠韓貞は、倡道化俗を任となし、工賈傭隷を問わず、彼に導かれたものは千人を数えるという。毎秋収穫のおわった農閑期、弟子たちと荊を布いて趺坐し、数日学を論じる。興が尽きると舟を引っぱって、互いに歌い続けながら別の村に集り、前と同様に講学する(10)。こうして「一村が畢れば又一村にゆく(11)」と地域的にも広がりを見せる講学は、通省合併して一会をもつといった大規模なものが、永豊に企画されるまでになったのである(12)。

嘉靖三二年（一五五三）、三三年、三七年と、大学士徐階みずからが主催した霊済宮での大講会には、千人もの聴衆が集まる盛んさであったし(13)、のちにまた、徐階に講学を勧めた羅近渓は、太湖知県という公職のまま諸生を集めて講学し、公事の多くまでを講座で決し、宣州における開元会では囚人にまで聴講させたという(14)。

このような風潮の中にあって、何心隠は講学の大立者であった。

吉州永豊（吉安府永豊県）の右族の出身である彼は、嘉靖二五年（一五四六）郷試の第一名に挙げられたが、永新の顔山農(15)に師事し、王心斎の学を聞くに及んで挙業をすてた。当時吉州には学問の名声の高い三、四の大老がいたが、彼は持ち前の知見で彼らを狎侮したという。

嘉靖三三年、泰州の人凌儒が永豊知県となった。王心斎の学説に親しんだ人とあって、何心隠との間には親密な交流がみられる(16)。こうして平穏に郡邑郷族の間に講学していた彼が、やがて郷里を出奔しなければならなくなったのは、嘉靖三九年（一五六〇）のことであった。前年、凌儒に代わって陳瓚が永豊知県となるや、税糧の問題が生じ、彼は皇木銀両を侵欺した罪名をもって投獄せられたのである(17)。

幸い、友人程学顔、浙江総制胡宗憲のはからいで出獄した彼は、この年程学顔とともに北京へ向かった。彼のことばでいうならば、「庚申（嘉靖三九年）以前は郡邑郷族と講学し、以後は東西南北にあって講学した(18)」のであり、これ以後彼の講学の足跡は各地に及び、彼の反権力的な姿勢もますます明確になっていくのである。

北京の顕霊宮で講学した彼は、耿天台のひきあわせによって、折から政界に復帰した国子監司業張居正と対面することになった。この二人の出会いは、講学対反講学の対決のシンボリカルな事件として、しばしば喧伝されるものである。心隠自身、のちにこの時のことを手紙の中で述懐している。

耿〔天台〕に因り、今の閣下張公太岳が司業の官職にあった時、北の顕霊宮で講学した。覩たところ、この公は顕官を有しつつ隠毒を有していた。凡そ、その講じたところは曖昧に受けるだけで、〔私と〕学の是非を弁じようとしなかった。そこで必ずや今日に肆毒することがあると憂えた。且つこの公は退出するや耿に対《こた》えて言った。「元〔梁汝元〕は本来、一飛鳥である。渠《かれ》のために膠でもって滞めてやろう。」と。しかし、元もまた耿に対えて言った。「張公はきっと首相の地位につき、必ずやまず講学を毒《そこな》い、必ずやまず元を毒うだろう」と。(19)

彼のこのことばは、奇しくも自己の運命を予言したものとして、後日、世上に評判となるのである。

さて京師において、耿天台の外、銭同文、程学博、羅近渓といった講学の同志と知りあった彼は、復孔堂(20)を構えて講学したり、あるいは谷門会館を闢き「四方の士を招来し、方技雑流のこれに従わざるは無し」(21)、という人気ぶりであった。

折から、方士藍道行とともに、乩術の密計を以て権臣厳嵩を失脚させるために暗躍した彼は(22)、その報復をさけて何心隠と変名し、南下して二、三年を福建に遊ぶ。福建では林兆恩の下に滞在したことが推測されている(23)。以後、転々と同志を頼って、彭沢、寧国、南京、孝感と渡り歩き、更には知府となった程学博とともに重慶に入った彼は白蓮教弾圧に一役かう。これは大足人蔡伯貫を主謀者とし、合州、大足、銅梁などの七城を陥落させ一ケ月ほど続いた乱であった(24)。銭同文の死を聞き重慶を離れた彼は、杭州に講学し、孝感にかえり、ついで黄安に求仁会館を創り講学する。この時も聚徒千人という盛んさであったことが記録されている(25)。万暦四年（一五七六）にまた孝感で講学と、その処刑に至るまでの彼の生涯とはまさに講学の生涯であった。そして漸く高まってきた名教者流、為政者側からの講学への非難弾圧をまともにあびたのも彼であった。

許孚遠は、羅近渓の門人である楊復所や、周海門といった泰州派のメンバーとも交わりのある学者であるが、「楚人何心隠は徒衆を集め学証に努めていた。孚遠はともに語ったが、学を売りものにしているといって、二度と交通しなかった(26)」という。

嘉靖、隆慶の際、講学者が海内に盛行していた。しかも、その弊害たるや、講学に借りて豪侠の具となし、復た豪侠に借りて私的な貪横をなしていた。その術は本より人を動かすに足るものではなかったが、しかし失志不逞の徒が互いに鼓吹して羽翼となり、目まぐるしく聚散するありさまは、人々に黄巾五斗の憂を抱かせるほどだった(27)。

という講学に対する王世貞の有名な罵倒も、直接、顔山農、何心隠に対して放たれたものであった。あまたの講学者の中にあって、何心隠は最も危険視される存在となっていたのである。

いったいこの講学の風潮というものは、県令に政道を問われた韓貞の、「およそ儂とともに居る者は、幸いにも訴訟ごとでお役所を煩わすようなことはありません。これが儂のお上に報ずる所以であります(28)」という返答や、あるいは、のちに弾圧を被った師の顔山農を弁じる羅近渓の、三都萃和会と名づけた会中、顔山農が口を開けば勤勉を勧め、そのことばで祖訓六条（太祖の六諭）に違うものはなかったという主張(29)にみられるように、一般的には何ら当時の社会体制に抵触するようなものではなく、彼ら自身の意識にしてからが、そうだったのである。しかし彼らがいかに従順なる皇帝の民草を自認していようと、そもそもかく広範な層にわたる集会とは、為政者にとって無害なものとはみなされえなかったのである。

講学に対する弾圧は、既に世宗のころから始まっていた。それは講学の場である書院を禁止し、打毀するという形であらわれたのである。嘉靖一七年（一五三八）、吏部尚書許讃の上奏を容れて書院を造ることが禁じられた(30)。しかしそれは、「世宗が禁止に力めても終に止めることができなかった(31)」ということば通り、なかなか禁止しおおせるものではなかった。

嘉靖四三年（一五六四）、刑科の臣張岳が講学の弊を上陳している。しかし「群工其の職業を廃し、群萃雑処し以て衆聴を惑わす[32]」という弊害の指摘も、大学士徐階が政権を担当し、講学を開いてその誉を高くしていた時節とあって、その時忌に触れることを恐れて敢えて声高に主張することもできなかったというありさまなのである[33]。

隆慶四年（一五七〇）には督学、憲臣（学官、法官）たる者の聚徒講学することが禁止された。それは礼科給事中胡價の上疏によるもので、彼は講学の弊害を次のようにいう。「督学、憲臣までが徒衆を集め講学しているが、これは本来、儒者のやることである。ところがその徒は、遂にこれに縁り、詭辞を弄し飾貌して猟官の機会としている。一語でも相合するものがあれば曽唯〔宋代の官僚、六君子の一人〕とみなし、これに廩餼〔奨学金〕を優遇する[34]」。実際、このように講学が猟官の具とされたであろうことは充分に想像できる。しかし、為政者が講学に対して抱いた危惧とは、かような官規の弛緩といった現象にのみ由来するはずのものではなかった。

書院講学に対する弾圧は、内閣首輔に張居正を戴くや本格化された。彼は万暦三年（一五七五）、「請申旧章飭学政以振興人材疏[35]」を提出し、言論弾圧の姿勢を明確にうちだした。そこでは書院を建て、徒党を群聚し、空譚廃業することを禁止し、生員が一〇人以上の徒党を組むことを禁止し、生員の国政直言を禁止し、異端邪説を禁止する等々、一八条にわたる進言がなされているのである。

このような情勢の下で、万暦四年、五年と二度にわたって何心隠に対する逮捕令が出され[36]、同じく五年に羅近渓は罷官[37]、その弟子楊復所も劾を被った[38]。ちなみに、この万暦五年という年は、張居正の奪情起復（親の喪に服さず政務をとり続ける）が問題となった年である。翰林院編修呉中行、検討趙用賢、刑部員外郎艾穆、主事沈思孝、のちに東林党の領袖となった進士鄒元標と、奪情に対する上疏は相継ぎ、これらの反論者に対し、張居正が杖刑を授け、兵役にあてるという断固たる処置を施こしたために[39]、世論は彼等を壮士とし、街々には居正の非をならした謗書が

掲げられるという物議が醸されたのである。(40)

何心隠の講学も、この時大いに時政にまでとき及んだのである。

> 時に江西永豊の人で梁汝元という者がいた。自ら講学を名目にして、徒衆を鳩聚し、しきりに時政を譏った。時に江陵公〔張居正〕の奪情事件が起り、彗星が天を過ぎった。汝元はそこでこれを指差して謂った。時の宰相が人倫を蔑し権勢を擅らにしているので、実に天変を召くのだ、と。その鄰邑吉水の人で羅巽という者と与に同声倡和して言う、今こそ都に入り正議を持し、江陵を逐い位を去らしめ、時局を一新しよう、と。(41)

このように時政にまで説き及ぶ講学が、あたかも「黄巾五斗の憂」と王世貞が表現したような、治安上の危険性を内包する言論とみなされるに至ることは必然といえよう。

万暦七年（一五七九）正月、天下の書院を毀つ命令が出された。(42)常州知府の施観民が、民財を収斂し、私に書院を造ったことに端を発したこの命令は、世宗の時代とは比較にならぬほどに徹底したもので、広東では「名賢寤寐の地が煙蔓の場となる」(43)と形容され、麻城では垣三楹ばかりの書屋が大げさに同仁書院と名づけていたために、これまでが毀たれようとしたとか、周柳唐が朋友の助けを借りて作った、甚だ小さな書舎までが打ち毀された(44)といった類いのエピソードをもつほどであった。そしてそれはまた、その徹底さのゆえに書院の弊害を認める士大夫からまで顰蹙を買い、「権相大罪之一」(45)として張居正の悪名を高めたものでもあった。そしてこの年の三月、祁門に捕えられた何心隠は、九月、武昌において杖殺されたのであった。(46)

彼は妖人、あるいは邪人、大盗の名をもって刑場に消えたのであるが、それが講学ゆえの受難であったことは、誰よりもまず彼自身が自覚していたところであった。彼は自らの悲劇を、歴代の学問統制の史実に比するのである。

一代には自ら一代の故事がある。党人避遭は漢代の故事である。清流避遭は唐代の故事である。偽学避遭は宋代の故事である。孝感における我が昔年の避遭の故事は、巳に漢に劣らず、唐に劣らざるは言うに及ばず、なお宋の偽学にも劣らないものだった。(47)

加えて彼は、自らの講学が名教を逸脱したものであり、しかるが故に名教者流の憎悪を一身に負ったことをもまた明確に自覚していた。彼は自らを「名教の罪人」と呼ぶ。

〔汝元が〕講学のために被毒する事は、且に元を名教中の罪人となすのであれば、誠に罪がある。然しながら元を肆毒する者は、名教の罪でもって罪とせずに、妖逆の罪でもって罪とする。(48)

ところで、講学といえば切歯するほどに憎んだといわれ、(49)世上一般に「江陵〔張居正〕学を説かず」が定評となっていたこの講学の弾圧者張居正の反講学の論理は、決して名教者流のそれではなかったことに、充分注目しなければならない。

陽明心学は、その成立の当初から禅であるという誇りを受けていた。心に理を希求する心学の工夫の徹底は、必然的に自覚聖知をうたう禅への接近をよんだが、泰州の一派ともなると、心学と禅は異名同質のものとさえなっていた。(50)張居正が幼より学んだものは他ならぬ禅学であった。(51)張太和と号する彼は、何心隠と北京に対面する前年、郷里で鄧豁渠と出会っている。鄧豁渠は、「有明の異人、其の世廟の末にある者は何心隠、鄧豁渠の両人のみ」(52)と何心隠と並び称せられる泰州派の異人であるが、彼の『南詢録』(53)の中に、その折のことが記録されている。

乙未〔嘉靖三八年〕三月、荊州に至り、張太和〔居正〕とともに半刻ほど語らったが、まるで清涼樹の下で座禅をしているようであった。和曰く「私は京師に住在して風塵を過し難かった。そのため病と告げて家に回《かえ》ってきたのです」。渠曰く「でもあなたはやはり風塵のあることがわかったでしょう」。和曰く「私はやはりなお風塵のあることがわかりました」。又曰く、「今でもやはり多くの煩悩があるのです」。渠曰く「煩悩と菩提を分別してしまえば、却って世情と混合することはできません。ただ煩悩に打攪せられるだけでなく、また菩提にも打攪せられるのです。このような学解は了義の法門ではありません。そもそも学は見性を以て宗と為すもの。煩悩も菩提もどちらも皆分外なのです」。

この問答からも、政界復帰直前[54]の張居正の求道的な心象が、如何に当時の心学者と同質のものであったか、すでに推測できるのであるが、実際、翰林院にあったころの彼は、羅近渓とも同志的雰囲気を分かちあっている。

比来《このころ》、同類は寥落たるさまで、ともに和する者も甚だ稀です。楚侗〔耿天台〕は南都、廬山〔胡廬山〕は西蜀、公〔羅近渓〕は宛陵に在って、知己は星散してしまいました。僕は孤⿰谷炎〔孤独に心も堅固ならず〕、迅飆の中で耿耿として〔不安な状態で〕います[55]。

ここにいう胡廬山は、『明儒学案』の江右王門学案に列せられる人物で、張居正とは盛んに学を論じた。耿天台は先述の如く、居正と心隠を引きあわせた泰州学派の人物で、一時、李卓吾のパトロンであった。更に、居正の禅学の師である李中渓は、鄧豁渠のパトロンであり、李卓吾とも交友のあった仏学の名士である。その他、張居正と親密な書簡の往復のある陸光祖は彼と同年の進士であるが、紫柏真可に師事した仏学の徒であり、五台居士と号した。

やはり書簡の往復のある周友山も李卓吾の親友であった。このように、張居正の周辺にはいわゆる心学の徒、講学の徒が多かったのである。そして昔、講学の徒と交わっていたことは「夫れ昔の同志為る者、僕も亦嘗て其の間に周旋し、其の議論を聞けり(56)」と自ら言明するところでもあった。その彼が、ひるがえって講学弾圧の旗手となった契機は何であったろう。

彼は周友山にあてていう。「今の人は妄りに孤《わたし》を講学を喜ばない者と謂います。実に大誣であります。〔……〕ただ孤の行為は、皆身体に力行することを欲しているのです。このため虚談者は容認できないだけです(57)」。あるいは羅近渓にあてていう。「学問は頭脳を知ったうえは、須らく実際を窺はなければならない。〔……〕今の虚見を以て黙証と為す者は、僕は信じない(58)」。翰林院に在る時、他の進士達が詩や古文を談じている中にあって、彼一人追求するものは国家の典故や、政務の適切なものであったという(59)。彼には、「則ち政もまた学。世に政・学二者を言うは妄なり(60)」という認識があった。心学者一流の激昂する能動性を、政治という実践領域に発揮し得た彼は「実際」を務めることに自己の本領を見出し、まさにこの点において、一般の講学の徒をのりこえ、彼らとの訣別をなし、反っては虚言としての講学を憎悪するに至ったのである。

しかも、彼の政治実践の根底には、「磊落奇偉の士を得て常格を大破し、掃除廓清するのでなければ、天下の患いを弭めることはできない(61)」という性急な危機意識があった。この危機感に駆りたてられた彼は、反対者に対しては、「吾をして劊子手〔首切り役人〕為らしめよ。吾も亦法場を離れずして菩提を証さん(62)」という仮借の無さをもって臨み、奪情に際しては、「非常の恩を受くる者は宜しく非常の報い有るべし。〔……〕又何ぞ旁人の非議を顧み、匹夫の小節に狗い、而して常理の内に拘拘とするに暇あらんや(63)」と述べ、激しい非難を浴びた。三年の喪を匹夫の小節と言い放つ彼もまた、まごうかたなき一人の名教の罪人であったといえる。

ゆくりなくも講学と反講学の巨頭が、ともに同じ土壌に培われた名教の罪人であったということの事実こそ、明代思想界の個性をあまねく表象するものといえよう。

## 第二節　名教の罪人

泰州〔王心斎〕の後継者は、その多くが素手でもって龍蛇を搏とうとするような人々であった。伝えて顔山農、何心隠一派に至ると、もはや名教が羈絡できるような輩ではなかった(64)。

黄宗羲はこう評して、王心斎以後の彼らをはっきり名教逸脱者と規定している。同様に許孚遠は、陽明以後の学術変転を次のように表現する。

姚江〔王陽明〕の学派はまた三つに分かれた。吉州〔鄒守益〕がかろうじて師説の伝を守っている。淮南〔王心斎〕は亢進して師説を高め、山陰〔王龍渓〕は師説を円通させた。しかるに、亢と円とは各おのその流弊がある。顔〔山農〕、梁〔汝元〕の徒は亢に本づいて放肆に流れた。盱江〔羅近渓〕の学は亢から出て円に入る。その後、姚安〔李卓吾〕という者が出た。円と肆とを合して縦横とする。この間、恠僻に始まり悖乱に卒る。学術の一大変化といってよい(65)。

ここに表現された「肆に流る」ということばは、どのような内容を持つものであろうか。王世貞は、「そもそも東越〔王陽明〕から変化して泰州〔王心斎〕となった折りは、まだ大壊というほどのことはなかった。ところが泰州が変化して顔山農と為るや、腐乱しきって〔魚餒肉爛〕、もはや支えることはできなかった」ときめつけた後に、顔山農のことばとして「人が財色を好み貪るのは、皆その性から生じたものである。そもそも一時的にそう為したことは、真に天機の発露であり、これを壅閼してはいけない。ただやり過ごして留めることなく、「固」「我」を形成することがないようにするのみ(66)」という一条を披瀝している。王世貞の記事は爰書〔裁判文書〕によるものとして、その誇張的な表現を考慮に入れなければならないが、彼らの思想のおおよそ指弾の的となった面を察知することができる。

黄宗義によれば、顔山農の学の大旨とは、「人心は万物のなかでも神妙不測のものである。性はあたかも明珠の如く、原来、塵に染ることは無い。何の見聞が必有というのか。何の戒懼を著すというのか。平時はただ性に率い、行いは純粋に自然に任す。便ちこれが道である。時に放逸に及んでも、その後に戒慎恐懼して修める。凡そ儒先の見聞、道理、格式は皆、道のさし障りといっていい(67)」という、いわゆる現成良知の主張である。特別な工夫を費すことなく、すでにできあがっている、あるがままの良知という意味での現成良知の主張は、率性自然の強調であった。そして、この顔山農において唯一抑制の対象とされたものは「固」「我」のみであった。

ここにいう「固」「我」とはすなわち「意・必・固・我」のこと。『論語』〔子罕〕にいう「子絶四。毋意。毋必。毋固。毋我。」である。朱子の解釈によれば、「意は私意なり〔主観的恣意〕。必は期必なり〔無理押し〕。固は執滞なり〔固執〕。我は私己なり〔利己主義(68)〕」であって、この四者は相連関しあって、互いに互いを生みだしあう。すなわち物欲が牽引して循環窮まりないものであり、必ず絶ちきらなければならないものであった。ところが、何心隠は大胆にも『論語』の読みかえをして、全く逆の主張をするのである。

孔子は道が害なわれることを憂えていた。そのため「意毋し」と為し、「必毋し」と為し、「固毋し」と為し、「我毋し」と為す者がいると、皆これを絶った。それを何ということか、後世の人は、〔孔子が〕絶つ所を昌えて、意気に落ちざるの説を作り、意必固我を毋しとする説を作るとは。天地の間に盈ちているのは、皆意必固我で盈ちていることを知らないのである。これは毋いように欲したとしても、それでも毋いわけにはいかないのである。意毋し、必毋し、固毋し、我毋しの説は、これを昌えようと欲しても、それでも昌えることはできないのである。天地の意、の必、の固、の我というものは、生民生物において測りようのないものである。〔……〕故に、意必固我は、天地自り、聖賢自り、以て一節の士に至るまで、以て一民一物の微に至るまでが咸用いるものである。彼の意毋しと為し、必毋しと為し、固毋しと為し、我毋しと為す者もまた、すなわち意、すなわち必、すなわち固、すなわち我の作用である。(69)

孔子が絶たんとしたのは、「意・必・固・我」を無くさんとする輩であり、天地に盈ち盈ちている「意・必・固・我」の作用こそが、生きとし生ける者の測り知れない存在なのであるというこの主張においては、心の分裂状態、すなわちさまざまに志向する心の作用、より具体的には恣意、固執、利己などの、物欲を生じ物欲によって生じさせられるところの、伝統的道徳においては、先ず排斥されなければならないものが、必然として、欠くべからざる存在とされたのである。それは心を静謐に保ち「収斂」に重きをおく宋学の修養のあり方とは正反対のもの、心のダイナミズムをそのまま認めるものであった。かかる認識が、欲望を積極的に肯定するに至るのは、もはや理の当然といいえよう。彼が名教の罪人と目された所以は、何よりもこの一点にあったのである。

本来、儒教が人欲を取り扱う時、それは孟子流の「寡欲」という形で取り扱うのであって、「心を養うは欲を寡くするより善きはなし」[70]ではあるけれども、決して欲望の存在そのものを否定したわけではなかった。しかし孟子以後、周濂渓に至るや、寡欲という考えは一層おし進められ、「寡くして存するに止まるのみならず、蓋し寡くして以て無きに至る」[71]と「無欲」が主張されるようになった。そしてその欲望という概念も、必ずしもその事に沈み溺れるに至って後にこれを欲というわけではない。只一念これに向かう所あれば、すなわちこれが欲なのであると理解され、意志的緊張すらも欲として排されるリゴリズムが生みだされたことは、今更指摘するまでもないことであるが、朱子学が体制教学として採用されて以来、欲望に対するオーソドックスな理解というものが、常にかようなものであったことを今一度想起すれば、彼の欲望肯定の態度が、世俗一般に対して如何に衝撃であったか察することができよう。何心隠は周濂渓の無欲を正面きって否定したのである。

周濂渓は無欲を言う。濂渓の無欲とは、そもそも孟軻の言う無欲であろうか。孔子が「無欲にして仁を好む」と言うのも、また無欲を言うかのようである。しかしながら「仁を好む」と言うのは、ほかでもない己の好む所なのである。ただ仁を好んで無欲なのである。そうでなければ「好む」は欲ではないのか。孟子が「其の欲せざる所を欲する無し」と言うのも、また無欲を言うかのようである。しかし「其の欲せざる所」とはほかでない己が欲しないのである。ただ欲しないことで無欲なのである。そうでなければ、「欲する無し」とは欲ではないのか。ここに孔孟が無欲を言うのは、孔孟の無欲なのである。どうして濂渓の言う無欲であろうか。かつ欲はただ「寡」であれば心を存せられる。心は無欲であることはできないのだ。魚を欲し、熊掌を欲するのは欲である。魚を舍てて熊掌を取るのは欲の寡なのである。生を欲し、義を欲するのは欲である。生を舎て義を取るは欲の寡なのである。つとめて欲を寡くし又寡くして、そして無に至ったとして、それで心を存することができようか。「仁を欲する」のは欲ではないのか。仁を得て貪らないのは寡欲ではないのか。「心の欲する所に従う」のは欲ではないのか。欲「矩を踰えざる」というのは寡欲ではないのか。(72)

ここに強調されているのは、他でもない孟子の「寡欲」である。その点からいえば、これは周濂渓の「無欲」という極みから、孟子本来の欲望認識に再び回帰したものといえる。しかしその論理展開をみれば、仁を好むのも欲、魚や熊掌を欲するのも欲と、道徳的志向も物質的欲望も等しく「欲」として肯定され、しかもそれが心の存する根拠とされているのである。「欲」はあたかも心の動きとして、それ自体に否定的価値を付与されるものではないとされたこと。それはちょうど、伊川が心の向くところまでを欲として、厳格に排斥した論理の反テーゼ、欲を心の志向として全面的に肯定した論理なのである。(73)かくして、どんなに寡欲の表現をとろうと、道徳的志向と同じレベルにあつかわれる物質的欲望とは、何ら罪悪的な存在ではなくなってしまったのである。

当時の世評は、「人を聚むるに貨財を以てす」(74)と何心隠を難じた。顧憲成も彼を評して、「何心隠の輩は利欲の膠漆盆中に坐している。人々を鼓動して人心を得られる理由は、ただ彼のある種の聡明さに縁るのだが、至り得ない点もある」(75)という。後世、梁啓超が王学末流の何心隠、李卓吾を「花和尚」（魯智深のような生臭坊主）と一括したこと。これらはすべて、この欲望肯定の認識と、それに纏わるさまざまの中傷が定評となって、形成されたイメージによるものであることは容易に了解できよう。

そしてこの欲望肯定に到達する思想の内的必然性が、すでに王陽明の「心即理」のテーゼに内包されていたことは、明確に指摘されている。(76)すなわち王陽明は、欲にまで流れる可能性を含んだ情をくるめた上での心に理があるとしたのである。もちろん陽明自身においては、心即理に内包された欲望肯定への可能性が、自覚されていたはずもなく、彼は心即理をかかげつつ、その実践課題としては、やはり「天理を存し人欲を去る」ことを追求したのである。

しかし、はからずも何心隠によって露呈されたこの欲望肯定の帰結は、泰州派の中においても余程尖鋭なものであった。同じく泰州派の学者である管志道は、王陽明以来、王心斎、顔山農、羅近渓と続いてきた聖学の伝統が、梁汝元の覇学によってまぜこぜにされてしまったという(77)。黄宗羲が、何心隠の無欲否定の上にたつ欲望肯定の一文に、「此れ即ち釈氏の所謂妙有なる乎。蓋し一変して〔張〕儀、〔蘇〕秦の学と為る(78)」と評語を下しているのは、この間の機微をついたものといえよう。

さて、以上のような思想展開の内的必然性（内在理路）とともに、この欲望肯定の認識を生みだした歴史背景として、商品経済の活発化という当時の社会情勢の影響を見のがすことはできない。社会経済史の領域において、資本主義萌芽論争をまきおこしたほどの、この商品経済の著しい活発化は、同時代人の文集からもよく伺えるところである。張居正においても、それは確実に社会危機として認識されていた。

まさに嘉靖の中葉には、商賈が天下に幅を利かせ、貨財第一の風であった。民衆は嗷嗷として、その生命さえ保持しがたかった。この時代の景象は、曽ての漢末、唐末と異なることがあろうか(79)。

彼にあっては、直ちに積極的な商業政策が展開されるということはなかったが、「物力が萎縮しないようにしたいのであれば、すなわち徴発を省き、それによって農に手厚くして商を資けるのが一番いい。民用が困窮しないようにしたいのであれば、すなわち関市を軽くし、それによって商に手厚くして農を利するのが何よりである(80)」と農業とのバランスを保った上での商業活動に寛大な発言がみられる。

そして、当時の一連の欲望肯定の思想を極めて、「聖人と雖も勢利の心無き能わず[81]」と言い切った李卓吾においては、商賈に対する同情は一層明白である。[82]海上貿易の盛んな福建を出身地とする彼の先祖は、泉州の海上商人であり、ホラズムに達したものや明廷の通事官をしたもの、色目人を娶って回教を奉じたものもあったことが、すでに紹介されているが、[83]彼は更にすすんで、商業活動につきものの弱肉強食の自由競争を、「強は弱の帰着するところである。帰着しなければ、きっと并合されてしまう。衆は寡の附着するところである。附着しなければ呑みこまれてしまう。これは天道である。聖人であっても天に違うことができようか[84]」と聖人でも逆らえない必然として認め、強者、富者を定められた素質として肯定するに至るのである。李卓吾の思想のかような方面は、前期的商業資本のイデオロギーの代弁とも目されているのであるが、[85]勃興する商人層の影は、何心隠の文集の中にも投影されている。

彼は「答作主[86]」なる一文の中で、聖賢は士よりも大、士は商賈よりも大、商賈は農工よりも大、というランクづけをしている。伝統的な士・農・工・商の順を無視して（聖・賢）・士・商・農・工と表された彼のランクづけは、当時の社会の実態をそのまま述べたものに他ならない。新興勢力の商賈が、農・工よりもクローズアップされて目に映じたということは、その盛行のさまをよく推測させるとともに、彼の率直な現実承認の姿勢を伺うこともでき、二重の意味で興味深い表現である。

落々たる布衣として、「今、某農にあらず、工にあらず、商にあらず、〔……〕況んや又士にあらず[87]」と、士農工商のいずれにも属さぬアウトサイダーを自認し、諸国を講学してまわった彼は、むしろその拘束されない身上の故に、貨幣流通の進展にともなう社会的な解体気運に、より敏感に反応しえたということはいえるであろう。彼の言辞には、自己を外へ外へと拡大しようとする張皇的な気分が充満しているのである。

すなわち、先の一文の中で、彼は見（識）を大にすることによって自己の存在を越えた存在となることができるという主張をする。「士・農・工・商がその存在に甘んじている間は、単なる士・農・工・商そのままで終わってしまう。しかし農工でも商賈の見識をもつものは、商賈の議論に入ることができ、同様にして商賈でも、士の見識を持てば士の議論に入ることができ、士でも聖賢の議論に入ることができるのである。そもそも人情というものは、見識がないために蔽われるのであって、見識をもった以上、〔現状を〕超えないということはないのである。農工は超えて商賈となり、商賈は超えて士となる。人はこれを超えて、それに為るのである」と、かように主張したのち、自分が見識しようとするところは、人がまだ見識しないところ、すなわち聖賢の大を見識するのだと、ここに彼の目ざすものは、士・商・農・工を更に超えた聖賢であった。

李卓吾は彼を聖人と目した(88)。あるいは「彼の梁汝元や李贄という者は、固より皆自ら聖人と為ることを必命とし、そして天下の羣衆も、聖人としてこれを奉じた者である(89)」とは世の定評でもあった。この根底には、宋学以来の「聖人学んで至るべし(90)」というスローガン。あるいはそれをより直截にして、陽明学徒によって唱えられた「満街是れ聖人(91)」という章句が踏まえられていることは明瞭であるが、一たび彼の表現を経ると、自己の内面を澄まして聖人に至るというような、静謐な響きは消し飛んでしまう。農・工が商に、商が士にと、社会実在において拡大されていくありさまは、いっそ下剋上的な響きとして聞こえてくるようである。

そうであればまた、彼は、王心斎もその学の帰結としたところの、所謂「明哲保身」の一条からも程遠い存在であった。

今、某は農でもなく、工でもなく、商でもありません。この身が卑俗な存在ではない以上、どうして保身をはかりましょうか。ましてやまた士でもないのですから、どうして仕官することがありましょう。この身はすでに至尊な存在ではないのです。〔……〕保身を欲すといっても何のために保身をするのでしょう。某が痴者の如く、顚者の如くある理由は、この身の所在がないからです。所在がないのに所在を求むるような暇はありません。どうして身を保つ暇がありましょう。(92)

こうして「独り危言危行し、自らその咎を貽《おく》る」(93)が如き彼は、しかし、名教からの逸脱をこそ自覚すれ、自らの学が正統なものであることは確信してやまなかった。妖人妖言という譏りには、万言を費やし、その講学の正当性を抗弁するのである。

## 第三節　原学原講（学とは何か講とは何か）

『爨桐集』巻四の全編は、何心隠の獄中よりの上書である。そしてこれら一六編の書翰とともに上奏された約二万言に及ぶ「原学原講」の一冊（『爨桐集』巻二）こそ、彼が平生学び講じきた所以を天下に問うものであった。そこには、学の根拠、学である以上講学でなければならない根拠が、執拗に追求されている。それは何とも難渋な独特の文体をもつ文章であるが、内容的には四つの部分から構成されているといえる。すなわち第一は講学の原点としての「洪範」との関係。第二は講学の歴史的展開。第三は講学の集大成者としての孔子。第四は孔子の継承者としての孟子。以下その概略をみてみよう。

彼はまず洪範の五事(94)（貌・言・視・聴・思）に講学を根拠づける。「学は則ち学である。どうして必ず講ずるのであろうか」と必学必講の所以を問いかける彼は、「貌がある以上必ず事があり、必ず学がある。学とは貌を原とする〔基づく〕のである」。同様に「言がある以上必ず事があり、必ず講がある。講は言を原とするのである」と学の根拠を貌に、講の根拠を言に求める。そして、「視・聴・思」の三事は、これに乗じて顔色がその貌に形われ、これを御して詞気がその言を声とするところの、「貌・言」を外在化、具象化させるベースとされ、貌があれば、そこには必ず言があるという、この二者の不可分性に立脚してまず学と講との不可分性が説明される。

このようにして、貌を第一章に叙するのは、人の生まれるや、まず最初に倮倮たるその形があるからに他ならず、言を第二事に叙したのは、また人の生まれるや初めに、呀呀たるその声があるからに他ならないと彼はいう。要するに貌・言・視・聴・思の五事は、即ち事であり、事であるからには学であり、講なのである、と、洪範の五事に講学の源流を求めた彼は、続いて、歴史的カテゴリーの中に講学の由来をとらえることに専念する。

彼によれば、学がはっきり学の名をもち、講がはっきり講の名をもち、二つながら顕顕として現われるに至るには、孔子を待たなければならなかったが、孔子以前にも決して、学・講がなかったわけではない。学・講という名を被らずとも、それは確かに存在したのであり、あたかも学・講の前史ともいうべき形で、伝統的な聖人・賢人の行実の中に学・講の形跡が求められ、ここに極めて個性的な何心隠の講学の学統が陳述展開されるのである。

彼の学統は、伏羲の画・卦・易にまでさかのぼって説き起こされるのであるが、以下、舜の「執中」堯の「精一」が学にほかならず、「都《ああ》」「兪《ああ》」「吁《ああ》」「咈《もとる》（かな）」と禹に相伝え相誨えたことは講に他ならないという具合に(95)、学・講と覚しきものを確認する作業が行われ、禹の九疇を叙《つい》ずる行為(96)から、湯王の「誓誥」、伊尹の「訓戒(97)」に至るまで、講・学の名はあらわれずとも、その形跡が尋ねられるこの時代は、いうなれば隠学隠講の時代と命名されるのである。

続いては高宗、傅説、文王、周公の時代である。この時代に注目すべきは、学が学という名を所有したことであると彼はいう。すなわち高宗は「学于甘盤」といい、傅説は「学于古訓」という。あるいは文王には「学有緝熙」の学が、周公には「学古入官」の学がある。[98] しかしながら、講の方は未だその名を具してはおらず、その意味でいうならば、これは顕学隠講の時代と命名されるものだという。しかも、これら先賢の学は内容的にも前代をうけつぐものとされ、やはり、伏義以来の学統の中に組み込まれるのである。

こうして強引といってもいい論法で、孔子以前の学・講の形態を一連の学統として展開した彼は、「原学原講」の最大のスペースをさいて、熱っぽい口調で孔子の学を語っていく。

彼が孔子の学・講を、絶大なる存在として意識する理由は、次の二点にほぼ要約されよう。第一には孔子の学が、義、堯、舜、禹、湯、尹と続く隠学隠講や、高宗、傅説、箕子、文、武、周の顕学隠講では尽くしえなかったところをも尽くしたほどのスケールのものであったこと。第二には、孔子が家（スクール）を形成したことにより、顕然たる講の名を獲得し、ここに顕学顕講の境地が開かれたことである。

いうまでもなく、孔子が弟子達と学び講じたところは仁の一事に他ならなかった。ところで、先に洪範に由来して論述した学・講の根拠としての貌・言とは、人そのものに他ならない。また『易』においても、学の原である乾は首に擬せられ、講の原である兌は口に擬せられる。[99] 首なる貌とは「膚膈倮倮」たる人の形であり、口なる言とは「肉音呀呀」たる人の声なのである。かく形をもち声をもった人間が学・講の原とされること、それはとりもなおさず、孟子が「仁は人なり」という如く、[100] 仁である人が講・学の原であるということであり、学・講の原とは仁に他ならない。彼によれば、孔子の偉大さは、それを看破しえたところにあったのだ。

しかもこの仁とは、易・範の極まりである以上、それに基づいて講学する孔子とは、一窮して極まり、一変して通じた存在として、前代の聖人・賢人が尽くし得なかったものを尽くした存在、すなわち学統の総括者として「生民有りて自り以来、未だ孔子より盛んなる者は有らず」という確固たる地位があたえられるのである。

また、孔子が顔回、曽子、その他二・三子とともにその仁において楽しみ、聚まり、統べ誨えたことは明明たる史実であるが、孔子の学とは、とりもなおさず孔子の家（で弟子達と営なんだこと）であり、必然的に講を生みだすものであった。その家、その法は伝えられるものであり、ここに講の名が始めて顕わされたのである。すなわち隠隠として始まった講学は、顕顕たる存在になったわけである。そして、堯舜以下、孔子以前の学が、その各々の世において伏義の学を相伝える、いわば一世の学であるのに比して、孔子の学は万世の学であり、しからば原学原講のその原とは、孔子の学・講に他ならなかったのである。また孟子は、何よりも孔子を性命の至として学ぶことを願った人物である。(101) 彼は孔子と、孔子に似て非なるものを弁別することに専念した。すなわち孟子の学は、孔子を学ばんと願うことにより顕然たるものとされ、楊・墨を弁別しようとするその弁は顕然たる講とみなされる。孟子における公孫丑、公都子の存在は、孔子に顔回、曽子がいたのと同様であり、ここに孔子以後、講学をもって家に名づけた存在として、孟子以上の者はないとされるのである。

さて、ここで我々が注目しなければならないことは、孔子が仁を講学し、家に名づけた時、決して儒を家としたわけではない、という何心隠の主張である。孔子はただ儒を舞台（天地）に仁を作用させ、儒人を仁にしようとしたのであり、あるいは楊・墨を舞台に、儒をもって孔子の仁を作用させ、楊墨人を仁たらしめようとしたのである。さすれば、孔子が一儒家を家としているのではないことは明らかであり、孔子を学ぶ孟子も単なる儒家者流を家とはしないのである、と。ここに孔・孟の存在は、相対的な儒を超越した存在として認識されているのである。

以上、何心隠の論理展開に沿って「原学原講」の骨子を示してきた。我々はまず、あくまでも講と学とを不可分なものとして、強引に必学必講を系譜づけていく執拗なまでの彼の努力にうたれる。体制の弾圧に遭遇した講学派の代表者何心隠にとって、それは自己の立場の正当性を主張するべく、当然なされなければならない論理操作であるとはいえ、ここにみなぎっているのは、学である以上、講ずることによって他者に働きかけずにはおられない伝道者の情熱である。

また、その論理展開において、とりわけ注目されるのは、彼が洪範の五事、なかんずく、誰の目にも実在としてある「倮倮たる形」「呀呀たる声」としての貌・言に学・講の原流を求めたことである。仮に宋儒をして学の淵源を説明せしむるならば、必ず「無極而太極」から陰陽五行にわたる宇宙論より始めて、壮大なる観念の楼閣が構築されるであろうことにひき較べて、この卑近な即物性はどうであろう。だが、このように、単に観念としての事物ではなく、具体的に外在としてある事物に依拠して思索を発展させていく発想こそが、書経をふまえつつも、まさしく彼の思想の基調をなすものであった。「貌がある以上、必ず事が有り必ず学がある」「言がある以上、必ず事が有り必ず講がある」とは「原学原講」の導入部であったが、彼の「矩」[102]という一文もまた、「学に矩《のり》があるとは徒《ただ》に理というものが有るばかりではなく、実に事というものが有ることなのである」と書きだされる。すなわち「無声無臭」である形而上の世界ならば、事は理に蔵されているから矩を設けることはできない。「有象有形」である形而下の世界ならば、「理は事において顕われる」のであるから矩を設けるのである。このように理の発現体としての「事」に即して学ばんとする彼の学を評して、黄宗羲は「心隠の学は影響に堕せず[103]」という。すなわち空疎な虚言空言の学ではないと指摘したわけである。

かような姿勢に立つ何心隠は、また、「無」という概念をも意識的に排除する。彼が周濂渓の「無欲」を否定したことは、前節に述べた通りである。そして彼の周濂渓に対する批判は、更に「無極」を否定することによっても貫かれる。

老、仏が、無を以て極、宗と為してより、太極とは無を極とするのではないことがわからなくなって、「易に太極有り」の有まで悉く無に帰して無とするに至ってしまった。(104)

黄宗羲は、本章第二節でも述べたように、何心隠のこの無の否定を、むしろ「釈氏の所謂《いわゆる》妙有」であろうかと評している。

しかし何心隠は、その釈氏の徒にも比せられる異端ぶりにもかかわらず、学統的には、あくまでも宋明以来の理学の伝統に身をおくものなのである。

それが「性即理」として内なる理と外なる理とを一致させるべく追求されようと、「心即理」として内なる理のみが強調されようと、理こそが第一義の存在とみなされてきたのが宋明の理学であった。かかる理学の末端に位置しながら彼の到達したところは、理を発現せしめる所以としての、具体的・外在的事物に学の根拠を求める姿勢であった。それは、陽明の「心即理、天下また心外の事、心外の理あらんや(105)」という立場とは、殆んど正反対のものであった。いま我々は彼の姿勢の中に、むしろ清代の顔元と通ずるものを見出すであろう。

明確に反宋学、反朱子の立場に立つ顔元が、読書を砒素として排斥し、何よりも実行を強調したことは周知のことである。彼には六府三事の説がある。『尚書』大禹謨に所謂「六府三事」とは、水火金木土穀の六府と、正徳、利用、厚生の三事である。顔元はこの「六府三事」と、『周礼』地官に謂う「三物」すなわち六徳（智仁聖義忠和）

六行（孝友睦婣任卹）六芸（礼楽射御書数）こそが真の聖学であるとした[106]。ここにいう水火金木土穀も、彼においてはもちろん具体的事物のそれとして認識されているのであり、「六府・三事・三物」とは、事物に他ならないのである。かくて顔元においては思想の中心概念として、この「事」が把握され、聖賢の道も、畢竟、事とともに興廃すると考えられたのである。

　孟子の必ず事有りの句は、聖賢の宗旨である。心に事が有れば、則ち心が存する。身に事が有れば、則ち身が修まる。家の斉、国の治、天下の平に至っては、皆事が有るのである。事がなければ、道統も治統も倶に壊されてしまう[107]。

いみじくも、銭穆が指摘するように、宋儒は理を主とし、事に先だつものとして理を重んじ、事を軽んじたのに対して、顔元は理が事によって見われることを主とし、事に即して理を明らかにしようとしたのである[108]。そしてこの点における何心隠と顔元の著しい相似は、やはり注目に値する。

　きわめて図式的にいうならば、その出発点において内なる理と外なる理として二元的に把握された理が、やがて内なる理のみに一元化され、その内面主義の徹底が率性自然の強調となり、ひるがえっては、あるがままの外なる事物を積極的に肯定するに至る理学の、この意外なプロセスが生みおとした鬼子＝何心隠は、ついに反理学の旗手、顔元の先駆的な存在とみなされるべきであろう。

　さて、きわめて卑近な即物性をもって説きおこされたこの「原学原講」であるが、伏義さらには河図・洛書にまでさかのぼって画きだされた学統は、韓愈の「原道」に代表される道統、堯舜以下の典型的な聖人により伝えられた先王の道とひき較べた時に、何か特異な印象をあたえられることは否めない。それは、何心隠の文章がもつ、独特な語り口によるところが大きいのであろうが、その学統を伏義以前にまでさかのぼらせていることにもよるのであろう。

もちろん、朱子の大学章句の序でも、易をふんで「此れ伏義、神農、黄帝、尭、舜の天を継ぎ極をたてし所以にして云々」と述べているのではあるが、やはり朱子以後、典型的な聖人とは尭舜以下であり、ことさら伏義にまでさかのぼるということは、ごく常識的にはなかったことであろう。むしろ伏義は、異端邪教と目される白蓮教などの経典である宝巻が、天地開闢の混沌から説きおこす際の造物主として、人々にはなじみが深いのである。(109) かような学統の表現は、泰州派の始祖王心斎にもみられるものであった。彼は「此道は伏義、神農、黄帝、尭、舜、禹、湯、文、武、周公、孔子を貫く。老幼、貴賤、賢愚を論ぜず学を願うを志す者あらば、之を伝えん(110)」とその門に大書したのである。侯外廬は、この道統が韓愈のそれとは異なる点をもって、泰州派が庶民起源のものである証拠の一つにしている。(111) いささか人民主義の意図が透けすぎてはいるものの、やはり面白い指摘といえよう。

王心斎は、医術を治めていたというし、何心隠にも阮中和なる人物との交流が、生涯に三たびあったという。この阮中和は年のころ九〇歳に近い老人で、清江境内に火疾があったのを、彼の治療で直った者が多かったとか、修養に務め、純陽（呂洞賓）の道法を伝えたとかいわれる術士である。何心隠は、三度目の丙子（万暦四年）の会見でその道法を知ったという。(112) もっとも、何心隠自身は、白蓮教徒弾圧に一役買ったことをもって、自らに向けられた妖人の識りを否定しているのであるが、彼に師事していた耿定理の「黒漆無入無門の旨を心隠に得て、そうして始めて充然と自足したのであり、深く信じて復た疑わなかった。ただ世人に告げ語るべき者がなかっただけで、そのため遂に終身、人に談ずることはしなかった(113)」ということばにも、どこか高遠で異端的な雰囲気が感じられるし、後述するように、何心隠は結社めいた組織をバックにもち、無頼の徒、方技雑流等の世のアウトローとの接触があったことも事実である。(114)彼のこのような不透明な、雑駁な面は決して見落とされてはならぬであろう。

しかしながら、かく種々特異な表現を駆使しつつ、「原学原講」の結論とは結局、学の原点を孔子に求めるということにつきるのである。ある意味で、彼はきわめて忠実な孔子の徒であった。長い学統をあとづけていく執拗な作業も、孔子の偉大さを際だたせる作業に他ならず、彼の講学における課題は、直ちに孔子へ回帰することであった。しかも、彼が孔子を拡大すること、孔子は殆んど一儒家の孔子ではあり得ず、あらゆる学流に超越した存在となる。すなわち、「仙に非ず。禅に非ず。儒に非ざる」(115)仲尼であり、彼が孔子を絶対化すればするほど、儒家という存在は相対化されるのであり、ここに孔子を無限に拡大していくことが、彼の名教からの逸脱ぶりを促進するという逆説的な現象が生みだされてくるのであり、彼の思想の醍醐味もまた、ここに存するのである。

そして「ただ仲尼の道は海内寥寥として聞くなし。誠に一大空のみ」(116)と、孔子の道の顕かならざる現実に対し、危惧の念を抱く彼にとって、講学への情熱はそのまま布教の情熱でもあった。彼が回帰し、世に実現せんとした孔子の学とは如何なるものであったか。彼の代表的な事業である聚和堂とあわせみていこう。

## 第四節　何心隠のコミュニティ

### (A)　孔子の家――会

何心隠のすでに失われた著作として、『聚和堂日新記』なるものがあった。この聚和堂こそ、彼の成功を収めた事業として誰もが揚言するものであり、彼を目して「郷村教育の先導者」と称する所以のものである。

彼はもと、吉州永豊の名族の出身であり、その「家累万金、族聚数千指」[117]といわれるのであるが、族衆とはかり、聚和堂（萃和堂）を構え、一族の子弟を集めて彼らに学を課したのである。あるいはまた、みずから一族の政を総攬した彼は、徭賦、緡銭などを時時に斂めて完納できるようにし、拈出できない者には代納してやり、薄利で償えばよいことにするなど、賦役から冠婚喪祭、孤独鰥寡の世話に至るまで、有無を通じ、悉く義を以て処理したという。かくして一族には礼教信義の風が彬彬としておこり、数年の間に三代の治世を現出させたと形容される成果をあげたのである[118]。

ここに私が最も興味をひかれるのは、何心隠が「大学は先づ家を斉う」と謂って、聚和堂の事業を興したという、その動機づけである。すなわちそれは、彼が「大学」の家を理念として、その実験を一族においてなしたことを意味するからである。

彼自身の手になる聚和堂の記事は『爨桐集』の中に三編、「聚和率教諭族俚語」「聚和率養諭族俚語」「聚和老文」がある[119]。これらにより、今少し詳細に聚和堂の内実をみると、まず、今まで私館に聚まって行われていた郷学の教は、すべて祠（聚和祠）に聚まって行うこととされた。その理由の一は、私館では隘すぎるという物理的なものであるが、更に一の理由は、上族、中族、下族がそれぞれの私館に聚まってしまい、自分の所属に親しむことしか知らぬ私念を生ずる。この私念を取り除くため、一堂に聚まろうというのである。毎月の一日と一五日には、率教以下の一二人（率教一人、率養一人、輔教三人、輔養三人、維教養四人）が祠首とともに相聚り、子弟達の礼を観ることにより、長上の親愛を興す効果がはかられた。しかも子弟達には、遠近・貧富・長幼の別なく全員に父兄より食糧が送られ、遊蕩を防ぐために祠に宿るという完全な寄宿生活がとられていた。その生活規則もなかなか細かく、厳格なものである。

病気、誕生日、親戚の慶弔といっても、実際を審らかにした上で、常則に従って帰されるのであり、婚約者、新婚者、既婚者といえども、一旦、祠に聚まった以上は勝手に帰ることを許されない。大小、公私を問わず、宴会、会合に勝手に出席することも許されない。父兄の側も、小者や婢を使って家事の雑詞を報告させたり、菓品、玩好（賞翫物）をさし入れすることは禁止された。そこには貧富にかかわることのない平等な共同生活の実行が願われ、しかもこの平等性は、同姓の一族間だけの話ではなく、外姓の父兄子弟であろうと、決して親疎によって本姓と待遇を異にすることはないという開放的なものであった。

こうしていわばコンミューンにも似た教育活動の一端が示されるとともに、宗族の税負担を経営する方法も述べられる。それは主として、宗族内の銭糧徴収に関する工夫である。銭糧を期限ごとに確実に徴収し、積み立てることにより、各家が単独で納入する際の雑費と辛労をはぶき、かつプールされた余剰を族中の貧者に回し、さらには教育などの族中の共同事業の経営費用にあてることができるのである。実際の運営としては、一二人の管糧をおき、一ケ月ずつ責任を分担させる。管糧の下には二四人の催糧がいて、一五日間の責任で銭糧の催促をする。さらに催糧の下には七二人の徴糧が、五日ずつ責任をもって徴収するようにしたのである。この互助的な組織は、また、宗族内部で税負担を他人におしつけたり、賄賂を使って税をのがれようという不明朗な事態の発生を予防するものでもあった。税の納入に明朗を期す彼は、当然、税の公明正大なることを当局の側にも要求したのであり、不当な税負担に対しては決してその納入に応じなかった。耿天台が次のように記している。

ある歳、知県が税糧の取り立てを行った（邑下令督征）。狂（耿天台は梁汝元を梁狂と呼ぶ）はその中に法定の税課（正供）でないものがあると考え、抵抗して輸送せず、書簡を知県（令）に抵《いた》した。知県は怒り、当道に訴状を建白した。当道は以前から風聞していたので、ただちに逮捕、下獄させ、追放と定めた（擬遣）(120)。

これが前述した嘉靖三八年（一五五九）の事件である。以後、万暦五年（一五七七）に父母を葬るべく帰郷するまで、彼は二度と永豊の地に足を入れなかった。その宗族をすてた態度を、耿定理は「子は家を毀ち、躯を忘る。意の欲するところは如何(121)」と詰問する。

しかし、最初に指摘したように、聚和堂の事業は、他ならぬ「大学」の斉家の実験であった。皮肉にも、家を毀つと難詰された彼の関心は、とりわけ「家」に注がれていたのである。とはいえ、彼が「家」を強調する時、それは単なる家族の家を意味するものではない。それは、王陽明→王心斎と受けつがれてきた格物の課題を継承し、さらに一段階発展させる思想のエレメントとして、充分自覚的に主張されたのである。彼は耿定理に対して次のように答えた。

姚江〔王陽明〕が始めて良知の指〔旨〕を闡らかにし、眼が開かれた。しかし、まだ身はなかったのである。泰州〔王心斎〕が立本の旨を闡らかにし、身を尊ぶことを知った。しかし、まだ家がないのである。ここに友を聚め、それにより孔氏の家を成立させたいと思っている云(122)。

ここにいわれた「孔氏の家」こそ、彼が一種のユートピアとしてその実現を願ったものであり、その実現こそが孔子の学の直截なる実践を意味したのである。

何心隠にとって孔子の学とは、とりもなおさず「中庸」であり「大学」であった。そして「中庸」は〈身〉を

「大学」は〈家〉を言うものに他ならなかった。我々は彼が身と家とを学の中心課題にすえたことをまず注目したい。そしてその時、彼以前に王心斎の独特なる淮南格物の説[124]があることを忘れてはならない。

王陽明においては、事事物物がわが心の良知にそなわるとしてとらえられた格物が、そこに哲学的な深まりを有すると同時に、なお高度な観念であったのに対し、王心斎においてそれは、具体的な概念としてとらえられようとした。すなわち陽明が事として認識していた格物の物とは、心斎にあっては身・家・国・天下に他ならなかったのである。しかも身と天下は一物であるが、そこには本末がある。陽明が格＝正すと訓じた格とは、また則りはかることでもあり、絜矩に他ならないとしたら、格物とは本である身を安んじることであり、身を安んじることから出発して天下を安んじるのであり、その逆ではない。すなわち身を以て天下国家を絜度することなのである。こうして心斎においては身の尊厳ということが強調されるに至ったのである。すなわち心斎において良知良能とは心斎一流の明哲保身に他ならなかったのである[125]。

何心隠の学は、この淮南格物を延長したものであった。すなわち彼においては、およそ物の形象とはすべて身と家として把握されるのである。心・意・知は身にとっての身であり、身は家にとっての身である。家は国にとっての身であり、国は天下の身である。そしてそれを逆にいえば、天下は国の家であり、国は家の家、家は身の家、身は心意知の家である[126]。このように、心・意・知も天下国も身と家という二つの概念に一旦吸収されてしまう。

天下＞国＞家・身＞心＞意＞知（格物）

すなわちこれは、天下国という広大なる不可視的存在、心・意・知という抽象的なる不可視的存在を、可視界の存在である（誰の目にも実在としてある）身と家というものに吸収し、それらが物であることをより端的に表現せんがための作業とみなしてよいであろう。あるいは、さらにいいかえれば、少くとも朱子学などで、発展段階的に並列して処理されてきた「大学」の八条目を、極度にスライドさせて、格物の一条をベースにした上で、とりわけ具体的な身・家としてその表現を一元化させようとしたのだともいえる。

　ところで、ここに言及されるに至った身・家として表現されんとするもの、それは王心斎が身の一字をもって表現しようとしたものと、本質的には同じであったろう。王心斎が身を強調するといっても、その身は天下と一物の身であり、単に個人の身にとどまることなく拡大される可能性をもった身であったからである。しかし、やはり、本としての身と強調される表現に、何心隠としてはまだあきたらず、より明確に、その拡大を家によって表現したかったのであろう。

　いずれにしろ、かく八条目を身・家に凝縮し、端的に物として把握する作業は、格物という基本的な概念を、できるだけ具象的に理解するための、すなわち格物を媒介項として、身・家を矩と結合させるための欠くべからざる前提であった。

　彼にあってはもう一方で、格の形象化としての矩《のり》の存在が考えられている。それは事に蔵されている理を顕在化させるものとして、格の形象化したものである。また、身と家とに附帯される上下前後左右というものも、身・家における理があらわれたものとして、矩に他ならないのである。かくして彼における格物とは矩（格の形象）と身・家（物の形象）の関係として把握されるのであり、学とはすなわちこの矩を学ぶことであった。ここにいう矩が「大学」でいうところの絜矩《けっく》の道に由来することはいうまでもない。[127] 王心斎においては、まさしくそう意味されていた。心斎においては格物とは身・家・国・天下を正すこと。それも本である身がまず正されること。しかも格とはまた絜矩であるのだから、要するに自分が絜矩的人間となることに他ならないのである。

しかしながら、この点において、何心隠はまた王心斎とは結論を異にしていくのである。すなわち、彼において特徴的なのは、「身」は「伸」であるという定言の上にたち、必ず学び必ず矩《のっと》るということは、身がそれによって伸びるということに他ならないとされたことである。上下前後左右に伸ばすことのできない身とは、身を有して身がないことにも等しいのである。同様にして「家」は「嘉（加）」である。学び矩りてこそ家は嘉（加）となり、上下前後左右に加わるのである。そうでなければ、家は無いにも等しいのである。孔子が一五から七〇までひたすら追求したのはこの矩に他ならなかった。(128)孔子の到達した矩とは、まさに身を伸ばし、家を加えて無限に拡大されていく態のものであったのである。

ところで、何心隠のいう「孔子の矩」を分析するためには、身＝伸、家＝加という定言とともに、いま一つ、彼の特徴的な視点を見逃してはならない。すなわち前述したように、王心斎にあっては矩とはただちに絜矩であり、本としての我身は絜矩的人間であった。ところが何心隠にあっては、絜《はか》るということと矩とは決して一致されないものであったのである。孔子の矩とは、絜るという行為をともなっては、到底達することのできない域のものとされたのである。

ここに今一度「大学」の絜矩ということばの一般的解釈を吟味してみるならば、絜矩とは、（自分が）上下前後左右に悪む（してほしくない）ところのものを敢えて誰にもしない、誰をも侵犯しないという、思いやりのことであった。ところが何心隠にいわせれば、「矩の絜るとは、悪む所が矩を踰えるを恐れて、敢えてこれを踰えない者である(129)」ということになり、このような「君子の絜矩」というものは、「大学」ではないとされるのである。「大学」の矩は、自ら欲するところを矩としても悪むところがないのである。だから必ずしも絜らないのである。絜るとは矩ではない。まして「大学」の矩ではないとされる。

では何心隠にとって「大学」の矩とは何であったか。それはこれ以上大なるものはない天の則なのである。そして孔子こそが、この天の則を矩となしえた人物なのであった。すなわち儒家者流、仙家者流、禅家者流といったエピゴーネンが身家さえ確立できず、矩を有しえないのは論外としても、老、釈という真の仙家、禅家はその身家を確立し、玄とか円とかいうことにおいて仙家、禅家の矩を有しえた。まして儒家の祖である、伏羲、堯、舜についていうなら、伏羲は身を禽獣から区別することにより家を創めたものであるし、堯、舜は身を夷狄から区別し、家を紹ぎ、そうすることによって儒家の矩を得たのである。だが彼らにおいてなお、その家は一家の身家にすぎないのである。これに対して孔子は、その身を老、釈、伏羲、堯、舜に伸ばし、その家を老、釈、伏羲、堯、舜に加える存在であった。天が仲尼なのか、仲尼が天なのかと思うほどに、広大無辺な存在である仲尼においては、伏羲、堯、舜が禽獣、夷狄を区別したようなことは、もはや不必要であった。天が禽獣、夷狄、およそ生きとし生けるものを分け隔てなく覆うように、仲尼は仙も禅も儒も禽獣、夷狄も隈なく覆うのである。こうして天の則に法《のっ》とる矩が絜るものでないことは明確なのに、かなしいかな、孔子の矩は、群流の息まざることに著われぬばかりでなく、最も「君子の絜矩」によって隠されてしまったのである、と何心隠は主張する。

何心隠がこのように孔子を絶頂までに拡大し――この絶対化の論理展開のいかに「原学原講」と表裏をなすことか――天にまで比すことによって、孔子の矩は殆んど自然世界の法則と一体化してしまった。孔子は拡大化の極みに拡散されてしまったともいえよう。実際問題、自然とイコールになってしまった矩というものが、果たして人倫社会における矩として作用できうる代物であるかはいわずもがなのことであろう。そして身＝伸、家＝加とゴロあわせのような理屈をもって自説を展開し、儒、仏、仙を等しなみにあつかうその三教合一的論法からして、正統儒家の目をむかせるに充分であろうが、「君子の絜矩」を堂々と排斥する彼が、「名教の能く羈絡する所に非らざ」る存在であることはあまりにも当然で、彼の名教逸脱は、ここでもまたはっきり原理的根拠をあたえられたのである。

さて我々は、事において学はある、とした彼の基本姿勢をもう一度思い起さなければならない。彼において理念とは、必ず現実の人間社会に具象化され実践されるものであった。そうあった時、上下前後左右に伸び加わっていく身・家とは、どのように実現されるのであろうか。それは決して無媒介に拡大することはできないのである。彼はここに「会」という概念を導入してくる。それは単なる身家を、天下国の身家にと拡大するための重要な媒介項であった。

そもそも会とは、その〔形〕象を家に取って、その身を〔所〕蔵する。そうであれば、相ともに会を主さどる者は、形象を身に取ることにより、その家を顕わす者である。〔……〕すなわち〔会は〕天下国の身の、〔天下国の〕家の、その身、その家を、顕然とさせるべき、あるいは蔵すべきものなのである。[130]

身と家を「会」によって補うのでなければ、人の身は単なる士農工商の身にすぎず、その家も単なる士農工商の家にすぎぬのである。ところが仲尼は、天下・国をその身・家として会に形象させたのである。会を家とし、会を主さどることは君子への条件なのであった。ところでここにいう天下・国が、単なる観念にとどまらず、現実の天下・国と意識された時、それをわが身、わが家とする人間とは、現実の社会（天下・国）の中で著しく主体的、能動的人間を意味するであろうし、そのような人間が「主会者」となるということは、同志的人間の糾合、小社会の組織を意味していくことになりはしないであろうか。いかにも彼においてはそのような行動がとられたのである。

心隠の門人に呂光午なる者があった。浙の大侠であり、その人物と文章の奇抜なこと心隠にも劣らなかった。

心隠は嘗て、金数千を以て光午に界え、四方に走り、陰かに天下の奇士を求めしめた。光午は剻緱《つるぎ》を携え、短後の衣を衣《き》、健児数輩を挟み、湖海を放浪し、九塞を窮め郡邑を歴り、至る所凡そ緇衣〔僧侶〕黄冠〔道士〕と夫の商賈、駔儈《ブローカー》、傭夫、廝養《ちゅうげん》より椎剽《おいはぎ》、掘冢《はかどろぼう》の流に至るまで、一節の用を備え、一得の長を擅らにする者は皆、名簿に記してこれを世話した。故に心隠の識る所の奇士は海宇を尽くしたのである。(131)

この呂光午なる人物も、妖人の風聞高く、その力は百夫に敵い、多く蛮中に游び、兵法を以てその酋長に教えたとも噂されている。彼は何心隠とは死友の間柄であったという。(132) この人材の募集が何を目的としたものか知るべくもないが、そこに結社めいた組織の形成があったことは充分予想できるのである。一体彼の目ざすところは、那辺にあったのだろうか。(133)

## (B)　人倫関係の再編成——朋友

ともあれ、身・家を基礎とする彼の格物の最終的な眼目は天下・国にあった。あらゆる人倫関係も、彼にあってはこの天下・国の前に選択されることとなる。すなわち人倫関係のうち、天下・国のために採用されるべきは、上なる君臣関係と下なる朋友関係につきるのである。「夫れ父子、昆弟、夫婦は固より天下の達道なるも、而して天下を統べ難し」。では何が故に、君臣と朋友のみが能く天下に行うのであろうか。

ただ君臣であって始めて、天下の豪傑を聚め、仁によって政を出し、仁は自ずから天下を覆うことができる。天下は君臣に統治されずしてどうなるというのか。故に唐虞は道統をもって堯舜に統治されたのである。ただ友朋だけが天下の英才を聚め、仁によって教を設け、そして天下は自ずから仁に帰することができる。天下は友朋に統治されずしてどうなるというのか。故に春秋は道統をもって仲尼に統治されたのである。(134)

ここに堯舜と仲尼にそれぞれ代表される君臣、友朋の道とは「相表裏をなす者」として有機的に連関されているものであった。すなわち人才の募集をした上での、立政と教化の役割分担である。しかもこの立政と教化の間に彼の役割が働き、窮極的に彼のめざすところも自ら明確になってくるのである。

彼は友人である永豊知県凌儒に、官界から足をあらって、朋友の大道につくことを盛んにすすめているのである。

樵語〔顔山農の語録〕(135)の一軸は、鄙情〔私めの思い〕に達しているといっても、しかし、実は父母〔知県〕が樊籠〔鳥かご〕を出ることを謀って、大道の宗主と為ることを欲しているのです。もし樊籠に在って恋恋とするのであれば、たとえ高才を展べることができても、一の効忠、立功、耿介の官に過ぎません。大道にどうして補填することがありましょう。直ちに身を放出して、大道を主さどるべきです。もし孔孟が復び世に生まれることがあれば、則ち大道には正宗が有り、善人には帰宿が有り、その身は朝政に与ることがなくても自ずから不正はないでしょう。大道の明らかなこと、孔子より明らかなものはありません。〔……〕父母が身を放出し、朋友の大道を主さどり、そうして、孔子の堯舜より賢なる〔所以〕を継ぐ者であることを欲しないものはいません。堯舜は立政の善を尽くす者です。孔子は設教における至善の存在であって、その身は政に与らない者です。政に与ることなく立政より賢なのです。そうであれば身を放出して孔子を継ぎ、大道の宗を主さどれば、朝政においてどうして小補ということがありましょうか。(136)

この政道に参与せずとも、設教により朝政を補うことができるということばは、挙業をなげすて、布衣として社会のアウトサイダーを自認する彼にとっては当然の言であり、「潜龍」(137)として孔子をたたえる、彼の孔子評価とも相通ずる言であった。すなわち、彼の目ざしたものは、教化の任務、伝道に他ならなかった。講学が彼の生命にも等しく、その意義を執拗に歴史的に実証せんとしてやまなかったのも、ひとえにここに根ざしていたのである。

しかし「会」という組織を足がかりに教化、伝道に情熱を傾け、政道に与らずして政に補わんとする集団とは、現実にはいかなる存在であったのか。それは在野清議に他ならなかったし、彼の講学が時政にまで及んだ所以である。のみならず彼は、奇計を以て権力者の失脚のために暗躍さえもした。後世、章炳麟は、何心隠に言及して「まるで政客と同じである」(138)といった。世俗における彼の姿とは、確かにそのようなものであったろう。しかし、「孔を慕いて行は侠」(139)と仁侠あつかいされた彼の志は、端目にはどうであれ一途に孔子を慕うものであり、彼のユートピアである「孔子の家」の実現は、ひとえに仁に基づく教化活動にあるとすれば、彼の朋友関係に対する要求は、一層切実なものであった。彼は五倫のうち、朋友こそを完全なものとして謳うのである。

「天地の交を泰と曰う」〔易、泰卦、則チ是レ天地交ワッテ万物通ズルナリ。〕交は友に尽きるのであり、友は交に乗るものである。道であり学であるとは友の交に尽きるのである。昆弟は不交というわけではないが、交わって匹《つれ》そい、比《したし》むところがある。〔……〕夫婦や、父子や、君臣や、〔これらも〕不交ではないが、或いは交わって昵じみ、或いは交わって陵ぎ援《ひ》くところがある。八口の天地や、百姓の天地や、〔それらも〕不交ではないが、その交を小とするものである。(140)

そもそも、君臣、父子、夫婦、昆弟、朋友の五倫の道は、どれ一つとして欠く可からざる人倫であるが、家族道徳の重んじられた中国において、なかでも父子の関係が何よりも優先するとせられたことは、社会における法の制定をみても、太祖の六諭が「孝順父母」から始まっていることからも明白である。かような時点で、何心隠は、朋友の関係こそが他の四倫に優越すると説いたのである。朋友に較べれば、他の四倫は小交なのである。彼のこの主張は、五倫のうち朋友の一倫のみをとり、他の四倫をなみしたとまで増幅されて名教側の非難を浴びた。(141)

しかも当時、かように人倫関係の位置づけを乱したのは、彼一人に止まらなかったのである。(142)しかし、朋友の強調は、単に人倫の順の乱れとか、家族モラルの衰微といった現象以上に積極的な役割を対社会的にもってくる。それは朋友の関係が、五倫のうち唯一の水平関係であることに由来する。君主専制下、強調されるものが上下の関係であることは贅言をまたず、そのような中での水平関係の強調とは、おおよそどのような意味合いをもつものであったか。しかもその朋友が会として組織されていくとあっては、それは社会の中にもう一つの社会を作っていこうとするものであり、やがて既成の社会を内側から崩していく恐れを充分感じさせるものではなかったろうか。当時、彼らの間で師友、朋友の関係が情熱的に唱えられたことは異常なまでであった。(143)

さて、我々は、この朋友の強調を、下って清末、変法派の雄、譚嗣同の「仁学」の中により明確な形で読みとることができる。彼は「君為臣綱」「父為子綱」「夫為妻綱」の三綱をすべて不平等な関係として否定し、五倫中人生に最も弊害や苦痛がなく益あり楽あるものは、ただ朋友の関係かという。何が故かといえば、自由であり、平等であり、節宣が意のままになるためである。そして「もし四倫みな朋友の道をもって貫くことを得ば、四倫すべて廃してよいのである」(144)とまで説くこの朋友の主張は、明確に反封建主義の意識に支えられたものである。その思想の根底にあるものは、宇宙に隈なく充満する以太《エーテル》の作用としての「仁」であり、彼はこの仁を実現するためには、任侠をも奨励したという。(145)かような譚嗣同の思想の中に、何心隠において主張されようとしたものの、より徹底した、より完成された形を見抜くことは容易であろう。何心隠の思想とは、やがて成長していけばこのように開花するところのものの、あまりに早い萌芽であったといえよう。

ここに、何心隠の思想を、「欲望肯定」「原学原講」「家」「朋友」と重点的に述べ終わった。我々は彼の思想の位置づけをどのように考えていったらよいであろうか。それは、思想の内面的プロセスの中で見るならば、朱子学、陽明学の高度な観念論が、その観念把握の極み、率性自然の契機を経て、素朴な即物性に転化しようとする、いわば理から事への転換期における結節点の役割を担うものであった。学説的にいえばそれは、顔元の先駆と評価できるものであり、彼の欲望肯定、朋友の強調もそれぞれ、戴震、譚嗣同の先駆的なものであった。しかし、より大きな思想の潮流としてとらえれば、それは儒教の発展プロセスというよりも、むしろ解体プロセスの中に位置するといった方がいいかもしれない。そうであればそれは、やがて儒教正統派よりの修正を被るべき存在であった。

だが、彼の思想が社会実在として血肉化しえた可能性も実はそこにあったのである。すなわち、宋代新興士大夫層のイデオロギーとしてあれほど清新な風気をもって登場した朱子学が、社会実践の思想としてはその空洞化を深めつつ、なお体制教学の名教として厳然と正統性を保持する中で、陽明学の意外な鬼子としての何心隠は、自覚的な名教の罪人であった。その彼にして、その思想的原理は、仁であり、孔子であったのであるが、しかし孔子に直接することをめざす彼は、孔子を比類なき大きさにまで絶大化することにより、儒の相対化をはかり、名教からの自己の自由を、独創的な思想の発言権を獲得した。

しかしながら、それは当時同じく名教の罪人と目された、張居正、李卓吾が、生今反古を戒しめとして、むしろ孔子のドグマを歴史的に相対化して、孔子の是非からの離脱、名教からの自己解放をはかった、ある種の合理性とは性格を異にするものである[146]。何心隠のこの孔子に回帰することを願う布教の情熱が、必然的に名教を逸脱していく有様には、まるで、宗教改革の情熱を彷彿させるものがある。彼の脳裏に画かれた孔子とは、弟子をひきつれ講学しつつ、諸国を周遊して積極的に天下・国を論じる社会運動家のそれであったろう。仁から同志的な朋友関係を、孔子の家から結社的な会を外在化させた彼の思想が、教化活動を目することにより、一種の社会運動のエネルギーをもつものとなったことは明白である。

しかも、彼の教団が、多様な出身階層の構成員を擁し、儒、仏、道、方術と雑多な不透明な表現を濃厚にたたえて、邪教集団ともなりそうな可能性を充分もちつつ、ある節度をもって、あくまでも儒学の枠内にとどまったこと、そして、それが儒教の在野言論として経典の読みかえ、再編成を行ったことは、下層知識階級による儒教の下からの解釈のモデルとして把握できる。それはすなわち「正統」に対する「異端」の学として、儒教の裏面史を構成する一節ではなかったろうか。さすればその命脈は、儒教が（朱子学が）体制教学として君臨する限り、いつの世にも底流していたものであったろう(147)。

泰州の学統が再び発掘されたのは、清末、革命の気運も高まった時期、すなわち清朝を否定し、明学に対する期待が盛りあがってきた時期においてであった。このような動向の中で、劉師培は『国粋学報』に王艮伝(148)をかいた。何心隠にもふれ、その学は自然を崇向するという説明を加えている。劉師培がこのように泰州の学徒に注目したのは、儒家の原来の職とは何であったかを再吟味したことによる。

すなわち『漢書』「芸文志」にいうが如く、儒家は司徒の官より出たものであるならば、儒家の大要は教民に在るのである。そこから考えると、「宋儒は身を以て率教したのであるから、その言と行が違うということはあるけれども、化民成俗を以て心と為したのであり、古の師儒に近いといえる。明代の王学末流、王心斎、王龍渓の徒は、講壇を設立し、民衆を啓発し、その感化は万人に及んだものである。どうしてこれを周代儒者の職でないなどということがいえようか」[149]、そして「儒者の職は訓俗に在りて伝経に在らず」と断言する彼の主張が、動乱の現実に何ら実行力のもてなかった考証学に対する痛罵であったことは明白である。劉師培の、このような問題意識にかかわらせての泰州派への評価、譚嗣同にみられる反封建道徳の主張としての朋友の強調、このような清末の思想情況と重ねあわせて今一度「王学末流」の思想というものを考えてみれば、その社会への作用の可能性を、どのような射程において語りうるのか、より明らかになってくるであろう。

そしてまた、格物から修身そして平天下へという「大学」の八条目を実践階梯とする儒教のエッセンスを、さらに「内聖外王」と集約した時、泰州学派の異端者とはその忠実な実践者であったのであり、彼等の思想を特徴づける個性（我）の発揮と郷村活動も、それが時として社会的指弾を受ける様相を帯びたとしても、「内聖外王」の具体的な発露に他ならなかったのである。

---

（1）何心隠は彼の変名である。本姓梁、本名汝元、字柱乾、号夫山。江西吉安府永豊県人。正徳一二年（一五一七）に生まれ、万暦七年（一五七九）に死す。何心隠の伝記資料に関しては以下の如くである。耿天台『耿天台先生文集』巻一六、里中三異伝。この「里中三異伝」とは何心隠、鄧豁渠、方湛一のいずれも泰州学派の三人の伝である。実際に交友関係にあった人物の手になるものであるから、極めて興味深い。この記事は『耿天台先生全書』には収録されていない。鄒元標「梁夫山伝」。これは『梁夫山遺集』に収められているということであるが、この『遺集』は未だ管見に入らぬ。今は容肇祖氏編集の『何心隠集』に収録されているものによる。黄宗羲『明儒学案』巻三二、泰州学案序。『（光緒）孝感県志』巻一五、流寓。『（光緒）吉安府志』巻三一、儒林。王世貞『弇州史料後集』巻三五、嘉隆江湖大侠。沈徳符『万暦野獲編』巻一八、妖人逋逸。沈瓚『近事叢残』巻四、何心尹。朱懐呉『昭代紀略』巻五。などにその事跡が見える。

何心隠を論じたものとしては、李卓吾の「何心隠論」（『焚書』巻三）が有名である。彼は当時の世評として、何心隠についてその称賛すべき三点と、難ずべき三点をあげた上で、「見龍」「上九之大人」と彼を絶賛する。何心隠の事略の詳細な研究としては、何子培「明儒梁夫山先生年譜」中法大学月刊五—五（一九三四年）、容肇祖「何心隠及其思想」輔仁学志六—一・二（一九三七年）、思想面の専論としては、侯外廬主編『中国思想通史』四下、第二三章「泰州学派継承者何心隠的烏托邦社会思想」（一九六〇年）。R. Dimberg, *The Llife And Thought Of Ho Hsin-Yin (1517-1579) The Sage And Society: A Sixteenth-century View*, Columbia University, 1970. がある。

（2）小島祐馬『中国の社会思想』「清初の王学者唐甄」二六〇頁、筑摩書房、一九六七年。

（3）嵇文甫『左派王学』三、泰州派下的幾個要人、四四頁。「泰州学派は王学の極左派である。王学の自由解放精神、王学の狂者の精神は、泰州学派に至ってやっと存分に発揮された。この学派は王心斎に始まり、徐波石、顔山農、何心隠、羅近渓、周海門、陶石簣等等を経て盛大となり一代ごとに勝れていくのである」。

（4）容肇祖「何心隠及其思想」五頁。「これが梁汝元の宗族組織、宗族教育の計画であり、また郷村組織、郷村教育である。彼は郷村教育の先導者であり、これは佩服すべきことである」。

（5）侯外廬主編『中国思想通史』四下、第二三章「泰州学派継承者何心隠的烏托邦社会思想」では、その第三節「何心隠的政治思想和人道主義的社会空想」において彼の「会」と「朋友」の主張に注目し、その中に貫徹しているのは「均」と「群」の原則だという。

（6）島田虔次『中国における近代思惟の挫折』第二章、泰州学派、八五頁。小野和子「儒教の異端者たち」『思想の歴史　一一』平凡社、一九六六年。

（7）『爨桐集』の原刊本は、天啓五年（一六二五）張宿が『何心隠先生爨桐集』として刊行したもの。この『何心隠集』に対して、張宿の社友陳士業は次のような感想の手紙を送っている。「刻する所の何心隠集、甚だ善し。弟、嘗て諸友と有明の異人を論ず。其の世廟の末に在る者は、心隠、鄧豁渠の両人のみ。〔……〕心隠の文は、兄の粋らとする所に尽く。其の軼事の雑記、諸小説に見はれる者頗る多し。兄の能く博く採りて、これを彙集し、以て心隠の奇を尽くすも亦一快事」（『因樹屋書影』巻三、陳士業答張讁宿書）。また、『梁夫山先生遺集』というものの刊行もあったようで、乾隆四三年（一七七八）づけの解文炯の序がある。嘉慶年間にも梁氏の末裔、琢斎公による出版があったという。そして同治元年（一八六二）には同じく梁氏の族裔、梁維翰による『梁夫山遺集』の刊行をみた。この『遺集』が収集しているところは、『爨桐集』より少ないという。この二つを校勘して、容肇祖氏は『何心隠集』（中華書局、一九六〇）として出版した。なおすでに失われた彼の著作とは、『聚和堂日新記』『四書究正註解』『重慶会稿』である。

(8) 王心斎の系譜に関しては、大久保英子「泰州学派とその社会的基礎」『東洋史学論集』第三、一九五四年に詳しい。

(9) 『耿天台先生文集』巻一四、王心斎先生伝、樵朱陶韓二子附。

(10) 同右。

(11) 『明儒学案』巻三二、泰州学案一、処士王東崖先生襞附陶匠韓楽吾。

(12) 羅近渓『羅明徳公文集』巻五、東合省同志。

(13) 『明儒学案』巻二七、南中王門学案三、文貞徐存斎先生階。嘉靖三二年、三三年の会では、欧陽徳（南野）聶豹（双江）程文徳（松渓）が分主した。嘉靖三十五年以後、諸公が歿したり去ったりしたため講壇は一空したが、嘉靖三七年、南京からきた何遷が復び徐階を主盟として講会を開いた。だが以前の盛んさには及ばなかったという。

(14) 『明史』巻二八三、儒林二。この宣州の開元会では沈寵（古林）と梅守徳（宛渓）がその席を主さどったという。ちなみに沈寵は沈懋学の父である。『明儒学案』巻二五、南中王門学案序。『明史』巻二一六。

(15) 顔山農に関しては、近年その遺著が発見され関連論文も発表されている。黄宣民「顔鈞及其大成仁道」『中国哲学』一六期、一九九三年、等。黄宣民校点『顔鈞集』中国社会科学出版社、一九九六年。

(16) 『何心隠集』巻三には「修聚和祠上永豊大尹凌海楼書」「又上海楼書」の二書が収められている。

(17) 王之垣「歴仕録」。この事件については本章第四節を参照。

(18) 『何心隠集』巻四、又上湖西道呉分巡書。

(19) 同右、上祁門姚大尹書。

(20) 鄒元標「梁夫山伝」。「在燕畿、則搆有復孔堂、在楚黄、則創有求仁会館」。

(21) 『明儒学案』巻三二、泰州学案序。

(22)「里中三異伝」。『明儒学案』巻三二。この方士藍道行の伝は、『皇明文海』巻一六八。『昭代紀略』巻五にもみえる。『野獲編』巻八、計陷夏厳の記事によると背後にいたのは徐階だという。容肇祖氏は徐階もまた王学の門下であるところから、徐階と何心隠の共謀ということも可能であるという。いずれにしろこれは、『明史』巻三〇八、厳嵩伝や『明史紀事本末』巻五四にも記録されている有名な事件であった。

(23)福建にいたのは、嘉靖四一年（一五六二）から嘉靖四三年（一五六三）までである。『何心隠集』巻四、上祁門姚大尹書によれば、銭同文、朱錫とともに南遊した彼は林宅に五四日滞在し、林の学と合わないことをしり、そこを去った。この林なる人物の名号は明らかでないが、容肇祖氏は、その思想的近似性から、当時福建で三教合一を唱えていた林兆恩を推測している。

(24)容肇祖氏は、『孝感県志』巻一四、程学博伝と『明史紀事本末』巻六一によって、程学博が重慶知府になったのは、張居正が東閣大学士となった隆慶元年（一五六七）であるとし、この年に何心隠が程学博とともに重慶に入ったとしている。侯外廬主編の『中国思想通史』にもそう記されているが、『明実録』によれば、蔡伯貫の乱は嘉靖四四年一二月から四五年一月にかけて起ったもので、重慶入りを隆慶元年とすると、この乱に遭遇すべくもない。『世宗実録』巻五五三、「嘉靖四十四年十二月丙戌、四川白蓮妖賊蔡伯貫等、聚衆為乱、陥合州、大足、銅梁、栄昌、安居、定遠、璧山七城」。同右、巻五百五十四、「嘉靖四十五年正月戊午、四川官兵、討妖賊蔡伯貫等、擒之、降其衆七百余人。伯貫大足県人。本以白蓮教、誑衆。其後、従之者日盛。遂挟衆為乱。偽号大唐大宝元年、旬月之間、連破七州県」。

(25)許重熙『嘉靖以来注略』巻七。

(26)査継佐『罪惟録』伝一〇、許孚遠、楊時喬。許孚遠は、『明儒学案』では巻四一、甘泉学案に列せられている。

(27)王世貞『弇州史料後集』巻三五、嘉隆江湖大侠。

(28)『耿天台先生文集』巻一四、王心斎先生伝。

(29)『羅明徳公文集』巻五、柬当道諸老。ここにいう祖訓六条、すなわち太祖の六諭とは「孝順父母、尊敬長上、和睦郷里、教訓子孫、各安生理、毋作非為」の六条。羅近渓は自身も六諭郷約に熱心で、寧国府知府の時に行った「寧国府郷約訓語」がある。

(30)『世宗実録』巻二一二、嘉靖一七年五月癸酉朔の条。盛朗西『中国書院制度』八五頁。

(31)『万暦野獲編』巻二四、書院。

(32)『世宗実録』巻五一一、嘉靖四三年一二月の条。
(33)『嘉靖以来注略』巻五。
(34)『穆宗実録』巻四三、隆慶四年三月の条。
(35)張居正『張太岳先生文集』巻三九。
(36)『何心隠集』巻四、上嶺北道項太公祖書。上湖広王撫院書。
(37)『明儒学案』巻三四、泰州学案三、参政羅近渓先生汝芳。『明史』巻二二四、楊時喬伝。
(38)『明史』巻二八三、王畿伝。
(39)『神宗実録』巻六八、万暦五年一〇月乙巳の条、丁未の条。『定陵註略』巻一、江陵奪情。
(40)『明史紀事本末』巻六一、江陵柄政。
(41)『万暦野獲編』巻一八、妖人逋逸。
(42)『神宗実録』巻八三、万暦七年正月戊辰の条。
(43)劉伯驥『広東書院制度』四二頁に引く「嶺海名勝記」。『明会要』巻二六によれば、先後して毀たれた応天府等の書院は六十四処という。班書閣「明季毀書院考」『睿湖期刊』二期、民国一九年参照。
(44)『耿天台先生文集』巻五、与直指議堕書院。
(45)『万暦野獲編』巻二四、書院。
(46)彼の逮捕に関係したのは、南安の把総朱心学であり、祁門から、南安、浮梁、饒州、進賢等を経て南昌から武昌に送られた彼は、湖広巡撫王之垣の下で杖殺された。これが冤罪であることは、李卓吾や耿定力によって当時から主張され、万暦中に、御史趙崇善が具疏するなど、張居正に媚びた王之垣への風あたりはきつい。ちなみに王之垣の曽孫は著名な王漁洋であり、「居易録」「池北偶談」等で盛んに王之垣を弁護している。
(47)『何心隠集』巻四、遺言孝感。
(48)同右、与鄒鶴山書。
(49)『万暦野獲編』巻八、邵芳。

(50) 明代における心学としての陽明学と仏教との交流に関しては、荒木見悟『明代思想研究――明代における儒教と仏教の交流――』がある。ここでは、陽明心学の流行が逆に仏教界にも刺激を与えることとなったという指摘もなされ、陽明に傾頭した僧智旭の紹介もある。「智旭の思想と陽明学」創文社、一九七二年。

(51) 袁中道『袁小修日記――遊居柿録』巻五。「城中に張江陵の写せし唐詩字一軸を見る。下に太和の二字あり。蓋し江陵少なき時、太和居士を号す。和尚豁渠語録に云う。江陵を過ぎ、張太和に会う。清涼樹下に在りて打坐するが如しと。江陵少なき時、心を禅学に留む。華厳経を見、頭目脳髄を世界衆生の為に惜しまず。乃ちこれ大菩薩行。故に朝に立つの時、称譏毀誉において倶に避けざる所あり。一切利国福民の事は挺然としてこれを為す」。

(52) 『因樹屋書影』巻三、陳士業答張讁宿書。

(53) 鄧豁渠に関しては、この『南詢録』による島田虔次「異人・鄧豁渠略伝」『吉川博士退休記念論文集』一九六八年がある。

(54) 彼は嘉靖三三年、江陵に帰ってよりしばらく政界を離れている。彼の本格的な政界復帰は、嘉靖三九年、国子監司業となってからである。

(55) 『張太岳先生文集』巻三五、答羅近渓宛陵尹。

(56) 同右、巻二九、答南司成屠平石論学。

(57) 同右、巻三〇、答憲長周友山明講学。

(58) 同右、巻三五、答羅近渓宛陵尹。

(59) 『国朝献徴録』巻一七。彼が政治に追求するものは、「農に務め、武を講じ、食を足らしめ兵を足らしむ。乃ち今日最も急とする所。余は皆迂談なり」(『文集』巻二十五、答総憲呉大恒) という富国強兵策であり、ここから王心斎の遺稿を閲し、「世間では多く王心斎を称賛するが、この書千言ただ孝弟のみ。何とも迂濶なことではないか」という感想を発し、羅近渓を憤慨させている。『明儒学案』巻三二、心斎語録。

(60) 『張太岳先生文集』巻七、贈畢石菴先生宰朝邑叙。

(61) 同右、巻三五、答西夏直指耿楚侗。

(62) 同右、巻二八、答奉常陸五台論治体用剛。

(63) 同右、巻四一、乞恩守制疏。
(64) 『明儒学案』巻三二、泰州学案序。
(65) 『昭代紀略』巻五。
(66) 『弇州史料後集』巻三五、嘉隆江湖大侠。
(67) 『明儒学案』巻三二、泰州学案序。
(68) 朱熹『四書集註』。
(69) 『何心隠集』巻三、答戦国諸公孔門師弟之与之別在落意気与不落意気。
(70) 『孟子』尽心篇下。
(71) 『近思録』巻五、克治。
(72) 『何心隠集』巻二、弁無欲。
(73) 宋儒のリゴリズムに反対して人間の情欲を肯定した学者といえば、まず戴震があげられる。血気の自然を欲とする戴震の欲望肯定の理論を、安田二郎氏は「生物的人間の人間学」と呼ぶ（「孟子字義疏証の立場」『載雲集』朝日新聞社、一九七一年）。島田虔次氏は、何心隠のこの寡欲の主張を、求められるべきは無私であって無欲ではない、と戴震のことばを借りて解釈する（『中国における近代思惟の坐折』一一六頁）。
(74) 『焚書』巻三、何心隠論。
(75) 『小心斎箚記』巻一四。
(76) 島田虔次『朱子学と陽明学』第三章、一三〇頁、岩波新書、一九六七年。
(77) 『管子惕若斎集』巻四、祭先師天台耿先生文。
(78) 『明儒学案』巻三二、泰州学案序。
(79) 『張太岳先生文集』巻三二、答福建巡撫耿楚侗言致理安民。
(80) 同右、巻八、贈水部周漢浦榷竣還朝序。
(81) 『明灯道古録』上。

(82)『焚書』巻二、又与焦弱侯。
(83)葉国慶「李贄先世考」『歴史研究』一九五八年、二期。
(84)『明灯道古録』下。
(85)李卓吾の評価に関しては拙文「中国における李卓吾像の変遷」『東洋史研究』三三巻四号、一九七五年参照。
(86)『何心隠集』巻三。
(87)同右、巻三、修聚和祠上永豊大尹凌海楼書。
(88)『小心斎箚記』巻一四。「羅近渓以顔山農為聖人。楊復所以羅近渓為聖人。李卓吾以何心隠為聖人」。
(89)劉芳節「太岳先生文集評」与徐従善知己、『張文忠公全集』附録一。
(90)周濂渓『通書』聖学、第二十。
(91)『伝習録』下。
(92)『何心隠集』巻三、修聚和祠上永豊大尹凌海楼書。
(93)『焚書』巻三、何心隠論。
(94)『尚書』巻一二、周書、洪範。「二、五事、一曰貌、二曰言、三曰視、四曰聴、五曰思。貌曰恭、言曰従、視曰明、聴曰聡、思曰睿。恭作粛、従作乂、明作哲、聡作謀、睿作聖」。本文では、五事の作用である「恭、従、明、聡、睿」、結果である「粛、乂、哲、謀、聖」にわたっても論及されていくが、繁雑であるので省略する。
(95)堯の「執中」とは『論語』堯曰の「堯曰、咨爾舜、天之暦数在爾躬、允執其中」をうけ、舜の「精一」とは、『尚書』巻四、虞書、大禹謨の「人心惟危、道心惟微、惟精惟一」をさしている。「都」「兪」「吁」「咈」というのは、『尚書』の堯典、舜典の随所にみられる感嘆詞をさしているだけのことであろう。
(96)洪範の「天乃錫禹洪範九疇、彝倫攸叙」をさしている。本文では、前述の五事を内包する洪範九疇と直接の関係を有する禹から説き始められ、この禹の叙ずる行為の源流は画にあり、疇は卦に、範は易にそれぞれ原流があることから、学統が伏羲にまで溯られる。
(97)『尚書』巻八、商書に「湯誓」「湯誥」「伊訓」の篇があることによる。

(98) ここにいう「学于甘盤」「学于古訓」とは、『尚書』巻九、商書、説命下の「王曰、来汝説、台小子、旧学于甘盤〔……〕説曰、王、人求多聞、時惟建事、学于古訓云々」の故事をふんでいう。文王の学を「緝熙」としているのは、『詩経』大雅文王の「穆穆文王、於緝熙敬止」をふまえ、周公の「学古入官」というのは、『尚書』巻一八、周書、周官の「学古入官、議以制、政乃不迷」をふまえている。いずれも「学」と明記されている点に注目して列挙しているにすぎない。
(99) 「乾為首也」「兌為口也」とは『易』説卦にみえることばである。
(100) 『孟子』尽心下、「仁也者人也。合而言之道也」。
(101) 『孟子』公孫丑上、「吾未能有行焉。乃所願則学孔子也」をふまえていう。
(102) 『何心隠集』巻二。
(103) 『明儒学案』巻三二、泰州学案序。
(104) 『何心隠集』巻三、弁無父無君非弑父弑君。文中「易に太極有り」とは『易』繋辞下。
(105) 『伝習録』上。
(106) 顔元『顔習斎先生言行録』巻下、世情。
(107) 同右、巻上、言卜。文中の孟子の引用は、公孫丑上である。
(108) 銭穆『中国近三百年学術史』上冊、一七六頁、商務印書館、一九三七年。
(109) 明中期、羅祖（無為教の始祖）が五部六冊を刊行してより、民間宗教の俗経である宝巻が多数生みだされ、明末清初にかけて教派宝巻の時代を現出した。この明末の宝巻の名、内容を知るためには、清の黄育楩による『破邪詳弁』が便であるといわれるが（酒井忠夫『中国善書の研究』）、これに録されている「古仏天真考証龍華宝経」では天地創造を「無生母、産陰陽、嬰児姹女、起乳名、叫伏義、女媧真身」と説き、「仏説通元収源宝巻」では、「天皇治下大地乾坤、地皇時、伏義・女媧、治下大地人根、人皇時、留下万物発生」と説いている。
(110) 孫奇逢『理学宗伝』巻二一、明儒考、王汝止艮。
(111) 『中国思想通史』四下、第二十二章。
(112) 『何心隠集』巻四、又上贛州蒙軍門書。彼は嘉靖四年の秋と一五年の夏、万暦四年の冬と三回にわたって阮中和と会った。

(113)『焚書』巻四、耿楚空先生伝。
(114)麻城の耿天台の所に身を寄せていた際にも、何心隠に従って遊ぶ者は、方技、無頼、游食の徒である。かような連中が別邸にごろごろしているのをみかねた耿天台の、与する所を慎しめという戒めに対し、彼は「万物皆我に備わる。我何ぞ択ばん」と返答している（「里中三異伝」）。
(115)『何心隠集』巻二、矩。
(116)同右、巻三、又与艾冷渓書。
(117)『耿天台先生文集』巻一六、里中三異伝。
(118)同右。あるいは、「梁夫山伝」。『明儒学案』巻三二、泰州学案序。
(119)いずれも『何心隠集』巻三。容肇祖氏は、嘉靖三二年より、この宗族組織が始まったという。
(120)『耿天台先生文集』巻一六、里中三異伝。
(121)同右。これは隆慶六年のことであった。
(122)同右。
(123)『何心隠集』巻三、鄧自斎説。
(124)『王心斎全集』巻三、語録下。淮南格物については『中国に於ける近代思惟の挫折』第二章、泰州学派を参照。
(125)同右、巻四、雑著、明哲保身論。
(126)『何心隠集』巻二、矩。
(127)『大学』伝十章「所悪於上、毋以使下。所悪於下、毋以事上。所悪於前、毋以先後。所悪於後、毋以従前。所悪於右、毋以交於左。所悪於左、毋以交於右。此之謂絜矩之道」。
(128)『何心隠集』巻二、矩。
(129)同右。以下はこの文の要約。
(130)同右、巻二、語会。
(131)『因樹屋書影』巻三、陳士業答張謫宿書。

(132)『弇州史料後集』巻三五、嘉隆江湖大侠。あるいは『野獲編』巻一八、妖人逋逸には曽光なる人物として記録されている。

(133) Wolfgang Franke 氏は林兆恩の三一教に関する論文の中で、シンガポールの三一教の祠堂、瓊三堂が保存している巻物に描かれた三一教の真人達の中に何心隠が入っているというまことに興味深い指摘をしている。私も二〇〇〇年の一月末にシンガポールを訪れ、この祠堂を探したがついに見つけられなかった。該地では都市整備がすすみ、地名も代わり、古い祠堂も引っ越したりしているのである。何心隠の民間宗教にかかわる側面を示すものである。Wolfgang Franke, *Some Remarks on the Three-in-One Doctrine and its Manifestations in Singapore and Malaysia*, ORIENTS EXTREMUS, Hamburg 1972, p. 124.

(134)『何心隠集』巻三、与艾冷渓書。

(135) 黄宣民校点『顔鈞集』顔鈞年譜、一三八頁、中国社会科学出版社、一九九六年。

(136)『何心隠集』巻三、又上海楼書。

(137) 同右、巻二、論潜。

(138) 章炳麟『国学概論』第三章、四、明代王学。

(139)『耿天台先生文集』巻一六、里中三異伝。

(140)『何心隠集』巻二、論友。

(141)『焚書』巻三、何心隠論。

(142) 鄧豁渠は道を求めての放浪に家を顧みず、娘も嫁せず、親も葬らずというありさまであった(「里中三異伝」)。孔子を子の牽引なく妻の繋なく自ら仕えないことを願い、世間を周行して出世の知己を求めた在家出家である(『焚書』巻三、書黄安二上人手冊)と看破した李卓吾は、父母ですら、それを尊しとしても、自分を管束することはできぬといい切り(『焚書』巻四、感慨平生)、さらには家族道徳の中、最も警戒された夫婦関係を人の始めなりという(『焚書』巻三、夫婦論)。すなわち、「夫婦ありて然るのち父子あり、父子ありて然るのち兄弟あり、兄弟ありて然るのち上下あり」と説く。

(143) 何心隠の弟子胡時和は、彼が捕えられると数千里をつき従い、彼が処刑されるや哀痛して死んでしまったという。李卓吾は胡時和の死に寄せて一首の詩「三日三渡江。胡生何忙忙。師弟恩情重。不忍見武昌」(『焚書』巻六、贈何心隠高弟子胡時中)をかいている。胡時中は、胡時和の兄。また、周復は何心隠の屍がさらされるや、屍を抱き大哭して冤罪を叫び、張居正を謗って獄に下された。やがて許され屍を収めると、孝感まで三千里を跣足し、その廬を守ること三年。心隠の墓のそばに葬ることを遺言して死んだ。そして何心隠の遺体は、「梁先生は友を生命としておられた」と、すでに死んだ友人程学顔の墓を開いてそこに合葬されたのである。『何心隠集』附録「県志本伝」「周復伝」。

(144)『仁学』二、中華書局、五九頁。譚嗣同に関しては、小島祐馬『中国の社会思想』「譚嗣同の『仁学』」を参照。

(145) 万物一体の仁と朋友との関係、あるいは仁侠への作用などについては、島田虔次「中国近世の主観唯心論について——万物一体の仁の思想——」を参照。『東方学報』京都第二八冊、昭三三年。

(146) 彼ら二人には、「事理は常無し。〔……〕昔に在りては以て善となるも、今と為りては不善と為るものあり」(『張太岳先生文集』巻一八、雑著)とか「夫れ春秋の後戦国と為る。既に戦国の時となれば自ら戦国の策有り。蓋し世の推移するとともにその道必ず爾り。此くの如き者、春秋の治を以て之を治むる可きに非ざるは明らかなり」(『焚書』巻三、戦国論)といった、時処によって価値は変化するものであるという認識、一代一代に固有の存在価値を認める姿勢が共通してあり、ここから張居正は、もし孔子が今の世に生れていれば、必ず我が聖祖の学規、皇上の勅諭を遵奉し、造士、教育したであろうといって、孔子を学ぶと称する世人が、好んで上古久遠のことをいい古に反る罪に甘んじていることを批難し(『文集』巻二十九、答南司成屠平石論為学)、李卓吾は、是非の争いについて、「昨日は是でも今日は非であり、今日は非でも後日また是となる。孔夫子を今日に再生させたとしても、どのように是非をなすだろうか」といって孔夫子の準則で自分の著書を褒貶してくれるなという(『蔵書』世紀列伝総目前論)。

(147) 清代に入ってからもごく僅かではあるが、王心斎から何心隠、李卓吾に至る一群の人士の気風を受けついだ人物は存在していた。乾隆年間、羅有高(台山)なる人物には江湖遊侠の気があり、非常に李卓吾に佩服した。あるいは、王学を研究し、仏法を論じ、扶乩を好んだ彭紹升(尺木)。また程在仁なる人物も、豪気勃勃。たまたま李卓吾、紫柏の書を得、その境遇に感じ入り泣下したという。咸豊、同治の交には泰州に李晴峰というものがいた。心斎の学を研究し、少しくその説を易え、弟子数百人。その学を伝えるものは大江南北に偏くいたが、そのことばは秘められていてまるで知る者がなかったという。総督沈葆楨が逮捕しようとしたため、自らその書を焼き、著述の世に伝わること甚だ稀になってしまったのである。江藩『国朝宋学淵源記』。劉師培『左盦外集』巻十八、王艮伝。

（148）『国粋学報』一年、一〇期、史編。

（149）『左盦外集』巻九、儒家出于司徒之官説。

# 後編　中国の近代化と儒教運動

# 第五章　孔教運動の展開——儒教国教化問題——

相似た時代は相似た思想を生むといわれる。いまここに想定される「相似た時代」とは、いうまでもなく明末と清末であり、我々は王朝体制の揺るぎという「伝統社会」への衝撃と危機意識、それに伴う儒教思想の変容において、両者に相似を見出すのである。とはいえ、ことはそれほど単純な色彩で描けるものではない。清末の衝撃はいわゆる「西洋の衝撃」であるだけに、危機打開のための思想変容も、常に西洋という異文化と対峙しながらの営為となる。

一般的に、アジアの近代化とは好むと好まざるとにかかわらず、西洋化をめざすものであった。もちろんそこには、西洋といってもそれはアジアの眼がとらえた西洋であったという問題、また、アジアがアジアとして一様ではないことと同様に、西洋も西洋ということばで一括りにはできないという問題は絶えずつきまとってくるのであるが、しかし、西洋諸国が「列強」という形でアジアに立ち現れてきて以来、「西洋の富強」を学ぶことが近代化であるということは、開国にあたってそれぞれ西洋との開戦を経験した中国（アヘン戦争等）においても、日本（薩英戦争）においても、程度の差はあれ、共通の認識となっていた。

そして、最初に西洋の富強を伝える窓口として、大きな働きをしたのがキリスト教宣教師であり、その伝道の情熱がまたさまざまな摩擦と物議を醸しだしたということも、アジアの近代史においては見逃すことのできぬ問題であり、そこには開国維新時期に共通の宗教問題が現れてくる。その意味においても、成立間もない日本の明治維新政府が先ず対処しなければならなかった外交問題のひとつが、キリスト教徒処分問題であったということは、まことに興味深い(1)。

すなわち、和親条約が締結されて横浜、長崎の開港地に教会の建設が許可されると、九州浦上の天主堂には隠れキリシタンがこぞって祈祷に訪れるようになった。ここに一八六八年、日本最後のキリシタン弾圧として、浦上村の信徒三、〇〇〇人余があげて流罪になるという珍事が持ち上がったのである。九州鎮撫総督の沢主水正が国学者であり、攘夷論者であったことがこの厳格な処分を招いたといわれるが、これに対して各国公使は厳重なる抗議をし、処分撤回を求めて大阪東本願寺での談判となった。この交渉の日本側代表に大隈重信がいた。

事の顛末は『大隈伯昔日譚』(2)に詳しいが、これを機に当局者には、欧米各国との交通が盛んになれば、早晩「耶蘇教が遂に我が宗教界の一勢力者となるに至るらん(3)」との懸念が生じ、キリスト教に対抗する国家宗教の創出、すなわち、王政復古、祭政一致をうたった維新政府の神道国教化政策が展開されることになった。しかし「神道は我が国開闢以来未だ一回も宗教として用いられたることなし、且つその式は甚だ単純にして宗教たるに適せず(4)」と大隈が喝破したように、この国家神道は宗教としての体系的な経典を作成できず、宗教とは分離された国家祭祀として特権化されたのである。と同時に、この大隈のことばからは、彼の、ないしは明治知識人の宗教意識の一端——

宗教とは神道のように単純なものではないとする――を伺うこともできる。

ところで、このような開国そして欧化という近代化のプロセスの中で、必然的に流入してくるキリスト教に対してどのように対応しかつ対抗するのかという宗教問題は、中国の清末においても同じく切実な問題としてあった。すなわち清朝では、明末に流入してきた天主教（カソリック）は、すでに雍正帝の『聖諭広訓』（一七二四年作成）の中で、白蓮教や聞香教とともに「不経」として位置づけられ、その信仰は禁止されていた。ただし、宣教師は天文、暦法に通暁しているということで評価され、朝廷にその場を占めることができていた。しかしながら、その勢力はやがて衰退していく。とりわけ、嘉慶一〇年（一八〇五）には厳格な禁教令が下されて、天主教への弾圧が加速された。そのような中で、プロテスタント伝道の第一歩としてロバート・モリソン（馬礼遜　一七八二～一八三四）が一八〇七年、広州に上陸したが、内地への進出はできなかった。

新教、旧教を問わず、キリスト教の伝道活動が再び本格化するのは、やはり南京条約締結後である。米国長老会の宣教師が寧波に伝道の拠点を置いたのも一八四四年からであった。ここにマルティン（丁韙良　一八二七～一九一六）がボストンから寧波に赴任したのであるが、彼は布教の準備として中国語と儒教経典の学習に着手し、一八五四年、キリスト教の中国語布教書『天道遡源』(5)を出版した。ちなみにこの書は程なく幕末の日本にも流入し、明治八年（一八七五）には中村正直の訓点本が刊行されている。該書の影響力は大きく、キリスト教を儒教の五倫（君臣、父子、夫婦、兄弟、朋友）に神人関係を加えた六倫の教えだと説いたこともあってか、当時の知識人は「より高くより大なる孔子の教え」(6)としてキリスト教を理解したという。

さて、中国におけるキリスト教の伝道活動は、天津条約（一八五八）により公認されることになったが、太平天国の渦中でもあり、北京での対外感情も悪く、マルティンらも直接の伝道よりは、むしろ教育事業、啓蒙的著作活動に重きを置いて、欧米近代文化の紹介に努めた。北京には、最初の官立外国語学校としての同文館が設立されたが、総税務司ロバート・ハート（一八三五～一九一一）の要請により、マルティンは一八六九年に同文館の総教習に迎えられる。

このように清末の宗教問題とは、キリスト教宣教師の啓蒙宣伝活動と、それに刺激された伝統思想のリアクション、具体的にいえば頻発した教案（教会襲撃事件）と儒教側の対応としての「孔教」運動の問題としてとらえることができる。

## 第一節　孔教について

「孔教」ということばは、『晋書』阮籍伝の賛に(7)「老篇爰植、孔教提衡」とあるのが用例として早いものだといわれるが、ここでは必ずしも「孔教」の二字が熟語として用いられているわけではない。清の趙翼『二十二史箚記』の中に「天下大教四、孔教、仏教、回回教、天主教也(8)」として現れているものが、本章にいう「孔教」とほぼ同義である。

ところで、民国初期に陳独秀（一八八〇～一九四二）が、「孔教」という名詞は南北朝の儒仏道三教の争いに起源があるものの、その実、道家の老子と儒家の孔子はともに教主ではないし、その立説も宗教家の言ではないとして、「孔教」という名詞の成立しえぬことを主張した。(9)本章では、この陳独秀が反対したもの、清末から民国初期の一時期に、基督教、回教等の諸宗教と同質の「宗教」であることを自覚的に主張した「孔教」、すなわち、康有為が変法運動の中で構想した「孔教」について考察していきたい。

康有為（一八五八～一九二七）が、『新学偽経考』『孔子改制考』等を著し、単なる祖述者としてではなく「制作者＝教主」としての孔子像をうち立てることによって、自らの変法の理論的根拠としたことはすでに周知のことである。また、それが清代学術の内的展開によってもたらされた必然的な帰結でもあったことは、島田虔次氏の骨太な論考によって明確にされている[10]。本章ではむしろ、近代化のプロセスの中で孔教運動という宗教問題が生じたことに着目し、歴史事象としての「孔教」を同時代の視点からとらえることを第一義として、まず服部宇之吉（一八六七～一九三九）の文章をとりあげてみたい。

明治三九年（一九〇〇）、北京留学中に義和団事変に遭遇して、九週間の北京籠城を余儀なくされた服部宇之吉は[11]、やがて清朝政府の創立した北京大学堂師範館総教習の任にあたり、六年半の中国滞在の後、宣統元年（一九〇九）に帰国した。まさに辛亥革命前夜の中国を実見し、かつ義和団という最大の教案、宗教問題の渦中にあった人物である。

服部はその著『孔子教大義』[12]において、第一章に「孔子教とは何か」という問いかけをしている。彼はまず、儒教をConfucianism（孔夫子教）と呼んで宗教とみなす欧米人の見解[13]を批判する。服部から見れば、かかる見解は儒教の多様な変遷をあまり知らない無理解から生じたものであり、断然承服しがたいものであったが、ただ「欧米人のかかる見方には、孔子の教に最初に大なる関心を抱いたのが支那に伝道のために渡来せるキリスト教宣教師であったことが与って力あることも見逃せぬ」とその背景を伺っている。

ついで彼は、民国初期、憲法問題となっていた「孔教」、すなわち服部のことばでは「孔子教」に言及する。この「孔子教なるものはすこぶる奇怪なものであった」とするのが彼の感想であり、それというのも、「支那民国初期の憲法問題としての孔子教は、純然たる宗教としての孔子教であ」り「即ち孔子教を国教となさんとすることであった」からだ。しかし、宗教としての「孔子教」とは、民国になってから初めて起こった問題ではない。既述のように、清末の変法派における孔教運動がそれである。服部もそれを指摘したうえで、これに対してかなり独特な見解を示している。

すなわち「清朝の末に、支那に現はれた革命派の中に、孔子教を宗教と見ようとした者が有った。蓋し彼等は支那の改革を為すには、どうしても外国の文物思想を輸入しなければならぬ」。しかるに、それに対して「一番の妨げになるのは孔子の教えであると、革命派は考へた。〔……〕丁度西洋の基督教のやうな風に宗教として祭り上げて置いて、学術とか政治とか文物制度とかいふ方とは直接縁のないやうなものにして、此等の方面には口を出さぬ様にして、どんどん新しい学術思想を輸入するやうにしたいといふので、孔子教を宗教と見ることに想い至ったものと思ふ」。あるいは「革命派の人は欧米諸国には皆国教があると早合点をして、その真似をしたいといふ考もあったかも知れぬ」といい、その実態として「梁啓超等が、清末に孔子教を宗教と為さんとした。併し宗教とするといふ以上、宗教の形式が無くてはならぬので、西洋式に日曜日を休日として、其日は孔子教の会堂といふやうな風のものに往って、孔子教の説教を聴くといふことまでもやらうと考へた」と述べている。

服部がここに指摘する「革命派」とは、今でいう変法派のことであるし、孔教を語って康有為の名が現れず、梁啓超（一八七三～一九二九）で代表させられていることは、むしろ同時代人の情報量を反映したものかもしれない。梁啓超は日本亡命後の一八九九年に、日本の哲学会で「論支那宗教改革」と題して孔教について講演をしているからである。それにしても服部のように、単に新思想導入のため旧思想を棚上げする目的で孔教が主張されたとみなすのは、あまりにも便宜主義に傾いた理解ではなかろうか。

ただ、孔教がキリスト教布教の強い刺激の下に生まれたという指摘はその通りであり、当時の康有為たちの西洋幻想を、ある面では言い当てているのである。また、「すこぶる奇怪な」という、孔教に対する服部の強い違和感は、清末民初の混沌たる知的状況をよく表出した形容であるとともに、日本漢学者の一般的な儒教観——儒教は宗教ではないとする——をよく披瀝したものといえる。そしてここでもまた我々は、「宗教」という語彙を再吟味する必要性を覚える。

## 第二節　変法と孔教

おびただしい上奏文が舞った康有為の変法維新であるが、彼の変法の提言の中から孔教に関するものを取り上げてみよう。

日清戦争の講和条約締結直後、光緒二一年（一八九五）、康有為は一六省六〇三名の挙人達と連名で「上清帝第二書（公車上書）」を上奏し、立国自強の方策を建言した。富国の法（鈔票、鉄路、機器輪舟、礦務、鋳銀、郵政）と養民の法（務農、勧工、恵商、恤窮）を列挙した後、「泰西の富強は砲械軍兵にあらずして、究理勧学にあり」(14)といい、中国変革のためのより根本的な課題を「究理勧学」と見極め、教民の法を展開するが、その中に孔教の提案が見られる。

すなわち、近日の「無教」による風俗人心の退廃に乗じて外夷邪教が人民を煽惑し、直隷省には礼拝堂が林立するのに、孔子廟は県ごとに一廟あるのみ、と嘆いた上で、すみやかに道学一科を立て、郷村の淫祠は孔子廟に改め、善堂、会館にも孔子のみを祀らせることによって愚民を教化し、聖教を助けて異端を閉塞せんことをいい、さらには、孔子の道を外国に伝教することを奨励するよう提案したのである[15]。

さらに同年の「上清帝第四書」においては、中国を脅かす泰西諸国が歴代の夷狄と最も異なっている点を治法智学に求め、「智学」の奨励と「議院」の設立を提唱しているが、その際、教王によって愚民にされ、しばしばイスラム国に破れて貧弱の極みであった泰西が、大航海時代を経て今日の列強となるに至ったのは、ひとえに英人倍根（ベーコン）の出現によって「新義」が創られ、新事物を国家が奨励して追求するようになったからだと述べて「智学」奨励の論拠としている[16]。

この二件の上奏文に提案された康有為の教化、教育政策から、我々はいささかアンビバレンツな彼の意向を汲み取ることができる。すなわち、孔子の一尊を確立しようとする（国教の形成）意志と、新学（科学）をうち立てようとする意志の併存である。そして、西洋が富強になった由縁をその学術史に求め、古い知的権威を打破した存在として、ひとりイギリスのフランシス・ベーコンの名をあげ高く評価していることにも唐突の観を抱かされるのであるが、かような点にこそ当時の彼らの泰西認識が表れているとすれば、それがどのような経路を経て獲得されたものかは検討しておく必要があろう。それにしても、その説くところを見れば、「倍根」を明永楽時（一五世紀）の人物とするなど、いかにも不正確な知識であるが、そもそも「倍根」に関する知識はどのようにしてもたらされたのであろうか。

戊戌政変後の光緒二八年（一九〇二）、日本亡命中の梁啓超は中江兆民の『理学沿革史』を種本として「近世文明初祖二大家之学説[17]」という文章を書き、倍根学説と笛卡児（デカルト）学説の解説をしているが、さすがにここではフランシス・ベーコンは、明の嘉靖四〇年～天啓六年（一五六一～一六二六）の人と正確である。そして文中、梁啓超は、その友人厳復が常々「マルチン・ルター、ベーコン、デカルト諸賢は実に近世の聖人なり」と評価していたことを回想している。確かに厳復の『天演論』（一八九八年出版）には「明の中葉、イギリスにはベーコン（柏庚）が起ち、フランスにはデカルト（特嘉爾）が起って実測帰納法の学（実測内籀之学）を提唱した」[18]とあり、梁啓超らが友人厳復から西洋の学術知識を得ていたことを裏づける。しかしベーコンに関しては、「倍根」「柏庚」と漢字表記が異なっていることに少しこだわってみれば、そのほかの情報源も考えられそうである。

ところで、「培根」と表記された記事が康有為の上書以前、つとに光緒四年（一八七八）の『万国公報』（五〇五巻、八月一八日）に「培根格致新法小序」の一文が見られる。[19]そこには「明末におよんで、イギリスにベーコン（培根）と名乗る人士があり、官は尚書に至る。学問は広く著書も豊富であるが、その『格致新理』一書が最も重要である」と紹介され、以後、九回にわたって『格致新法』と題して『ノヴム・オルガヌム』が摘訳されている。著者はミルヘッド（慕維廉）、訳者は沈毓桂。のちにこれは『格致新機』と改題されて単行本になっている。このような事情に鑑みれば、やはり宣教師の啓蒙的著作がこの時期の康有為ら変法人士の泰西認識をささえていたといえようか。

ちなみに日本では、明治七年（一八七四）の『明六雑誌』に中村正直が「西学一斑（続）」を寄稿して「倍根ノ理学」に言及している。[20]とすれば、ベーコンに関する知識は日本の方が早いかとも考えられるが、その比較は『万国公報』の前身である『教会新報』（一八六八年創刊）等の報刊類にまでさかのぼって考察される必要があろう。私はまだ定かにしていない。

さて、光緒二三年（一八九七）の『万国公報』（復刊一〇七巻）に掲載された、ジョン・アレン（林楽知　一八三六～一九〇七）の「続論格致為教化之源」には「そもそも神に事うる道が教道であり、物を治める学が格致学である。教道は誠正の基であり、格致は富強の基である。だから泰西諸国は必ず先ず救主の道を得て後、よく富強を馴致し、日に文明に進むのである」[21]といって、「教道」と「格致学」すなわち宗教と科学の二本を立てた上で、西洋諸国が先ず「救主の道」すなわちキリスト教を得てから富強、文明に進んだことをいう。また同じ巻に掲載されているマルティンの「格物以造物為宗論」においても培根に言及しつつ、「新学の創建は泰西に始まり、泰西の勃興は聖教に本づく」[22]といって、科学の創建とともに、西洋富強の大本をキリスト教に求めている。

このように、西洋富強の大本を語って科学と宗教をセットにすることは、中国知識人の科学的啓蒙をはかりつつも、キリスト教の布教を本務とする宣教師にあっては普遍的な主張であった。前述の康有為の、国教と科学を同時に立てようとする意向も、まさに、このような宣教師達の主張に倣って形成されたものであろう。康有為は広学会の懸賞論文に応募するほど熱心な『万国公報』の購読者であったし[23]、また、前述の康有為の「上清帝第二書」「第四書」に展開された立国自強の策が、『万国公報』で紹介された、ティモシ・リチャアド（李提摩太　一八四五～一九一九）の西方「養民、教民、新民、安民」の法の強い影響を受けていることもすでに指摘されている[24]。

李提摩太は、康有為が強学会の組織づくりに奔走していた時期、その会合に参会してもいるのだが[25]、そもそも、学会を組織するというこの発想自体、中国知識人の間にもともとあった、「会」を組織する伝統によるというだけでなく、康有為の中に、「泰西の自強はその国が為し得たわけではない。皆その社会が為したのである。英国が万里の印度を滅ぼしたのも、その国によってではない。十二万金の商会が滅ぼしたのである。キリスト教が地球に遍くあるのも、その国によってではない。十余万人の教会が為したのである」[26]と、泰西の富強を具現化し支えてきたのが商会、教会等の社会組織であるという認識が培われていたことによる。このように、西洋の富強を形成した因素を、宗教と科学と社会組織（会）に求めた康有為の西洋幻想、それこそが孔教および孔教会の形成を必然とさせたわけである。

ところで、ここに我々が十分な注意を払わなければならないことは、この時期、康有為の上奏文においても、『万国公報』の緒論説においても「宗教」「科学」という翻訳語はまだ使われていなかったということである。強いていえば、康有為の『日本書目志』(一八九六)に列挙された日本書の書名の中に「宗教」「科学」の語は見えるが、康有為自身の案文に使用されていることはない。

さて、康有為にとっては、以上のような認識のみならず、眼前の現実問題として、列強が中国を包囲している危機感と表裏一体をなす社会情勢、すなわち、教案を頻発させる「会匪」が内に蔓延していることこそ、国家瓦解の危機と認識されていた[27]。まさに「匪は教を以て仇讐と為し、教は匪を以て口実と為す」[28]ありさまこそが列強の出兵を促したからである。おりしも山東省曹州に勃発した教案(ドイツ宣教師の殺害事件)は、ついにドイツ軍艦の膠州湾侵入を招き、一八九八年一月、上陸したドイツ兵は即墨の孔子廟に押し入り聖賢像を破壊したのである[29]。五月にはナショナルアイデンティティの崩壊を強く意識した、康有為の弟子麦孟華、梁啓超をはじめとする八三〇人もの挙人が、孔教を振興して危機的局面を救わんと連署する騒ぎとなった。変法維新が断行されるきっかけとなった、まことに象徴的な事件といわざるをえない。

そして、六月に至り、康有為は「教案の法律を商定し、科挙の文体を釐正し、天下の郷邑に文廟を増設するを聴され、謹しみて孔子改制考を写し御覧に進呈し、以て聖師を尊び而して大教を保ち、萌過を絶つるを請うるの摺」を上奏して孔教の振興、孔教会の成立を建言し、あわせて『孔子改制考』を光緒帝に進呈した[30]。天下の淫祠は一律に孔廟に改め、地方ごとに教会を立て孔子を祀り、人民男女の参詣を許す、孔教会では七日ごとの休息日に講生が聖経の講義を行い男女ともに聴講させる、という具合にキリスト教に対抗して民間に孔教を普及させることを切望したのである。

しかしながら、変法維新そのものが政変によって挫折してしまった。孔教運動も国内ではここに一頓挫する。

## 第三節　海外に流出する孔教と「宗教」概念の導入

日本に亡命した梁啓超は、一八九九年、日本哲学会での講演「論支那宗教改革」を『清議報』に掲載して、儒教における大同教と小康教の別、すなわち荀子批判と孔教の六大主義を論じた。宗教改革と銘打ちながら、その内容はほとんど学術改革であり、そこには超越的な存在への信仰という宗教概念への明確な理解はまだないのであるが、民権、平等を主張し専制を批判するこの文章は中国本土にも伝えられ、大きな波紋を呼んだ。

のちに、孫徳謙、張采田は「近世、新学の小生のその六芸諸子を譚ずるや梁氏を奉ぜざるはなし」と梁啓超の人気ぶりを語り、世間が彼を信ずるあまり彼の「謬種」が「大江南北に流伝し滔々としていまだ已まず。良《まこと》に慨すべきなり」と憂慮を示して、梁の所説に逐一反論した書『新学商兌』原名『弁宗教改革論』（一九〇八）を出版するに至る。[31]「論支那宗教改革」の流行ぶりが推し量れよう。そしてその流行はまた、日本書や日本関係の新聞記事に散見する程度であった「宗教」という新たな訳語を、中国本土に普及させる契機となった。

日本において〝religion〟の訳語として「宗教」の語があてられたのは、明治二年（一八六九）の北ドイツ連邦との修好通商条約を嚆矢とする。もっとも、それが学術界に定着するにはなお一〇年あまりを要したという。[32]日本でも中国でも、「宗教（religion）」という概念自体が、キリスト教とともにもたらされた近代化の産物であった。意味するところは違うが、語源としては北宋の仏教用語にまでさかのぼれる「宗教」という語は、日本を出自とする訳語ではあるが、中国においても比較的なじみやすい訳語であったろう。

さて、最大の教案である義和団事変を経た光緒二九年（一九〇三）、清朝は学制改革の一環として「学務綱要」を発表するが、初等教育のカリキュラムに読経、講経を採用するその文章の中に「外国の学堂には宗教の一門がある。中国の経書は中国の宗教である。学堂が読経をしなければ、堯、舜、禹、湯、文、武、周公、孔子の道、いわゆる三綱五常は、尽ごとく廃絶が行われ、中国は必ずや立国不能になるであろう(33)」という記述が見出せる。「宗教」という単語の定着ぶりを示すものであろう。ちなみに、光緒三〇年（一九〇四）二月には『万国公報』にも「宗教改革」のことばが登場している(34)。

これ以後、清朝の側では学堂の設立と尊孔を一体化させた形での学制改革が実施されることになるが、このことは、換言すれば、変法維新派の主張であった孔教運動が、尊孔運動として清朝に取り込まれたということである。こうして尊孔運動は、康梁派と同一視されることを警戒していた人々の間にも浸透していくことになる。しかし、それより早く、孔教運動は亡命者康有為、梁啓超の足跡とともに、日本、ニューヨーク、東南アジアと、海外華人社会にまず流出し実践されていった。簡単にその様子を見てみよう。

### 1　日本（横浜・神戸）

横浜、神戸の華人社会において、亡命の志士梁啓超の影響力は極めて大きかった。彼は商会の創設、華人学校の創設に尽力するとともに、『清議報』を通じ積極的に孔子祭祀を勧めた。これより先、上海で孔教会が計画されていたのを受け、横浜でも華商鄭席儒、呉植垣等を中心に祀孔子会が組織され、一八九八年、早くも横浜中華会館において孔子聖誕祭が挙行されている(35)。翌一八九九年は孔子生誕二四五〇年に当たり、横浜中華会館の孔子聖誕祭は一層盛会であった。この日、中華街はすべて休業、旗や灯籠が美々しく飾られ、午前八時には大同学校の教習、学生一〇〇余人が中華会館の孔子像に行礼し、ついで一般華人の参拝者が随時参拝、午後一時からは婦女の参拝、三時からは横浜市長梅田義信、東大教授松崎蔵之助、東京専門学校講師柏原文太郎、記者三宅雄二郎等、日本の政官界人士多数が招待され参拝に及んだ(36)。

このように孔子祭祀を積極的に遂行するに当たって、中国の存亡に関わる最大の禍は教案であり、各国が中国を「教化之国」とみなさぬ教禍であることが訴えられた。孔教を五洲に伝えて世界の「公教」としてこそ、中国は各国により一律に保護されるのであり、保種、保国、保家、保身の全てが保教にかかると喧伝されたのである(37)。もともと商工人の多い在外華僑は「俗気が非常に強く（習気甚深）、ほとんど孔子の教を知らない」とみなされていた。そのためにも孔子の聖誕祭は永遠に定例とされ、光緒紀年とともに孔子紀年を兼用して尊皇保教の意とし、西洋人の礼拝日のように「孔子七日来復之制」を行って孔子への敬愛を忘れぬこと、とされたのである(38)。まさに戊戌の提言の日本における実践であった。

孔子生誕二四五〇年の祝典は神戸中華会館においても執り行われた。神戸では孔聖会が組織され、孔子廟建設の議もあがったという。孔子祭は神戸華人社会に定着し、一九二〇年代まで続行されていたし、第二次大戦後の一九四九年にも、「孔子降誕二五〇〇年大祭」が孔聖会によって主催されている(39)。

2　南洋

シンガポールには一八六九年当時、七万人の華籍民がいたとされるが、孔子の名が南洋に広がったのは、この年の春の競馬に「孔子杯」を特設し、賞金二五〇元を設けたことによるという。

それはさておき、シンガポールでも康梁変法派の主張である孔教の提言はすみやかに報道され、一八九九年の『星報』には、康有為が桂林で作成した聖学会章程、及び横浜華人に祀拝孔子を呼びかけた前述の『清議報』の文

図５－１　（上）　現在もある馬六甲《マラッカ》孔教会
（下）　馬六甲孔教会内の孔子像と香炉

章が掲載された。邱菽園が創刊した『天南新報』の三～八月の記事も、多くが慶祝孔子生誕のことであり、ヤンゴン（ビルマ）ビクトリア（カナダ）セレベス（オランダ領）等の地の慶祝孔子生誕の状況が報道された。また、林文慶の創刊にかかる『日新報』も孔教運動を支持したのである。そればかりか、変法の支持者である邱菽園は、康有為に送金して南洋に避難するよう申し出ている。九月には吉隆坡(kuala Lumpur)で広府幇の華商により孔教運動が発起され、シンガポールの福建幇やマラッカ華人にも支持が広がった。好学会が組織され、講演活動が行われたのであるが、当然、阻害ないしは消極的な勢力もあった。

一九〇〇年、康有為は招きに応じて、シンガポールの邱菽園、林文慶宅に逗留することになった。折しも八国連合軍の北京占拠にあたり、康有為は京師救援の呼びかけをしたが、邱菽園の醵金にかかる自立軍が失敗すると、刺客を避けて檳榔嶼（Penang）の英総督署に逗留し、やがてインドへ出発していった。

これ以後、シンガポールでは、両広総督派遣の張克誠、呉桐林及び総領事の支持の下に、孔廟と学堂の建造が計画され、募金活動により一〇万元の集金がされたが、運動は低調になっていた。しかし一九〇四年からは、清朝側に東南アジアの学校を巡視し、孔教も支持するという方針転換が見られ、諸処に学校が建設された。こうした清朝の梃子入れによる運動の復活を受け、一九一一年、檳城（George Town）の孔廟が落成した。(40)

また、当時上海で立憲運動をしていた鄭孝胥（一八六〇～一九三八）が、南洋華僑の依頼を受けて『孔教新編』という小学読本を編纂しているが、その後序に「戊申〔一九〇八〕の季冬、爪哇各埠の華僑は、国籍保全のため泗水埠〔セレベス〕において、聯保大会を開いた。日惹〔ジョクジャカルタ〕商会総理の閩人郭禎祥が聖教公会を倡立し、華僑の入会者が甚はだ多かった。己酉〔一九〇九〕夏、郭が上海に来て、読本を編纂して小学に貽《おく》ろうと求めてきた。秋風もたったので、此編を書いた」とそのいきさつが記されている。このように、最初は康梁の支持者によって、変法運動の一環として喧伝された南洋の孔教運動であるが、清朝の学制改革に連動し、清朝の鼓吹する尊孔運動に変質していったことが読みとれる。

民国になると、北京に孔教総会が創立されたのを受け、一九一四年、新加坡に実得力《ストレート》（Straits）孔教会が、檳城、怡保、馬六甲等の南洋各埠にも孔教会分会が成立している。実得力孔教会の宗旨は、⑴孔子の教育道徳文化を宣揚振興する、⑵万国の和平太平に賛成する、⑶格致各種学問及び善挙を扶助する、であり、孔教会の会所は中華総商会に付設された。当初の会員は数百人（福幇一八六人、広幇二〇五人、潮幇一七四人、その他二八人）。初代会長は潮幇の富商廖正興であり、董事一七名には邱菽園、林文慶をはじめとする工商界の大立者、名士が名を連ねた。中華総商会は毎年大成節には中華総会講堂において祝典を挙行し、華籍商行は停業、祝日とすることを通告している。民族学校の華籍学生もその日は記念祝日とした。実得力孔教会は紆余曲折を経ながらも一九四二年まで継続し、孔子生誕二五〇〇周年の一九四九年には南洋孔教会として復活し、今日に至っている。

3　ニューヨーク

康有為の弟子陳煥章（一八八一～一九三一）は、一八九九年、故郷の高要県硯州郷に昌教会を設立した。横浜、セレベス、ビクトリアと、海外においては孔子の祭祀が提唱され実施されているのに、かえって国内にはその動きがないことに発憤したのである。昌教会は陳氏祠を会所として大堂に聖位を置いた。

一九〇四年、陳煥章は甲辰科進士として内閣中書を授けられ、翌一九〇五年、官費アメリカ留学生としてニューヨークにわたった。該地で『中国維新報』[41]の編集をしたが、一九〇六年、中華公所主席となり[42]、翌年、ニューヨーク孔教会をチャイナタウンに組織して中華公所に聖位を置いた。孔子暦二四六〇年己酉（一九〇九）にはニューヨークで孔教旗を製造し、各商店が孔子生誕を祝う時に使用させていたという。その旗は黒白赤の三色旗で、三統三世を意味していた。また白は殷の色であり、殷人である孔子を称える意味あいもあり、その白色の中に木鐸を描いていたという。[43] 一九一〇年にはニューヨーク孔教義学を創設して華僑に四書五経を教授するなど、熱心に祀孔や講演活動をしていた。

一九一一年、『孔門理財学』*Economic Principles of Confucious and His School* と題する論文によりコロンビア大学の博士号を獲得して帰国した。最近出版されたリプリント版を見るに、彼はその書中、すべて孔子紀年を用いている。ちなみにこの論文はマックス・ウェーバーの著作にも参考文献としてあげられている。[44] このアメリカでの孔教会設立の経験が、彼を民国時期の孔教運動の主役としたのである。また、一九一一～一九一二年は陳宗（台山人）が中華公所主席となったが、彼もアメリカ各地に孔教会を組織し、孔教学校を設立したという。

## 第四節　陳煥章と『孔教論』

清末最大の教案である義和団事件（一九〇〇）を経て、連合軍に降伏した清朝は何らかの政治改革を実践せざるをえなくなった。いわゆる西太后の新政である。その一環として学制改革が推進されるにあたり、一九〇六年、『欽定教育宗旨』が発布され、「忠君・尊孔・尚公・尚武・尚実」の項目が立てられた。[45]「尊孔」が国家の大号令となったのである。この「尊孔」には国教としての意識が明確に働いていた。すなわち同年、今まで中祀であった孔子の祭祀が、皇帝自ら執り行う大祀に格上げされたのである。[46] それは祭天と同格の祭祀ということであり、天と等しなみにされた孔子の待遇とは、古今に類を見ないものであった。そしてそれはまた、最初にして最後の優待であり、五年後、清朝は瓦解するのである。

民国元年（一九一二）一月、南京臨時政府教育部は、初代教育総長に選出された蔡元培のもと「普通教育暫行辦法」を頒布した。共和制にふさわしい教育をということで、前清の学部が頒行した教科書は一律に使用が禁止され、小学での読経講経は教科から姿を消す。また、蔡元培は二月に前清の教育宗旨から「忠君・尊孔」の二項目を削去して「軍国民主義（尚武）・実利主義（尚実）・公民道徳（尚公）・世界観・美観教育」を今後の教育方針とする「対于新教育之意見」を発表した。(47)そして、三月の「臨時約法」では人民信教の自由が謳われる。

この夏（七月一〇日～八月一〇日）には北京で第一回中央教育委員会が開催されたが、このような教育界の新たな機運を受けて、クリスチャンでもある広東教育司長鐘栄光は「公立学校及び幼稚園は各種宗教の偶像及び神牌を供奉するを得ず」という一条を含んだ議案を提出した。公立学校に供奉されている偶像、神牌とは孔子像に他ならず、これは孔子崇拝を直接的に禁止しようとするものであった。地方においても孔子否定の風潮が先取りされ、八月中、四川重慶では教育分司程昌祺が孔子廟を打毀しようとした。また広東順徳の督学局長は私塾での読経も禁止し、広州では広州孔教青年社という団体がその活動を停止せざるをえなくなったという。(48)確かに民国のごく初期には、「国教」ということばのみならず、「孔」という字すら提出しえないような雰囲気が一方では醸成されていたのであり、(49)かような革命的風潮に鋭く反応し、危機意識を募らせたかたちで孔教運動が再び組織されていくのである。

ところで、中央教育委員会開催早々の七月一四日に、蔡元培（一八六八～一九四〇）の教育総長辞任があった。中央政界における革命機運の逆流も早かったといえる。結局、教育委員会では、尊孔の可否については国会の承認を待つこと、学校では孔子の誕生日に記念式を行うことを決め、おって孔子の誕生日（大成節）を一〇月八日と決定通電した。当日は全国的に休校となり、上海ではこの日を期して「孔教会」が正式に発足することになるのである。(50)

民国の孔教運動においても、康有為は泰斗として頂点に位置づけられていた。しかし、実際に全国に孔教会を成立させ、機関誌として『孔教会雑誌』を発行し、精力的に運動を推進していったのは、前述のコロンビア大学の留学生であった陳煥章である。彼の帰国は清朝滅亡の年であったが、民国元年の春には沈曽植ら前清の官僚達と尊孔の談話会をもち、孔教会の母体を形成している。そして上海の尚賢堂で、孔教が宗教であることや、孔教運動の実践方法などを積極的に講演していた。

一九一二年、陳煥章は、一〇月八日の大成節を期し、姚文棟ら六〇人ほどの参加者を集めて上海山東会館で孔教会を創立した。やがて上海海寧路西一七九八号に事務所を構え、教育部、内務部の賛許を得て、勢い日に千里を行くと評された如く、全国に成立しつつあった同様の尊孔の会を支部に組み入れ、さらには、マカオ、ニューヨーク、横浜、東京にもその支部をもった。

翌年九月、孔教会は北京国子監で秋丁祀孔を挙行する。主祭湯化龍、献香梁士詒（袁世凱特派の衆議院議長）で、梁士詒、梁啓超が尊孔の演説をした。有賀長雄はじめ参観者数千人という盛会であった。[51]同月、闕里において第一次全国大会を開催し、参加者数千人を集めて正式に孔教会総会を成立させた。本部も上海から北京に遷し、会長には康有為、総幹事は陳煥章が任じた。その会則によれば、およそ誠心に孔教を信奉する人であれば、何教、何種、何国であっても会員の資格があるとされている。[52]国籍ばかりか宗教も問わないというのはいささかわかりにくい項目であるが、賛同者の中に少なからぬ外国人宣教師がいたのも事実である。

孔教会がその活動の第一目標として掲げたのは、来るべき憲法起草委員会に向けて、孔教を国教として採用するよう請願することであった。しかし、この動きは二つの大きな反論を呼ぶことになった。一つは、国教の制定は臨時約法に認められている信教の自由に抵触するのではないかということ。二つには、そもそも孔子の教えが宗教でありうるのか、という問題である。民国期の孔教問題は、結局この二点を巡って論争が反復されたのである。とりわけ孔教を宗教と規定する考えは、尊孔の人士達の間ですら必ずしも徹底して認識されていたわけではなかった。

陳煥章が尚賢堂で行った演説は、のちに『孔教論』[53]として一冊にまとめられるが、先ず論題とされた事は「論孔教是一宗教[54]」すなわち孔教が宗教であることの論証であった。そもそも何を宗教というのか、彼はまず宗教の定義から始める。ここに興味深いのは、「宗教の二字は乃ち日本の名詞である」と明確に書き出していることである。中文であれば「教」の一字で足りると陳煥章はいう。書経に五教といい、礼記に七教というのは倫理の教であって孔教の骨髄であるが、一方、易には「聖人は神道を以て教えを設け天下服す」ともいい、人道の教、神道の教ともに「教」といって、孔教はこの二者をかねるものとされる。

彼はさらに宗教の定義を試みていく。すなわち、宗教の二字は英文では「鳌里近（Religion）」といい、その解釈は種々あるが、おおむね神道を偏重している。英文における狭義の解釈を中文にあてれば「礼」がやや近い。礼の起源は祭祀にあり、これが西洋人のいう宗教だからだ。中国でも礼教といい礼は教である。しかし、孔教人のいう教の定義として最もいいのは中庸の「天の命ずる之を性と謂い、性に率う之を道と謂う、道を修むる之を教と謂う」である。天とは上帝であり、上帝の命により生来されたものが性である。性に率って行くのが道であり、道が正しくあるように、修道といって天命の性に合すべく努めるのである。この「天人相与」すなわち天人合一を致すのが「教」に他ならない、という。こうして孔教が「教」であること、すなわち宗教であることはゆるぎない鉄案とされたのである。

しかるに「近人は教の意味を知らず、迷信を尊んで始めて教であり、迷信を尊ばなければ教ではありえないとする。教を蛇蝎のごとくみなし、醜悪なことばだとして、ついには中国を無教の国と誤認し、孔子は宗教家ではないとする。宗教家として孔子を尊ぶなど孔子を冒涜するものだという」といって、宗教を迷信と等しなみに考え、その故に孔教は（宗）教ではないという「邪説」が侮れない勢力としてあることを陳煥章は嘆くのであるが、この点は、同じく康有為の弟子として、戊戌の時期に孔教を唱えていた梁啓超と比較すると、きわめて対照的で興味深い。

梁啓超は先述のように、日本亡命直後の一八九九年に「論支那宗教改革」の講演をして、なお孔教を鼓吹していた。国家の富強独立のためには国民の識力の増進が必要であり、そのためには国民の思想、習慣、信仰が一新されなければならない、泰西が今日の文明を有するに至ったのも宗教改革により古学復活したからである、「蓋し宗教は国民脳質を鋳造する薬科なり」として、近代化にとって宗教改革がいかに重要であるかを力説していたのである。ただ、彼においては「宗教」という語句が使用されても、その意味合いは曖昧で、時には思想、学術、教えなどと同義でもあった(55)。

しかし、日本の思想界と接触していく中で、超越的なものへの信仰という西欧的な宗教観が次第に明らかになっていくにつれ、ついに梁啓超は「西人のいわゆる宗教とはもっぱら迷信信仰を指して言う」と断じて、一九〇二年、『新民叢報』に「保教非所以尊孔論」を掲載し、宗教として孔教を主張することを取り下げてしまった。彼にとって宗教はむしろ思想の自由を束縛するものと認識されるようになったのである。同じように孔教の徒であった二人が、「宗教」という概念に対して、このように正反対の対応をするようになったということは、個人の資質もさることながら、日本亡命とアメリカ留学という、その後におかれた知的環境の差が大きくものをいったのかもしれない。

ところで、民国初年の孔教運動は、宗教論争という様相を明確にしたがために、キリスト教徒、回教徒など、他宗教の側からの反対を惹起するとともに、孔教に反対する人々の論点をも、前述のように反国教化（信教の自由）、反宗教化（儒教は非宗教）の二点に固定してしまった。倫理としての孔教、孔教の内実にわたる批判は、この時点ではまだ大々的になってはこなかった。一九一三年一〇月の「北京天壇憲法起草委員会」は、孔教の国教化は否定したものの、孔教を修身の大本にするという結論を出したのである。だが結局、この天壇憲法は日の目を見ることなく終わっている。そして、孔教の宗教化、国教化問題に一応の終止符を打ったのは、表面的には皮肉にも袁世凱であった。

一九一四年二月七日、袁世凱（一八五九～一九一六）は大総統令をもって、祭天・祀孔の復活を号令するとともに、聖賢に対する祭祀は宗教上の問題ではなく、信教は自由であると明言した。孔教の祭祀としての側面のみを取り上げ、宗教問題から巧みに切り離したのである。憲法起草委員会の結論以後、孔教を宗教とみなす論調も急速に下火になっていた。『孔教会雑誌』の発行も一九一四年一月をもって終わっている。

さて、宗教と切り離して肯定された祭天・祀孔とはどのような意味をもつものであったのか。清末、一九〇六年に祭天も祀孔もともに皇帝の執り行うべき儀式、大祀とされていたことを想起すれば、それはいうまでもなく、袁世凱の帝政復活のための段取りであった。そして、このように宗教と祭祀とを分離することによって、宗教を超越した特権的存在に孔教がなったとすれば、それは事実上の国教化であり、その点では天皇制日本の国家神道の形成と著しく類似した構造をもつといえよう。この宗教と祭祀を切り離すという袁世凱の論理手法には、日本人顧問の直接的な影響があったのであろうか。ただ、日本の国家神道との大きな違いといえば、孔教には儀式のみに止めることのできない重厚な「教」の内容が備わっており、依然として国民の倫理として採用されうる可能性をもっていたことだ。

すでに一九一三年六月、袁世凱は学校における祀孔を復活させ、教育部は中小学の修身及び国文の教科書に経訓を採用し、孔子のことばを指帰とすることを通達している。また、一九一五年に通達された「欽定教育要旨」には「愛国・尚武・崇実・法孔孟・重自治・戒貪争・戒躁進」と、尊孔とともに反対派の運動を抑圧する「戒貪争・戒躁進」の二項目が盛り込まれている。この儒教主義は文教政策だけではなく、孝子や貞女を表彰する褒揚条例の制定（一九一四年三月）、曲阜の孔教大会に赴く人員の優待など、[56]あらゆる機会をとらえて発揮されていた。しかし、この一連の尊孔政策が、結局はより徹底した新たな儒教批判、すなわち、孔教の内実、倫理としての可能性を否定するための多彩な議論を呼び起こしていくのであり、五四新文化運動の導火線となったのである。

以上、清末から民国初年にかけて鬱勃として起こった「孔教運動」について、その歴史的流れをスケッチしてみた。それは儒教を自覚的に宗教とみなしてその国教化をはかる運動であり、その点では儒教史上に類を見ない運動であった。清末、多くの維新派知識人にとって、直接に接しうる西洋とは、教会であり、宣教師であり、彼らによってもたらされた新思想、科学知識であった。その際、宗教的統一が近代的な国民国家の形成に不可欠なものだという認識が付随してくることは、ある意味で当然であった。しかし、「教」と「淫祠」とを別物と考え、「正教」による国民意識の覚醒を願い、同時に信教の自由を認めるという、変法時期の康有為達の孔教運動は、その宗教認識においては、まだ混沌として曖昧な揺らぎがあった。「宗教」認識が明確になっていくためには、やはり日本亡命とかアメリカ留学とかの異文化体験がものをいったのである。

民国初期に憲法問題として再燃した孔教運動は、共和体制、帝政復活の試みという大きな政治のうねりに翻弄され、その役割に対する一般的な歴史評価は時代錯誤の一言で片づけられている。しかし、孔教運動が一貫して問題にし続けなければならなかったものが「宗教」認識であり、キリスト教という他者との対比によって、儒教みずからが自己の宗教性を問い直し、その結論はどうあれ、諤々たる議論を生み出したという点において、しかも、そこには信教の自由という問題が絶えずつきまとっていたことを考えあわせることによって、この問題が紛れもなく近代史上の問題であったことがうなずけるのである。

もっとも、民国の孔教運動にも関わり、尊孔の演説をした梁啓超が、実際には、早くも一九〇二年の段階で、宗教の意味するところを知り、それを思想の自由を束縛する迷信とみなして、変法維新時期の自説を撤回して宗教としての孔教には冷淡になっていたように、孔子の祭祀に参列する尊孔の人士達も、必ずしも皆が儒教を宗教とみなしていたわけではない。そんな中で、一貫して宗教としての孔教を積極的に論じたのは陳煥章である。彼は引き続き広東支部や、青浦の江蘇支部、浙支部という孔教会の組織作りに奔走していた。

孔教の普及をはかる彼は、聖廟が官公立のみであることに懸念をもち、書院は学堂に、学堂は学校にかわり「撤聖牌、廃聖経、毀聖廟、奪学田」という時代風潮に抗して、北京に教堂を建て私立聖廟の風を開くことを念願としていた。彼はまた、新たな孔教のあり方として、一九一五年、励剛家塾を建立し、尊天尊聖尊祖の儀、すなわち三本一堂の制を創った。硯州南郊に天壇を築き、従来、民間には許されていなかった配天の儀を行うことまでしている[57]。これは帝政の復活をはかった袁世凱の祭天とは異質の、孔教の宗教性を純化し、尊天尊孔を民間に取り返す心づもりのものであった。後年、彼の活躍の場は香港に移り、彼の影響もむしろ南洋に続いた。

こうして、康梁の亡命とともに、清末に海外華人社会において宣伝された孔教運動は、民族意識の高揚をはかる孔子祭祀として実践されていった。それは同郷意識を越えて華人社会に学堂や商会を設立させていった運動と歩を同じくしたものであり、紆余曲折を経ながらも、海外での孔子祭祀は文化伝統として、民族アイデンティティとして、継続されていったのである。

それに対して、中国大陸での孔教運動は、近代化にそぐわないものと断罪されるに至った。本来、近代化、西洋化を目指すスローガンであったはずの宗教と科学は、五四時期に至るや反封建、反儒教という意味での民主と科学に取って代わられたのである。

注

(1) 日本の維新期にあって、キリスト教の流入が呼び起こしたさまざまな波紋は、随所に見出すことができる。例えば、森鴎外はその小説『津下四郎左衛門』において、横井小楠暗殺の理由として、彼の共和制支持、キリスト教への評価という二点が、世上には廃帝、キリスト教拡大の主張と誤解されていたとの指摘をしている。また久米邦武『米欧回覧実記』明治五年六月二六日の条には、NY聖書会社、少年教会を訪問した記事があり、西洋社会においてキリスト教が倫理、宗教の基底として機能していることに慨嘆している。ただし、奇跡に関しては瘋癲の戯言とみなしている。
(2) 円城寺清『大隈伯昔日譚』一八八頁、冨山房百科文庫、昭和一三年。
(3) 同右、二一〇頁。
(4) 同右、二〇九頁。
(5) 吉田寅「『天道遡源』と中国・日本のキリスト教伝道〔上〕〔下〕」『歴史人類』一五、一六号、筑波大学、歴史・人類学系紀要、一九八七年、一九八八年。
(6) 同右、六六頁。
(7) 『晋書』巻四九、中華書局本、一三八六頁。
(8) 趙翼『二十二史剳記』巻三四、天主教、世界書局本、五〇〇頁。
(9) 陳独秀「再論孔教問題」『新青年』二巻五号、一九一七年。
(10) 島田虔次「辛亥革命期の孔子問題」『辛亥革命の研究』筑摩書房、一九七八年。

(11) 服部宇之吉『北京籠城』東洋文庫、平凡社、一九六五年。
(12) 服部宇之吉『孔子教大義』冨山房、昭和一四年。
(13) 英国のジャイルス（Dr. H. Giles）や、一八六六年に四書五経の英語全訳（*Chinese classic*）を完成したレッグ（James Legge）を指していう。
(14) 湯志鈞編『康有為政論集』上冊、「上清帝第二書」（一八九五年五月二日）一三〇頁。中華書局、一九八一年。
(15) 同右、一三二頁。また孔祥吉『康有為変法奏議研究』七七頁。遼寧教育出版社、一九八八年。
(16) 前掲『康有為政論集』上冊、「上清帝第四書」（一八九五年六月三〇日）一五〇頁。または前掲『康有為変法奏議研究』掲載の『傑士上書（滙）彙録』巻2の図版。
(17) 梁啓超『飲冰室文集』巻一三、台湾中華書局、中華民国四九年。
(18) 厳復『天演論』論一一学派、八〇頁、商務印書館、厳訳名著叢刊、一九八一年。
(19) 林楽知主編『万国公報』清末明初報刊叢編之四、第九冊、五四一九頁。華文書局股份有限公司（台北）、中華民国五七年。
(20) 鈴木修次『日本漢語と中国』八一頁、中公新書、中央公論社、昭和五六年。『明六雑誌（上）』第一二号、四〇三頁、岩波文庫、一九九九年。
(21) 前掲『万国公報』第二七冊、一七三一四頁。
(22) 同右、一七三一九頁。
(23) 熊月之『西学東漸与晩清社会』五五九頁、上海人民出版社、一九九四年。
(24) 朱維錚『万国公報文選』導言、二六頁、三聯書店（香港）有限公司、一九九八年。『日本書目志』には「泰西自強之本、在教民、養民、保民、通民気、同民楽」とある。康有為『日本書目志』巻五、政治門、一八一頁、康南海先生遺著彙刊（一一）、宏業書局、一九七六年。
(25) 康有為『康南海自編年譜』三五頁、康南海先生遺著彙刊（二二）、宏業書局、一九七六年。
(26) 康有為『日本書目志』巻五、政治門、二〇二頁、康南海先生遺著彙刊（一一）、宏業書局、一九七六年。
(27) 前掲『康有為政論集』上冊、「上清帝第四書」一六一頁。

(28) 同右、「上清帝第五書」（一八九八年一月）二〇五頁。
(29) 『清史稿』巻二四、徳宗本紀二、光緒二三年一〇月壬申の条、光緒二四年閏三月庚申の条（中華書局本、九二〇頁、九二一頁）。
(30) この「第二次公車上書」と「孔子改制考」の進呈については孔祥吉『康有為変法奏議研究』第五章、第一節に詳しい。
(31) 孫徳謙・張采田『新学商兌』（原名『弁宗教改革論』）多加羅香館叢書第五種、中国社会科学院近代史研究所蔵本。
(32) 前掲『日本漢語と中国』一二九頁。
(33) 『清史稿』巻一〇七、選挙二、中華書局本、三一三七頁。
(34) 范禕「論儒教与基督教之分」『万国公報』第一八二冊、二二四一九頁。目録には「儒教与基督教之関係」とある。
(35) 無涯生稿「勧各地立祀孔子会啓」『清議報』第一一冊、一八九九年四月一〇日。
(36) 「記横浜崇祀　孔子生誕」『清議報』第二九冊、一八九九年一〇月五日。
(37) 「戊戌横浜倡孔子祀徴信録」横浜闔埠華人倡祀孔子啓、『清議報』第一二冊、四月二〇日。
(38) 「戊戌横浜倡孔子祀徴信録」倡祀孔子章程啓、『清議報』第一二冊、四月二〇日。
(39) 中華会館編『落地生根　神戸華僑と神阪中華会館の百年』一一〇頁、二七八頁、研文出版、二〇〇〇年。
(40) 王仲厚「南洋孔教会成立経緯」『民衆報』三三七期、一九八二年二月一五日（原載『星州日報』一九六九年）。凌雲「清季新加坡華人社会的尊孔運動」『民衆報』三三七期、一九八二年二月一五日。
(41) 『中国維新報』は一九〇四年創立、一九二八年停刊。編集趙朝偉。趙朝偉は一九〇八～一九一〇年に中華公所主席となる。呉剣雄『海外移民与華人社会』第八篇、紐約中華公所研究、允晨叢刊四八、台北、一九九三年。
(42) ニューヨーク中華公所は、一八八三年（清朝駐ニューヨーク領事館成立の年）に正式に成立。華商趙奉穎等の醵金による。趙は広東新会の人。前年、米国会は排華法案を成立させていたが、東部は比較的緩やかだったという。ちなみに、一八八〇年代後半、在ニューヨーク華人は五〇〇〇人ほどであった。前掲『海外移民与華人社会』参照。
(43) 陳煥章『孔教論』「六、昌孔教之辦法」六〇頁、孔教学院（香港）、民国三〇年一月。
(44) *Economic Printiples of Confocious and His school*, Colombia University, 1911 : Riprinted by Thommes Press, 2002.

マックス・ウェーバー『儒教と道教』（森岡弘通訳）、三三五頁、第一章、原注（1）、筑摩書房、昭和四五年。
(45)『清史稿』巻二四、徳宗本紀二、光緒三二年三月戊辰朔の条（中華書局本、九五四頁）。
(46) 同右、光緒三三年一一月戊申の条（九五七頁）。
(47) 蔡元培「対于新教育之意見」（一九一二年二月一一日）高平叔編『蔡元培全集』第二巻、一三〇頁、中国近代人物文集叢書、中華書局、一九八四年。
(48)『孔教会雑誌』一巻一号、孔教新聞、二六～二八頁、民国二年二月、孔教会事務所。
(49) 同右、本会紀事「山西宗聖社会来書」。
(50) 柯璜編『孔教十年大事』巻七、紀事、孔教会紀略、一九二四年。
(51)『孔教会雑誌』一巻八号、本会記事。
(52) 前掲『孔教会雑誌』一巻一号、本会紀事「総会」、孔教会開辦簡章。
(53) 初版は民国元年一一月二三日、孔教会事務所刊。本章では前掲のように民国三〇年一月、孔教学院（香港）刊、八版本を使用。
(54) 前掲『孔教論』一～五頁。
(55) 梁啓超の宗教観に関しては、Marianne BASTID-BRUGUIERE「梁啓超与宗教問題」『東方学報（京都）』第七〇冊、三四〇頁、一九九八年。拙稿「梁啓超の仏学と日本」『梁啓超の研究』みすず書房、一九九九年、参照。
(56)『孔教十年大事』巻七、紀事。
(57)『孔教十年大事記』孔宅詩序（乙卯、孔子二四六六年一〇月）一四頁～一七頁。

# 第六章　尊孔運動の岐路

民国初期、とりわけ一九一二～一九一六年にかけて、儒教国教化問題[1]の発生と歩を同じくして上海に孔教会が設立されたのを皮切りに、宗聖社会、洗心社、孔道会等の尊孔団体が次々と結成されていった。[2] 全国に結成された尊孔の各団体と代表者名をさらに具体的に挙げていけば、船山学社（長沙、王湘綺）、崇道会（新金山、江亢虎）、尊孔社（楊州、徐犧伯）、中和学社（蜀中、楊三生）、至聖社（内江、趙三謂）、孔道大会（香港、郭春映）、中華聖教会（香港、梁兼善）、希社（上海、高太痴）、孔社（北京、徐花農）、道徳学社（北京、殷正元）、四存学会（北京、徐菊人）、孔子協会（Konfuziusgesellschaft、青島、尉礼賢 Richard Wilhelm）等の名が数えられる。

しかしながら、このような尊孔の会においては、たとえ彼らが孔教国教化運動を支持していたとしても、孔教会の陳煥章のように、自覚的に儒教を宗教とみなし、孔子を教主とするような意識が必ずしも共有されていたわけではない。それどころか、孔教会の会員の間でさえ、そのような意識は一体化されずまちまちであった。とりわけ多くの清朝の遺老達においては、宗教化の意識などむしろ希薄であり、伝統学術として孔教を考える方が一般であった。本章は、さまざまな要素を含む民国期尊孔運動の多様な展開について、主として文化保守の面から考察するものである。

## 第一節　鄭孝胥と『孔教新編』

辛亥以後の清室の遺臣は、その居所を大きく二分できる。一つは青島であり、ドイツ人の保護を受けている。恭親王、粛親王及び重臣達の多くが皆ここに居住していた。はるか日本、朝鮮、東三省に逃げるのに便利だったからである。もう一つは上海である。瞿鴻禨はかつて軍機大臣に任じていたことから、その位が最高であり、沈子培、李梅菴は中堅である。(3)

『世載堂雑憶』に記されたこの文章から見れば、辛亥後の清朝の遺老は、その居住地から青島と上海のほぼ二つのグループに括られるようであるが、ここに上海遺老の中堅とされる沈子培（曽植）は、他でもない孔教会の発起人である。しかし、この文章にはその名が見えないものの、上海には歴史的にみてさらに重要な役割を担った遺老がいた。後に満州国国務院総理となった鄭孝胥である。

辛亥以前の鄭孝胥は日本領事を務め、梁啓超、譚嗣同、厳復等の維新派とも交流があり、立憲公会の会長にも推されていた。鄭孝胥と孔教との関わりは、先ず、宣統元年（一九〇九）、ジョクジャカルタの商会総理郭禎祥（閩人）

みよう。

に請われ、小学読本として『孔教新編』を著述したことに見られるが、その間の事情を『鄭孝胥日記』から拾って

宣統元年六月二六日（一九〇九年八月一一日）の日記には、大清郵船公司を発起するにあたり、駐上海総理になるよう要請されたことが記されている。[4] その発起人の一人が南洋商董郭禎祥であった。同年八月朔（九月一四日、『日記』一二〇七頁）にも法大馬路の旅館に郭を訪問しており、初六日（九月一九日、一二〇八頁）には「郭禎祥の為に糖業公司稟稿を改む」とある。ちなみに厦門周辺における機械制製糖業は、一九〇九年に、ジャワのジョクジャカルタの糖商であった郭禎祥が華洋公司を設立して始まったものであり、華洋公司は甘藷の苗を台湾から輸入し、水頭の製糖場では日本製機械を購入していたという。[5] これで見る限り、二人には同郷人として事業を介しての強い繋がりがあることがわかる。

九月一五日（一〇月二八日、一二一三頁）には伊藤博文がハルピンで暗殺された記事とともに「夜、『孔教読本初編』四則を作る」とあり、九月一七日（一〇月三〇日）「午后、海蔵楼に至り、『孔教新編』を作り第一〇章に至る」、一一九日（一一月一日）「午后、海蔵楼に至り、『孔教新編』を作り、第一四章に至り畢はる」とある。この書物が郭禎祥に依頼されたものであることは後書きに明記されているが、それによれば、「戊申（一九〇八）の季冬、爪哇各埠の華僑は、国籍保全のため、泗水埠〔セレベス〕に於いて聯保大会を開いた。日惹〔ジョクジャカルタ〕商会総理の閩人郭禎祥が、聖教公会を倡立し、華僑の入会者が甚だ多かった」とある。この事情は、清朝の学制改革において、張之洞が学校章程に「聖誕の揖聖及び開学、散学の揖聖」という一条を入れるなど、尊孔の方針が採られたことに伴って、元々海外に亡命した変法派の影響が強かった海外華僑の間で、中国内地以上に尊孔運動が広まっていったことと軌を一にするものであろう。

ついでにいえば、ジャワに聖教公会を立てた郭禎祥は、一〇年後の一九一九年六月一四日に再び鄭孝胥を訪問している。『鄭孝胥日記』には「郭禎祥及び其の友二人来訪す。郭は同安の人にして三宝壟《スマラン》の華僑なり。上海に錦茂号を立つ。其の印する所の孔聖大道会章程を送る」（一七八六頁）とあり、孔聖大道会という組織が作られていることがわかる。郭は七月二三日にもこの会のことで鄭孝胥を訪問し、二六日には『孔教雑誌』を作りたいということで、鄭から王聘三を紹介されている。この時期に尊孔の組織や雑誌の用意がされるということは、五四新文化運動への反発かとも推測されるが、この会についてはこれ以上は未詳である。

話を『孔教新編』に戻そう。小学読本『孔教新編』は巻頭に孔子の肖像画をおき、一章ごとに孔子の言葉を一句引用して平易な解説を施したものであり、全一四章、本文一四葉の簡便なものである。鄭孝胥が董事をしている商務印書館から己酉一二月（一九一〇）初版が出され、民国三年五月で四版を数える。

しかし、書名に孔教と名づけていても、第一章に「天地之性人為貴」をあげて開陳されていく孔子の思想は、人格陶冶をめざした内省的、理性的なものであり、陳煥章が『孔教論』で主張した宗教教主の孔子像とは全く異質であるばかりか、『聖諭広訓』等の伝統的規範が先ず掲げる「孝」の一字も書中に見あたらないことは注目すべきである。「文、行、忠、信」を取り上げても「忠君」をいわず、「忠以尽職」と解説するのであって、「五倫」を以て人間存在を規定することがない。むしろ「匹夫も志は奪う可からず」「志士仁人」「身を殺して仁を成す」を唱って個人の立志を促すものであった。清末に書かれたとはいえ、民国になっても通用しうる内容であったといえよう。

辛亥後の鄭孝胥は清朝の遺老を自認し、『日記』から見られるその生活は、ほぼ毎日、書を書き上げ、商務印書館に顔を出し、時に一元会に集うといったものである。彼を訪れる内外の客人は多く、とりわけ内藤湖南、鈴木虎雄をはじめ、日本の漢学者として名のある者が上海に来れば、必ずといってよいほど彼を訪問している。日本の軍人の訪問が多いことも周知のことであるが、日本語新聞『上海』週刊を発行している西本省三（白川）等、春中社の同人とも頻繁に往来している。

また、沙遜（Sassoon）洋行の主人であるユダヤ人哈同（Hardoon）とも、辛亥以前から近所づきあいがある。哈同は中国の貴人と往来することを喜んだというから、民国五年に彼が開催した倉聖社も遺老達のサロンのようなものだったのかもしれない。のちに哈同は沈子培（曽植）の住居の世話もしている。労乃宣等青島の遺老が、ドイツ人宣教師尉礼賢《ヴィルヘルム》の孔子協会に集ったことと思い合わせることができよう。(6)

『日記』からは、壬子六月二日（民国元年七月一五日）以来、「読経会に赴く」という記事が月に一、二回散見され、『孟子』『礼記』を読んでいることが知られる以外は、尊孔運動に関する積極的な記事はあまり見あたらないが、丙辰一〇月一四日（民国五年一一月九日、一六三二頁）に「左子異を過《おとず》れる。座に沈子林に晤《あ》う。済顛乩壇を談ず。尊孔会の集める所の臨時費七百余元を開す。また女会員数十人有り」とある。ここに出てくる尊孔会と鄭孝胥との関係はわからないが、女性の会員がいるというところに注目したい。これより先、民国二年にすでにそのような資料が見られるからである。孔教会の発起人の一人である姚文棟の文章である。

癸丑〔一九一三年〕八月二七日、大成至聖先師孔子の生誕日である。曲阜の闕里及び上海の学宮では皆大会を開く。国内で伝え聞いた人は咸《みな》集まった。そして上海にある女子尊孔団が来会した。女子が廟に入ることがこれ自り始まった。行礼に先だって人づてに礼を質問してきた。予は張君孟劬、孫君伯南と臨時に商確し、古誼を折衷してこれに答えた〔……〕この日、女士の祭に与る者は、王範貽、呉景萱〔……〕凡十有八人であった。(7)

清末変法時期に康有為が提唱して以来、孔教会が婦女子を含む庶民一般に孔教を広めることを目標の一つにしていたことを思えば、いささかなりともそれが実現化したものといえよう。

民国五年九月、曲阜で釈奠が挙行され、孔教総会会長康有為が祭主となった（民国七年九月辞任）[8]。しかし、孔教会の康有為と沈曽植はロシア革命の年、すなわち翌民国六年七月の復辟に参画し敗れることとなる。『鄭孝胥日記』によれば、すでにこの年の一月一三日、張勲（一八五四〜一九二三）が復辟を日本と共謀するための使者を出したとの噂が彼の耳に入っている。一方、ロシア皇帝が乱党にとらわれるの記事も見え（三月二六日）、世情騒然とする中、鄭孝胥は西本省三、宗方小太郎等『上海』の同人とも頻繁に接触している。結局、鄭孝胥には何ら直接的な相談はなく、復辟の騒動は二週間足らずで敗れ、終わりを告げる。彼は怒りを以て以下のように『日記』に綴っている。

この事、青島と上海の諸君よりこれを合謀し、しかるに独り我を避く。其の必ず敗るるを知るなり。（七月二九日）

復辟騒動もひとまず治まった民国六年九月一七日の『日記』に「唐元素来たる。元素と孔学会を立つる事を談ず」とあり、九月二二日にも「唐元素より来書、孔学会の事を言う」とあって、ここに初めて「孔学会」の名前が挙がってくる。唐元素とは麗沢文社の社友である。一一月二九日には「司格礼来る。『君主立憲政治』の草稿一通を示す」とあり、一二月一〇日には「子培を過《おとず》れる。その住居は芜穢で片づいていなかった。〔子培は〕垢面、擁褎して乱書の間に座っていた。余に陸栄廷に致す書を示す。張勲を釈すことを求め、それを議和条件と為すよう勧めていた」（一九六七頁）とあって、復辟の余波はなおあり、敗れた沈曽植の鬼気迫る姿も垣間見せている。

ところで、この時提案された孔学会がどうなったのか『日記』からは不明である。我々が孔学会の名を再び目にするのは一六年後のことになる。

## 第二節　『上海』週刊の論調

西本省三（白川）を代表者とする『上海』[9]は、民国二年（一九一三）創刊の週刊新聞である。上海在住の日本人に向けて、各種華字新聞の論調を翻訳紹介するとともに、時事問題を論評するものであったが、その立場は袁世凱を乱臣とし、革命党を賊子とみなし、新文化運動の学生を学匪と罵倒するものであった。現在、日本においても『上海』は既に散逸し、完全な形で読むことはできないが、残存しているものから、上海における保守思想の動向の一端を伺うことはできる。ここでは五四以降の論調を見てみよう。

そもそも西本省三は沈曽植を師と仰ぎ、彼から書経の講義を受けたことを誇りにしていた人物である。一九二二年の沈曽植の死に際して、『上海』は大きく紙面を割いて哀悼の意を表している。また、前述のように、鄭孝胥との往来もきわめて密であった。その意味では『上海』は、清朝遺老の代弁紙ともいえる。

例えば「復旧政治と帝制説[10]」と題するコラムでは、孔道と共和体制は両立できぬものと捉え、尊孔論者が孔道を共和制に牽強付会して両立させようとする態度を唾棄すべきものとする。復旧政治と孔教提唱は、袁世凱にも一般社会にも都合のよいものであって、それは孔道が歴代帝王に利用されたものであったことと、共和制の弊害が個人もしくは家族主義にまで及んできたという二点に基づくものであり、言論界は一語も記すことはなかったが、袁世凱の帝政復活の時、清朝の遺老は清朝の復活を予想し希望していたのである、と論評している。

また、一九二一年二月二八日の「時局と三教同源説」（四二〇号）では、社会に潜在する大勢力として、三教同源説を唱える同善社の存在を紹介している。同善社の社友には張勳がおり、清の遺老、軍人、商賈、教員、学生の入社も多く、宣統帝が教主との噂もあるといい、『時事新報』は同善社を殆ど復辟陰謀の機関と危惧している、というものである。かかる社会事象に対しては、国民大多数の思想を後ろ盾としている復辟派の台頭は当然の輪廻である、との論評を下している。

「ドイツ青年と支那文化」(五〇二号、一九二二年一〇月九日)では、アメリカの人文教育の提唱者バビット博士が孔学を尊重していること、フランスにおける四庫全書翻訳の計画等、欧米において支那古典への関心が高まっているが、なかでも敗戦国ドイツにおいてそれが著しいこと、それには昨年青島から帰国し、再び来華した宣教師ウィリアム博士の貢献が大きく、彼の翻訳した老子が流行していること、自由ドイツ青年団は老子派であり、国際青年団は孔子派であって辜鴻銘[11]の名を知らぬものはない、と紹介した後で、中国の民党の学生が古いとするものがドイツにおいては新しいとされていることに鑑み、新旧なき孔道の発揮を心から喜ぶと結んでいる。

これは確かに、五四時期の全面欧化の思潮へのリアクションとして、東西文化論争が火蓋を切った一九二〇年代中国思想界の時流がよく反映されている記事といえよう。ここにいう青島の宣教師ウィリアム博士とは、孔子協会のリヒャルト・ヴィルヘルム(尉礼賢)のこと。また、バビット博士といえば、彼への心酔を表白する学衡派の名が思い浮かぶわけであるが、この学衡派に関しても興味深い言及が見られる。

すなわち、「反本的傾向」(五〇三号、一九二二年一〇月一六日)という一文では、国慶節の華字新聞から「支那文化の保守」を主張する幾つかの言論を紹介しているが、その中に雑誌『学衡』の主幹胡先驌の主張も取り上げられている。胡先驌は欧米各国における国文教育の模様に言及した上で、中国でも高等小学において四書と礼教を必読にすべきだと主張したのである。辛亥革命当時、読経廃止を主張した民党の態度とは正反対の立場に立つこの胡先驌の主張を『上海』記者は真摯なものと高く評価し、時代の変化を追懐している。

翌週の五〇四号（一〇月二三日）の「学界の奮励を望む」は、孔子紀念祭（一〇月一七日、孔子去世二四〇〇年）にちなんだもので、日中双方の学界で盛大な祀孔礼が執り行われたことを述べ、「米国留学生出身者にして南京東南大学教授たる新進気鋭の『学衡』雑誌社同人」と「清朝遺老学者の団体たる亜州学術研究社同人」こそ、いわゆる新文化運動に反抗して起こったものであり、この両者の発憤有為を多とする、とある。また、同日の「孔子生誕紀念と与論」では、上海の雰囲気を伺うべく華字新聞の記事論説を紹介しているが、孔子生誕紀念を最も熱心に報じたのが政学会の機関誌『中華新報』であり、そこにはドイツのウィルヘルム博士、ドレッシュ博士、章炳麟氏の談話が掲載されているという。その他、南洋甲種商業学校（青島）における康有為の演説、『時事新報』の社論も、孔子生誕紀念を論じているが、『民国日報』のみ孔子に賛成しなかった、という。総じて『上海』の論調では章炳麟の言説には一目置き、康有為については、その孔子の宗教化と大同主義の主張は今更言及するまでもない、とクールである。

ところで、『上海』が中国古典文化の保守にあたって大きな期待をかけた、学衡派と清朝遺老学者とは、互いに接触のあったことが、それぞれの日記から伺える。

一九二二年九月一六日の『鄭孝胥日記』には、邵祖平（字潭秋、江西人）が沈曽植の名刺を以て訪問してきたことが記されている。南京東南大学で胡先驌等とともに『学衡』雑誌の編集をしており、胡適の新文白話に反対であることを談じていったのだが、二〇歳あまりの彼が詩学をよく知っていた、と書いている。

また、『呉宓日記』一九二三年九月一日では、『学衡』の原稿が、とりわけ国学の部分にかけていることに悩んだ呉が孫徳謙に手紙を出して、『亜州学術雑誌』が停刊したことに鑑み、その原稿を『学衡』に回してくれるよう助力をあおぎ、許諾の返事を受け取ったことが記されている。九月三日にはこの件で上海に赴き、孫徳謙、張爾田と会見をし、彼らの学殖の深さに感銘を受け、『学衡』の前途に希望を抱いている。ちなみに孫徳謙、張爾田はともに孔教会のメンバーであり、『孔教会雑誌』に多くの文章を発表している。呉宓は陳煥章とも交流があるようだ。ただ、前述の邵祖平は『学衡』の同人ながら呉宓とは折り合いが悪く、彼の詩の掲載をめぐり非常な確執があったことが一九二三年九月一日、一九二五年八月一六日、二三日の『呉宓日記』から伺える。

ところで、一九二二年の孔子祭が例年になく盛んであり、孔教が忌憚なく高唱される現状に『上海』は新文化運動の衰退をみる。そして、現在、群雄割拠の局面にある中国が状況への絶望から固有の文明に対する憧憬を抱かざるをえない時、そこにイタリアとの類似性が指摘される。すなわち、同年一一月二〇日掲載の「ファスシスチを望む」という一文では、ムッソリーニの主張はローマ文明よりくる勤王の主張であり、彼の目にあるものは古代ローマ文明の舞台のみだという。翻って中国にもその固有文明への憧憬から「ファスシスチ」が出現するはずであり、その出現を歓迎するというのである。

固有文明への憧憬からファシズムが出現するという、西本のこの奇抜な論理は、しかし、鄭孝胥にも共有されていた。我々はそれを一九三〇年一月一日の『日記』に見ることができる。なお、西本省三はこの時すでに世を去っている（一九二八年五月死）。

『東方雑誌』が訳した「羅馬〔ローマ〕教皇と意皇〔イタリア皇帝〕定約始末」を閲する。時に一九二六年に論議を始め、一九二九年二月の間に至って始めて定まる。教皇の梵諦岡〔ヴァチカン〕城は国土僅か華里七百余畝にして、独立国である。意大利〔イタリア〕全国は天主教であり、国中が墨索利尼〔ムッソリーニ〕の政策をとり、世の天主教徒は挙げて皆、法西斯〔ファシスト〕党を擁護し、専制を主張している。大羅馬の覇国は将に復興しようとしているのか？　中国は孔教を国教と為し、まさに天主教と並立して東西二大教と為る。大支那と大羅馬、並立して東西二覇国と為る。天意は或いは将にこのようであるのか。夜半、青島に抵《いた》る。

## 第三節　孔学会の成立

さて、鄭孝胥の夢見た孔教を国教とする東の覇国は、やがて満州国において実現されることになる。また、一九一七年にその設立が企画された孔学会も、この満州の地で正式に成立の運びとなるのである。

すなわち、満州国建国の方針「王道を施行し、儒術を崇尚す」をうけ、大同元年（一九三二）四月、趙伯欣立法院院長の発案により、準備主任周永謨のもと、孔学会設立の準備処が奉天の大南門内、文廟胡同にある民報社院内におかれる。予備会員（準備期間中の入会者）は陰暦の二、六の日に集会所に参集するのであるが、初二、一六両日を特別会とし、それ以外は通常会として、当初二六名が参加している。これ以後、六〇名前後の会員が参加するようになり、八月三〇日には大南門外、道徳研究会の会所を借用することとして移転している。

ちなみに道徳研究会とは、民国になって祀孔典礼が廃止され、祭田も他用に供され、聖廟の荒廃することを憂えた張恵霖が、同志を糾合して礼教の維持と経術の研究を目的に設立したのであるが、経費の問題から停滞していたものである。なお、孔学会の経費も、準備期間の間は趙伯欣が個人的に負担していたようで、それから見れば、孔学会の設立に際しては、在地における既存の尊孔組織とその思惑が下地としてあったことが大いに助けとなり、鄭孝胥の意図が、全くの白紙の上に実現されたものではないことがわかる。尊孔運動はこのように、満州国建国に参加した者には共有され支持される営みであった。

九月三日には仲秋上丁祭孔ということで宣揚孔教市民大会が開催され、九月二七日は至聖先師生誕の講演大会が催されるなど、対外的な活動も展開され、一二月二九日の選挙で、正会長鄭孝胥、副会長袁金鎧、名誉会長張景恵、陳宝琛、趙伯欣、謝介石、羅振玉等一二名、幹事長周永謨が選ばれた。顧問として工藤忠、西山政猪等日本人の名も挙がっており、最終的には会員七〇四名を数える大きな団体となった。

会の宗旨は尊孔を提唱し、聖経を闡明し、聖教を発皇することにあり、その事業は講演、編集、研究、図書、書院、会考、詩社の七項目とされた。これを受けて大同二年三月一〇日には経学研究班が開課され、機関誌として『孔学会会刊』が年四冊発行されることとなった[12]。その第一期の専著欄には前述の鄭孝胥『孔教新編』が再録されている。『孔学総会会務概要』（康徳元年六月三〇日発行）も別冊で出版されており、木鐸をデザインした徽章、会旗も制定されている。なお、入会金は現洋一元、常年会費は現洋二元であった。康徳元年三月には道徳研究会から法学研究会へ再び会所が移転している。

以上が孔学会の組織的概要であるが、その特徴はどのような点に求められるであろうか。

先ず、孔学会という命名であるが、明確な意図を以て「学」の字を採用したことが、趙伯欣の「本刊発刊辞」（『孔学会会刊』第一期）に述べられている。そこでは孔教が他教と比較して「学」に純であることが前提とされており、その学術性を優位において孔学会と名づけたのだという。孔教の宗教性を主張する孔教会とは、明らかに立場を異にしている。

しかしながら、「学術性」か「宗教性」かと問いかけがなされるものの、孔学会の会員に孔教会への反感があるわけではない。幹事の曽憲廷は、以前、孔教会奉天分会会員だった。二〇年ほど前に代表として山東曲阜で開催された孔教大会（民国六年、丁巳、生誕二四六八年）に参加したことを懐かしみ、その時撮影した衍聖公や陳煥章（重遠）等との記念写真を大切に孔学会の事務局に飾っているという。[13]尊孔の感情は共有しても、康有為や鄭孝胥と違って、儒教の本質についての確たる主張があるわけでもない一般的会員にしてみれば、「教」といい「学」というのも「時勢の然からしむるところ」というのが、さしあたりの思いであったろう。

ふりかえれば戊戌以来、清朝の尊孔政策（祀孔の大祀への格上げと学堂での揖聖読経）と変法派の孔教運動は、互いに影響しあい大きく重なりながら、混然として民国の尊孔運動の母胎となった。しかし、それぞれに内包される志向性の違いから、例えば「学」か「教」かを争うようなことにもなったのであるが、その亀裂はより根本的に問いかけていくならば、皇帝の祭祀か、民間の祭祀かという、祭祀と国体の問題にまで行き着かざるをえないだろう。

孔教運動は、曖昧ながら結果的に民間に向かった運動であった。民間人に可能な孔子の祭りとして大成節（孔誕）が鼓吹されたのである。袁世凱は民国大総統として孔教運動の主張を吸収しつつも、帝制をめざす思惑から、むしろ清朝の尊孔政策に帰着していった。満州国の孔学会も国務院総理を会長に奉じ、やがて執政が皇帝となるや帝国を支える組織となっていく。帝制後の康徳元年（一九三四）三月に出版された『孔学会会刊』第五期は、当然のことながら三一大典を紀念する言辞であふれたのである。天津に七年間も侍講としてあった鄭孝胥にとっては、自らの夢の実現を感じられた瞬間であったろう。

ちなみに、満州国では、国家の休日となる尊孔祭祀は伝統的な春秋二回の上丁であり、孔誕は民間の重要な行事として位置づけられた。康徳元年三月九日の勅書は「三月一七日の孔子大祭に国務総理大臣鄭孝胥を遣はし、代て礼を行わしむ[14]」というものであった。それに対して、海外華人社会ではむしろ孔教会の鼓吹した孔誕が、今なお受け継がれていることと比較されたい。

## 第四節　孔教と民間宗教

孔学会との対比のためにその逆ベクトルとして、宗教に特化されていく尊孔運動を一瞥しておきたい。

冒頭に掲げた尊孔団体の一つに「道徳学社」の名が見える。その沿革を尋ねれば、一九一二年の春、段正元、楊三生が成都に倫礼一会を設立したのに始まる。翌年の春、人倫道徳研究会を組織して『聖道初原書』を出版している。『孔教十年大事』（巻之八、六九～七一葉）には、「四川人倫道徳会請弁中和学校書（甲寅、楊三生）」と「人倫道徳会与海牙《ハーグ》平和会請設中和学校書（甲寅、楊三生）」の二文件が収録されている。ここにいう中和学堂とは、「古今、中外、新旧の万教の諸学を聚め、一鑪にして治」める大同の教育を施す学校をいうとのことで、彼らの習合的体質がすでに伺える。

邵雍『中国会道門』[15]によれば、一九一四年、道徳学社設立の準備が北京でなされ、一九一六年に道徳学社は成立する。北京政府陸軍参謀総長王士珍が社長であり、段正元が社師である。歩兵総監、警察総監等も参加したという。彼らの標榜するところは「統一全球、協和万邦、大道三千年開花、五千年結果、普度衆生、政円了道」であり、「道徳仁義を実行し、修身斉家治国平天下、人人は性命の真学問を保全し、無種族、無国界、万国共和、大同統一を以て宗旨と為す」のである。またの名は大同民主党といい、各種宗教の統一を具現する「万教至聖之神」が崇拝の対象だという。大同の名の下に儒仏混淆した有様がよくわかる。

同様に道徳の名をかぶせたものに「万国道徳会」がある。この会がユニークなのは、教祖として僅か一〇歳そこそこの神童が活躍していることである。山東歴城の江希張という少年である。彼は生まれながらに異彩を放ち、五、六歳で経書の注訳ができたといい、外国文字から、最近の時務科学諸書にも通じ、学ばずして道仏耶回各教の奥義に達したという。康有為、李佳白（ギルバートライド）、陳煥章、柯定礎諸先生からもその奇才を認められ、「論孟白話」「論孟解説」「息戦論」等の著作があり、「万国道徳会章程」を擬定したとされる。このように江希張を紹介す

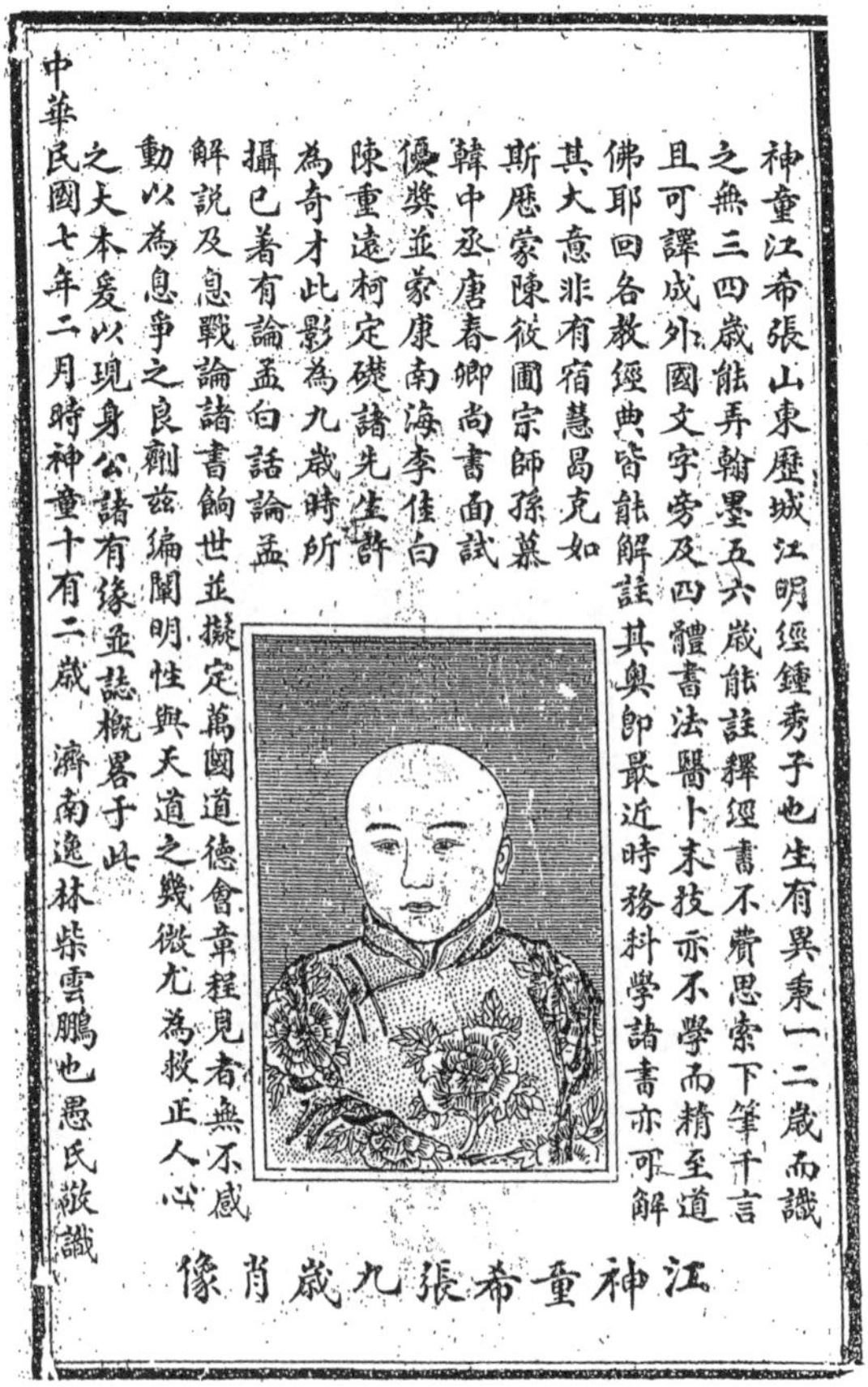


図６－１　万国道徳会の江希張（『大千図説』より）

る文章は、『大千図説』という書物に済南の逸林紫雲鵬也愚氏の名で寄せられたものである。
『大千図説』は「孔子二千四百六十八年丁巳立春日」（民国六年）に一一歳の江希張が著したとされる書物である。上、中、下三巻はそれぞれ天界、星系、地獄を描いて、その世界観から儒仏道耶回の五教合一（実際の内容は儒仏道三教合一）を説いたものである。前述の「息戦論」（一九一五年）は世界戦争の戦禍を終息せしむるべく五教帰一之説を力言した万国道徳会の出版物であるが、一貫道の経典にもなっているという。(16) ちなみに『民国時期総書目』によれば「万国道徳会宣言」（全八頁）「万国道徳会章程」（全一二頁）の名は見えるものの、出版年は不詳とある。

邵雍『中国会道門』から万国道徳会の沿革を見ると、一九一八年に江希張は父親の江寿峰とともに山東済南で万国道徳会準備所（済南南関星宿廟）の成立を登記している。一九二〇年には曲阜から『四書白話解説』を各省の政要に発送して、翌一九二一年九月二八日の孔子生誕日に成立大会を開催した。名誉会長として王士珍、閻錫山、李佳白、康有為、王懐慶の名が挙がり、孔徳成を会長としている。のち山東、上海を始め各地に分会を作ったという。

万国道徳会では当初から康有為、陳煥章等、尊孔の名士の名を掲げているが、確かに『南海先生年譜続編』（一六四頁）の民国一二年（一九二三）五月の条には「済南、青島に赴く。『新済南記』を著す。並びに青、済両地に在りて孔教会を成立す。以後、改めて万国道徳会と為す」とあり、孔教会が万国道徳会に改編された様子がうかがえる。また、この頃には河北の定県にも伝播していたようである。

すなわち、（定県）六二村内において、某村では一二人の万国道徳会に所属しているものがいる。供奉する神像は一種ではなく釈迦牟尼、マホメット、耶蘇、孔子、老子である。この会は山東省の姜其章が創弁したもので（筆者注：姜其章とは江希張の音訛？）民国一二年に定県に伝わる。郷村人民の加入が多いだけでなく城内各機関の人も入会している。この会は秘密であり、決まった場所と会期がある、と記録されている。(17)

なお、江希張は一九二四年、東北三省で講演しているが、満州国の孔学会が会所を借りた奉天大南門外の「道徳研究会」と関係があるかどうかは不明である。また、一九二五年には『道徳日報』の特刊として「時局和平根本問題」を発刊している。

以上、宗教に特化した尊孔団体、あるいは孔教会自身がそのような民間宗教へ改編される様子を一瞥した。そもそも、清末孔教運動の主唱者康有為等の意識には、宣教師達から中国が無教の国とみなされることへの無念さがあったはずである。文明の一神教（キリスト教）と野蛮な多神教という構図の中で、邪教に走る庶民を正統な教えに導きたいという意欲が宗教としての孔教を生み出し、庶民への普及が願われた。その成果はこのように民間宗教の中に康有為の崇拝者を生むこととなったが、民間宗教に取り込まれた孔教は、あろうことか伝統的な三教合一、さらには五教合一という多神信仰の中に溶解することになる。孔教運動が最も警戒すべきはずであった多神教への「堕落」は、皮肉にも孔教自身がもつ宗教性への志向からもたらされたものである。

ところで、民主と科学を標榜する五四新文化運動の過激な反孔運動と、科学の進歩がもたらした第一次世界大戦の惨状を受けて、民間宗教においても宗教と科学への再考が促され、世界平和が希求されることになった。万国道徳会ではそれが明確に主張されている。

宗教化を否定し、理性的学術的に古典文化を憧憬し、その保存を願った孔学会鄭孝胥において、むしろ覇国を目指すファシスト的体質が培養され、一方、大同社会の名の下、荒唐無稽な多教合一の混淆的民間孔教が、種族を越えた世界平和を切実に訴えるというのは、いかにも皮肉であり、また示唆に富んだ結末といえよう。

(1)　最終的に憲法上に規定された尊崇孔子の条文とは、「十二条　中華民国人民有尊崇孔子及信仰宗教之自由非依法律不受制限」というものである。
(2)　柯定礎『孔教十年大事』によれば、宗聖社会は一九一二年、山西、太原の文廟に設立、『宗聖学報』を出版。洗心社は一九一七年、山西、府文廟に設立、社長閻錫山、社務は宗聖会が担任、臨時講長の中に衛西琴、幹事の中に柯定礎の名が見られる。孔道会は一九一三年、山東、済南の文廟に設立、のち北京西河沿に移転。最初、孔教会と名づけたが、慰庭総督により「教」の字が「道」に変えられた。章則は康有為の教えによる。賛成者に厳復、柯定礎、梁啓超等の名が見られる。また、倉聖社(上海、哈同)の名も尊孔の会として挙がっている。
(3)　劉禺生『世載堂雑憶』清道人軼事、一三六頁、中華書局、一九九七年。
(4)　『鄭孝胥日記』第三冊、一二〇三頁、中国歴史博物館編、中華書局、一九九三年。
(5)　村上衛「清末廈門における交易構造の変動」『史学雑誌』一〇九—三、二〇〇〇年。
(6)　『鄭孝胥日記』第三冊、一六二八頁。九月初五日（民国五年一〇月一日）「哈同将開祭倉頡大会、遍致滬上名士」とある。
(7)　姚文棟「附載礼問」『孔教十年大事』巻之七、百一三葉 a。
(8)　竹内弘行『後期康有為論』七六頁、五四運動の研究、第四函、同朋舎、一九八七年。
(9)　『上海』に関する書誌情報は、石川禎浩「雑誌『上海』『上海週報』記事目録」『近世以降の中国における宗教世界の多元性とその相互受容』（科学研究費研究成果報告書：課題番号一〇四一〇〇八七）二〇〇一年に詳しい。
(10)　復旧政治と帝制説「上海報界の過去及現在(六一)」『上海』三五八号、大正八年(一九一九)、一二月二二日。
(11)　拙文「遺老辜鴻銘における文化保守の論理」『中国近代化の動態構造』京都大学人文科学研究所、二〇〇四年。
(12)　東洋文庫には一～七期（大同二年三月～康徳元年九月発行分）が所蔵されている。
(13)　曽憲廷「聖道将来之普及」『孔学会会刊』第五期。第三期にはその写真が掲載されている。
(14)　古屋哲夫編『満州国人事法令年表』五五頁、京都大学人文科学研究所山本有造研究室、一九九二年。
(15)　邵雍『中国会道門』上海人民出版社、一九九七年。
(16)　李世瑜『現在華北秘密結社』一二二頁、台北、古亭書屋、一九七五年。
(17)　李景漢『定県社会概況調査』四四六頁、中華平民教育促進会（社会調査叢書一）一九三三年。

# 第七章　泰州学派の再発見——虚無主義から唯情主義へ——

清末から民国初期にかけての孔教運動とは、近代的な国民国家形成に当たって、国家レベルでの規範の再構築を意図したものであった。しかし、孔教運動の担い手の意識が立憲君主体制を是とする限り、それは民国（共和体制）にそぐわないものとされ、運動がそれなりの広がりをもつにつれ、孔教、孔子への反発が過激になっていった。五四新文化運動を惹起したものは孔教運動だといっても差し支えないのである。だが、反儒教、全面欧化の思潮が苛烈になるにつれ、そのリアクションとして再び伝統学術を再評価、再編成しようという動きが、それも個人の内面の問題として浮かび上がってくる。その時、人は儒教思想のなにを継承するに足るものとして評価しようとしたのであろうか。本章では朱謙之（一八九九〜一九七二）の思想遍歴をとりあげてこの問題を考えることとする。

中国近代史において、朱謙之の名前は、虚無主義者、ないしは青年時代の毛沢東（一八九三〜一九七六）に影響を与えた無政府主義者として有名である。毛沢東はエドガー・スノーに次のような回憶を語っている。(1)

私は無政府論に関するパンフレットをいくつか読み、相当な影響を受けました。よく訪ねてきた朱謙之という学生と、しばしば無政府主義と中国におけるその実現性について論じました。

毛沢東のこのことばは、朱謙之の名前を無政府主義者として定着させるのに預かって力があったといえよう。確かに一九二〇年当時の朱謙之は、『北京大学学生週刊』に「労働節的祝詞」「無政府革命的意義」などの文章を発表したり、北京大学の無政府主義グループの機関誌『奮鬪』にはA・Aの署名で執筆して、互助団の同志と革命宣伝のビラまきをしたあげく、三ヶ月半の投獄という憂き目にもあっている。

しかしその一方で、『新青年』派として、近代的手法による国故整理を主張する周作人（一八八五～一九六七）は、一九二二年、近日の憂うべき「国粋主義勃興の局面」の一つとして、朱謙之の『古学』を挙げ次のように警戒の念を表明しているのである。

現在の思想界の現状に鑑み、将来の趨勢を推し量ってみれば、深く危惧の念を抱かざるを得ない。というのも、私のみるところこれは国粋主義勃興の局面であり、その必然的なふたつの傾向は復古と排外だからである。〔……〕最も重要なのは新たに起こった例の事どもである。すなわち、北京上海の各所で孔門の礼楽が提唱されていること、また朱謙之君の講ずる『古学』、梅〔光迪〕、胡〔先驌〕諸君の『学衡』、最後に章太炎先生の講学。〔……〕現在のあらゆる国粋主義の運動は、大抵、新文学に対するある種の反抗である。しかし私が思うに、今後はきっとやや色合いを変え国家の伝統主義となっていくだろう。そのことは異文化に対する反抗の意味を含むのである。(2)

無政府主義の主張と国粋主義の『古学』の主張、朱謙之が同時代人に与えた、かように多面的な印象は、彼の振幅に富んだ思想遍歴の軌跡がもたらしたものにほかならず、その思想内容の雑多性は当時の思想界の縮図ともみなせるのである。本章では、彼の思想の到達点のひとつである「唯情哲学」への過程に焦点をあて、その多彩な交友関係とともに、一九二〇年代の中国思想界の一つの動向を探ってみたい。

## 第一節　朱謙之の思想遍歴

朱謙之には自伝的著作がいくつかある。早くには一九二三年に「虚無主義者的再生」（『民鐸』四巻四号）が発表されている。これは彼の思想的遍歴を自ら表白したものとして興味深い文章である。さらには一九二八年の『回憶』（現代書局）、一九四六年の『奮鬪卅年』（国立中山大学史学研究会）があるが、のちにこれらを下地として「世界観的転変―七十自述」（『中国哲学』三～六期、一九八〇、八一年）が書かれた。

そのいうところに従えば、彼は自分の思想遍歴を次のように時期区分している。すなわち、一九一八～一九二三年を虚無主義、一九二三～一九二八年を唯情主義、一九二七～一九三二年を歴史主義、一九三二年からを文化主義(3)とするものであるが、本章の関心はさしあたって前半の虚無主義と唯情主義にある。以下、彼の思想形成を略伝的におってみよう。

朱謙之は一八九九年、福州の喉医の家に生れた。しかし、一三歳までに母、父、妹と立て続けに肉親の死に直面させられ、これが青年期の厭世主義、悲観主義の遠因になったと自ら述べている。一九一三年から一九一六年にかけ、省立第一中学で学んだが、「中国上古史」「英雄崇拝論」等の文章を書き、時に『民生報』『去毒鐘日報』に投稿するなど、活発な執筆活動がすでに始まっている。卒業後は、格致書院で半年英文を学んだが、「宗教廃絶論」を著して教義批判をするなど、教会学校とはそりが合わず、一九一七年の夏、北京大学の法予科に入学した。彼の本格的な思想形成はここから始まる。

彼にとって、蔡元培校長の下にある北京大学は、学術思想の自由と便宜を与えてくれるところであった。授業をよそにひたすら図書館に入り浸っていた彼の読書量の多さは伝説的ですらある。当時、北京大学図書館の主任は李大釗（一八八九～一九二七）であり、助理は毛沢東であった。李によれば、朱謙之は図書館の蔵書の三分の二は読破したということであるし、毛沢東は彼がやってくるのを見ると頭痛がしたという。図書館のカードが不首尾なのをいつも指摘されたからである。(4)

その強学の結果はまず一九一八年の『法政学報』に「周秦諸子統系述」（一巻三、四号）「政微書」（一巻六、七、九～一二号、二巻一号）という論文となって現れた。一九一九年四月には『学灯』に「新旧平議」（一七日）「新旧之相反相成」（一九、二一日）「無政府共産主義評論」（二九、三〇日）を執筆、ついで『新中国』を舞台に「周秦諸子学統述」（一巻二、四、六、七、八号、二巻一、三号）「太極図弁誣及太極新図説」「実際主義評論」（一巻三、四号）「虚無主義的哲学」（一巻八号）「虚無主義与老子」（二巻一、二号）といった文章を陸続として発表していった。

これら一連の文章からうかがえることは、彼が当代を中国学術の文芸復興期と認識し、単に新旧の対立をいうのではなく、新知創造のためには古学（周秦諸子学）の修明が当面の急務であるとしたこと、かつ玄妙なる形而上学の世界のとりこになっていたことである。彼は、伝統学術の中でも老子こそ諸子の大宗と位置づけ、そのうえに自らの世界観を構築しようと腐心していた。とりわけ「太極図弁誣及太極新図説」は宇宙の本体を追究するものであり、二〇歳の彼がいく晩も睡眠もとらずに思索にふけったという得意の作であった。この文章は成都の呉虞にも送られ、そのはからいによって『川報』にも転載されている(5)。

そもそも、この文章がかかれる引き金となったのは『新潮』評壇（一巻四号）に載せられた康白情（四川三台人）の論文「太極図与 Phallicism」であった。これは太極図を性器崇拝の幼稚な宗教的シンボルとみなした、いかにも五四時期の科学主義を反映した一文であるが、それに対して朱謙之は、「太極図は Phallic emblem か？哲理か？」と疑問を投げかけ、「科学を盲信するなかれ！」とその哲理たるゆえんを説いたのである。このように、形而上学的に宇宙原理を確認していく作業の一方で、彼はまた、無政府共産主義や実際主義など、当時の有力な思潮に対して一つ一つ彼なりの吟味と批判を加え、それを通して自己の思想的立場、すなわち虚無主義の立場を確立していく。

朱謙之は、まず「実際主義評論」で胡適（一八九一～一九六二）らのプラグマティズムを批判して「順世外道」ときめつけた(6)。それは、反玄学という胡適らの明快な人生観、そしてその不可知、不可思議なるものへの冷淡さに対する反発からであった。朱謙之の玄学的体質をよく示すとともに、この評論文の中には「情」を本体とする彼の宇宙観が早くも表明されている。本章の関心とのかかわり合いから、ここに一瞥しておこう。

今、形而上学の心理学派に唯意論をなす者があり、実に意志を宇宙の本源となすのである。しかしいわゆる意志とは実に意志を外にして感情が存するのである。あえて問う、この感情はいずこより来たるか？　何故感情の盛んなときは、我を忘れ意志など存在しないかのようであるのか？　これはただ感情のみが意志を外にすることができるのであり、意志は決して感情を離れられないということである。ただ、いわゆる感情とは意志がまだ湯尽しつくされていないものである。もし感情を宇宙の本源と為せば、その陋劣さはサーンキヤ派の冥諦（数論外道の自性）と同じである。必ず無感にして有情、寂滅精妙已円であって初めてこれを情と謂う。故に、情は意志の先にあり、意志の内にないはずがない。およそ意志を有する者は情を有す。およそ天下の者で意志を有せぬ者はない。いわゆる意志の外に決して物がないのであれば、まだ意志を有せぬその前を推し量れば、情こそが宇宙の本体であることは明らかである。

また「無政府共産主義批判」は、世の無政府共産主義者の主張の不徹底さを批判するものであった。朱謙之によれば、無政府であってもなお組織を有する以上、それは真実ではない。集産であれ共産であれ独産であれ、産がある以上、人世大乱の故となる。性善説が不可能である以上、労働は苦であり人情に悖るものであって人生の帰宿ではない。労働主義の無政府革命は、来るべき虚無革命への過程にすぎず、まして広義派（ボルシェビズム）革命は無政府革命への過程にすぎない、と主張されるのである。胡適のいわゆる〝評判的態度〟[7]を発揮して展開された朱謙之の数々の批評文は、やがて『現代思潮批評』（新中国雑誌社、一九二〇年）として一冊にまとめられるが、その絶対否定の虚無主義の主張と相まってさまざまな物議を醸すこととなる。

ちなみに、朱謙之の思想的活動が軌道に乗りはじめた一九一九年とは、今更いうまでもないことであるが、五四の学生運動が最高潮に達すると同時に、七月には胡適が「多研究些問題少談些主義」と、主義を、なかんずく無政府主義、社会主義を高談するものに痛烈な批判を加え、それに対して李大釗が「私はボルシェビズムを談ずることを好むものだ」と発言するなど、『毎週評論』紙上で「問題与主義」の論争がくりひろげられた年であった。「過激派」陳独秀は逮捕、投獄そして辞職と身辺あわただしく、呉虞（一八七二～一九四九）は灼熱の成都で「吃人与礼教」を書きあげていた。新青年派の分岐はすでに顕在化していたのである。そして朱謙之にとって何よりも大きな意味をもったことは、訪欧中の梁啓超がベルグソンと会見するとともに、その *L'Evolution Creatrice*（一九〇七年）が張東孫訳『創化論』として出版されたことであった。

一九二〇年一月、朱謙之およびその同郷の郭夢良、湖南の易家鉞、陳顧遠ら北京大学法学科のメンバーは『奮鬪旬刊』を創刊した(8)。易家鉞の回想によれば、彼らは雑誌の発行に際して事前に学長の蔡元培と教務長の蒋夢麟に許可を求めた。新文化運動の中で華々しい活躍をしている文学科に比べ、沈黙し活気に乏しいとみなされていた法学科の学生から、このように大胆で革命性に富んだ刊行物が企画されるとは、蔡学長らにとっては思いがけぬことであり、二つ返事で許可を与えたばかりか、資金の援助と編集室の手配までしてくれたという。勇気づけられたメンバーは、自ら刷り上った雑誌を町中に散布し、公然と軍閥政府に反抗し、自由に時事評論を行った。しかしそれは長くは続かなかった。

> 第四期になって、私〔易家鉞〕と朱謙之は自動車を雇って縦横無尽、いたるところで散布した。だが雑誌のまだ半分も散布しない内に官憲に引っ張られてしまった。蔡学長のおかげで保釈され、軽い処分を受け、再出版は許されなかった。我々は出獄の後、心中不服でまたこっそりと一期を出版して再び召喚された。学長の再度の保證を経て、我々は学長を尊重することとし、やっと矛を収めたのである(9)。

こうして『奮鬪旬刊』は、わずか四ヶ月で停刊のやむなきに至ったのである。

ところで『奮鬪旬刊』とまったく同時に、北京大学学生会の機関誌『北京大学学生週刊』が創刊された。雑誌の責任者でクロポトキン主義者である黄凌霜は、朱謙之の『現代思潮批評』に収録された「無政府共産主義批判」の一文をとりあげ、反論を開始した。黄は朱の拠るところをヘーゲルの弁證法、章太炎の国家論であると指摘し、その虚無主義、懐疑主義の玄学性、消極性を批判したのである。ここに二人の間で反論再反論の華々しい応酬が展開されるが[10]、しかし、彼ら二人は論戦のすえ了解しあい、黄は朱に該誌の編集を付託するに至った。またこの間、朱は法科予科を卒業し、念願の文学科哲学系に転入している。

『北京大学学生週刊』を発言の場として、朱謙之がまず提起したのは「反抗考試的宣言」である。これは、当時、学生の間で沸騰していた試験制度廃止の議論[11]に対する態度表明であった。彼は試験制度廃止と併せて、卒業證書の不要も宣言したのである。かくして朱は無政府主義の宣伝に傾斜していき、労働者を革命の原動力とし、その直接行動によってあらゆる生産手段を社会の公有とし、私有財産制度を排除することを標榜するに至った[12]。そして一〇月、革命宣伝のビラまきをしていたさい、朱の書き上げた「中国無政府革命計画書」を身につけていた互助団の同志畢端生が逮捕されてしまった。煩悶のあげく、友を救うべく自首した彼は、三ヶ月半の獄中生活を送るはめになったのである[13]。

ところで、かような朱謙之の虚無主義者、無政府主義者としての言動に対して危機意識をもち、いちばん辛辣に対処したのが陳独秀であった。すでに八月二日、陳独秀は胡適にあてた手紙の中で、虚無主義者、無政府主義者に対する宣戦を布告している。

私は近ごろ、中国人の思想は、万国の虚無主義——原有の老子〈学〉説、インドの空観、欧州の形而上学および無政府主義——の総和であり、世界にも比類がないものと感じています。『新青年』は以後、この病根に対して総攻撃を加えなければなりません。この老子学説と形而上学を攻撃する司令はあなたに受け持っていただくのでなければダメです。[14]

そして、九月には「談政治」「虚無主義」とたて続けに無政府主義批判、いや明らかに朱謙之批判を展開したのである。あわれむべし、多くの思想幼稚な青年は、一切否定の虚無主義に達しなければ高尚、徹底の極みとは言えない、と考えている〔……〕。私が思うに、虚無主義を信仰する人には、二通りの結末しかない。一に性格が高尚な人は発狂し自殺する。一に性格の卑劣な人は堕落する〔……〕。敢えて言おう、虚無思想は中国多年の病根であり、現在の思想界の危機である。[15]

確かに朱謙之は自殺の観念にとりつかれ、これに先立つ七月に自殺未遂の騒動を起こしていた。易家鉞はこう回想する。[16]

『奮鬭旬刊』が停刊させられてから、朱謙之同学は極度に消沈し自殺を図ろうとした。もともと彼は仏学の研究を積み、多数の経典を収蔵していた。ここに、学友達にひとり二冊の経典を贈り、贈り終わったら自殺をすると宣言したのである。学友達はもちろんこんな「贈り物」を受け取りたいはずもなく、あわてて返したが、彼は強引に受け取らせ、見るともうすぐにも贈り終わりそうである。彼らはパニックをきたした。謙之の個性は強固で、説得してもダメ、返してもダメとわかっていたから、みなは彼のために焦ったのである。

また、劉果航が胡適にあてた書簡（一九二〇年七月九日）も、この朱謙之の自殺を止めようとするものであった。劉は、夏休み中、図書館の利用できないことが朱謙之にとってどれほど苦痛であるか、彼の激しい自殺の幻想を紛らすためにも、彼に自由に読める本を与えることが必要だとし、胡適の蔵書を貸してやってほしいと訴えたのである。[17]
学友を巻き込んでのドタバタ劇の観すらある、この自殺未遂事件と社会運動の方法をめぐっては、マルキスト施存統との間にも応酬がある。施は「奮闘」と題する詩を『民国日報』の副刊「覚悟」（一九二〇年九月一七日）に投じ、朱謙之のグループを揶揄したのである。

我は誰と奮闘するか、我は自然界と奮闘する！
自然界と奮闘すれば、入獄銃殺の危険はないし、暴徒乱党の悪名もない。
我はどこで奮闘するか、我は書籍の中で奮闘する！
書籍の中で奮闘すれば、知識階級の地位を占めて、学者先生の美号を享受す。

これに対し朱謙之は次のように返している。[18]

君の「奮闘」の詩を読んで、私の心は打ち砕かれてしまった！　吾が友に告げよう。私は今年七月に、一度自殺を図った。死ねなかったのが残念だ。もし死んでいれば、君は又どのようにいったことか！　友よ！　君は私の心を理解していない。私がこの空談の奮闘のためにどれほど焦慮したか、率直にいえばこのために私は多くの友人と絶交しなければならなかった！　いま私はさまざまな革命団体から離れ、弧独な奮闘生活をしている！〔……〕ただ弧独な我があってはじめて革命の創造力があり、ただ弧独な奮闘があってはじめて偉大な成功がみられる。

施存統から朱謙之へ[19]

謙之よ、君が空談家でないことは深く信じている。〔……〕あの「奮闘」の詩は、決して一個人を攻撃したのではない。〔……〕君の人格は深く信じている。〔……〕しかし、あの奮闘を高談し、階級戦争に反対する友人らには遠慮はしない。〔……〕宇宙革命、粉砕虚空、大地平沈、はたして成し遂げればそれも爽快な事ではあろう。〔……〕しかし、腐敗した政府すら倒せず、どうして宇宙革命に従事できるのだ。〔……〕我々の目的は万悪の社会と奮闘することだ。

ここに施存統が、朱謙之批判の一点として、「宇宙革命」という概念をあげていることに注目しておきたい。

ところで、このような七月の自殺未遂以来の朱謙之批判の経緯を見ていくと、本質的には書斎人であった朱謙之が、一〇月になってあえて投獄に至るような行動をとっていったのも、現実社会での闘争をかざして彼に対して痛烈な批判を展開してきたマルキストたちの攻撃に煽られたことが、一因としてあったのではなかろうか。単純な表現をすれば、朱謙之と彼らとの論争は、アナ・ボル論争ということになるのであろうが、以下に紹介する朱謙之の発言からも明確なように、彼の意識としては、玄学対科学主義の論争でもあった。いずれにしろ、朱とマルキスト、とりわけ陳独秀との亀裂は覆いようがないものであった。胡適に当てた手紙から朱の言い分を見てみよう。

独秀先生は『新青年』でしばしば虚無主義を攻撃していますが、その実「現代虚無主義の意義と価値」「現代虚無主義者の性格と精神」をどうして知りましょう? 理由のない批判に誰が心から心服しましょう? 〔……〕適之先生、私の同志の十人中九人はみな陳先生と大いに論戦しようとしています。彼が発狂、堕落、思想混乱とみなしている朱謙之も、真理のための向上努力では、混乱中にあっても決して人後に落ちません。私には陳先生に対して賛同できないことが二点あります。

一、本当の革命家とは、その地の民族精神を理解してこそのものと思います。例えば中国では、さまざまな面からみて、すべてに無政府の傾向があります（私は「無政府革命と中国」を書き、この説を明らかにしたい）。意のある人は、まさに勢利の導くところ、無政府革命を実行すべきです。陳先生の空想する「陳独秀式労農政府」に至っては、真に『老子』の所謂「為すものは敗れ、執るものは失う」であります。

二、私は、現在の不徹底な学説は、みな科学神聖からひねり出されたものであることを恨み、哲学方法の独立を切に求めます。それしも、科学方法では革命行為を助けることができないからです（『奮闘』第六、七期「革命と科学」を参照のこと）。今、陳先生は科学を偶像崇拝し、その結果、私の革命方針を少なからず阻害しています。私もただ「思想の革命歌」を唱い、大いに「反科学運動」を提唱しましょう。

適之先生、私は最近の人物の中では、先生を最も尊敬いたします。〔……〕もし、本校に〔胡適〕先生と梁漱溟先生がいらっしゃらなかったとしたら、私は一日もとどまってはいられないでしょう。[20]

朱が執筆を予定したという「無政府革命と中国」なる文章が、どのような形で発表されたのか、今はまだ定かでない。ただ当時、朱謙之の近くにあった鄭賢宗が、太朴のペンネームで次のような発言をしている。

私がマルクス主義を中国に行うのに反対する理由は、中国の国民性に適せず、中国の社会情形に適せず、中国の歴史的根拠に合致しないからだ。私は中央集権の政治組織は中国の国民性と相容れないと信ずる。マルクス主義は中央集権であるが故に実行できるとは思わないのだ。もし実行しようとしても、敢えて断言しよう、その結果は必ずや現在の共和制と同じであり、看板はかかっていても、中国は依然として旧時の中国だ。もっといえば、その弊害は今よりどれほど甚だしいかわからない。〔……〕中国人は天性、政治に興味がなく政治の必要も覚えない。〔……〕私はクロポトキン主義者でも、バクーニン主義者でも、プルードン主義者でもない。私は無政府主義者、私は中国式の無政府主義者だ。(21)

この発言に対して、陳独秀は「中国式的無政府主義」と題して「中華民族の腐敗堕落の国民性の原因である、老荘以来の虚無思想及び放任主義」に対しては「教育上、政治上、厳格な干渉主義」をもって対処し、「開明専制」の局面を早く作り出すのが唯一の救いだと激烈に応じている。陳のこの「開明専制」の発言に対して、朱謙之はついに「人格破産、新式の段祺瑞、未来の専制魔王」とまで陳を罵倒するにいたる。(22)学生朱謙之と、かつての文科学長陳独秀との関係は、こうして険悪きわまりないものとなったのである。朱はもはや北京大学には留まっていなかった。

一九二一年五月七日、北京大学で講義をすることになった呉虞が成都から北京に着いた。同月一三日の彼の日記には「〔葉〕石生が朱謙之とともに話に来る。謙之は一週間以内に出家して杭州に行き、西湖の弥勒院に住み、太虚と仏法に参ずるという。謙之は近頃唐訳の「華厳経」を読んでいる、予の「李卓吾伝」がとてもよく、すでに梁漱溟に送ったとのこと。石生がいうに、漱溟は近頃孔子哲学を講じ、入興法を主張し「無所為而奮往」を主義としていると。予が石生とともに謙之の寄宿室を通り、ちょっとのぞくと、講義レジメなどすべて人に贈って、仏書数十冊があるのみ」としるされている。(23)

この朱謙之の出家事件は、彼が虚無主義を克服するよい転機となったのであるが、同時期にグループの易家鉞が引き起こした「嗚呼蘇梅！」事件[24]とともに「科学に根拠しない」無政府主義のスキャンダルとして、周辺の人々に波紋を投げかけたものであった。[25]そのなかで呉啓軒は、朱の出家が消極主義のものではないこと、仏教界のルターをめざすものであることを代辯し、理解を見せていた。[26]

朱君は天性剛直で、いつも独断独行を好んでいた。従来、ひどく老荘の書を嗜んでいて、彼が平日主張していた「虚無主義」は、すなわちここに根源があった。社会に対しては、常に一種冷眼な観察をし、そのためかつては積極厭世、すなわち自殺の心が確かにあった。〔……〕〔彼ノ出家ノ動機ハ〕彼が三年前に太虚和尚とかわした「三年後、師の処において出家す」という約束にもとづくが、また一方でちょうど我等が印度哲学の教授梁漱溟先生の思想が変化した（梁先生は仏学を研究し、もともとは成唯識を主張する一派だった。しかし、この数月来、なぜか知らぬがたちまち変ってしまい、唯識に反対して泰州学派に帰依し、極端に王東崖を崇拝するようになってしまった。）という反面の影響による。〔……〕願わくば今後は仏界のルターたらんことを。

これら朱謙之の出家を語る記事が、いずれもそれと関連づけて、当時、成唯識を主張して北京大学で印度哲学を講じていた梁漱溟（一八九三～一九八八）の思想が、孔子哲学、なかんずく、泰州学派に大きく接近していったことを伝えているのは、二〇年代の思想界を鳥瞰するにあたって、きわめて重要なことである。[27]ともあれ、結局この出家も、朱謙之にとっては「家長制度の変形である僧界に懐疑」を抱かされただけの結果に終わってしまい、彼は、「反教」の詩を詠んで寺を立ち去ったのである。またこの間に、梁漱溟らの招きによって南京内学院の欧陽漸（一八七一～一九四四）と唯識を談じているが、これもまた彼の思想とはなり得なかった。[28]

しかしながら、杭州に来てはじめて宇宙の美に感じた彼は、郭沫若（一八九二～一九七八）、鄭振鐸（一八九八～一九五八）といった文学者の感化を受け、次第に「美化」の道に進む。郭沫若は一九二一年四月三日、日本から上海に帰国していたが、朱謙之が『革命哲学』出版の件で泰東書局に住み込むことにして以来、交流が深まったものである。[29]また、同郷の鄭振鐸とはそれ以前から、『奮鬪』を介して交流があったと思われる。[30]そして、杭州という風光明美な土地柄の中に、思想を反転させる契機を得た朱の、次にうちたてた思想的立場が「唯情哲学」であった。以下、彼の虚無主義の聡決算である「革命哲学」と、再生の「唯情哲学」についてみていこう。

## 第二節　虚無主義者の再生

### （A）『革命哲学』

一九二一年九月、創造社叢書の二として、朱謙之の『革命哲学』が出版された。本書には袁家驊の序文[31]と、三篇の序詩「宇宙革命的狂歌」（郭沫若）「微光」（鄭振鐸[32]）「宇宙底革命」（鄭伯奇）が寄せられている。朱謙之の主張する宇宙革命なるものに、少なくともこの時期、郭沫若らが唱和していたことは、前述の施存統の批判と考えあわせたときに、真に興味深いものがある。さて、全一六章にわたる本文は、文字どおり革命を哲学するものであり、彼の世界観を披瀝したものである。ここに簡単な要約をしてみよう。

まず革命の真意義とは〈絶対の真意義と実在〉＝自然＝真我＝真情を求めることであり、不自然（強権、私有財産、迷信、虚偽）なものを根本的に破壊することである。また革命と進化は一つである。ただし、ここでの進化とは「生生已まず、自彊息まざる〝動〟」をいうのであり、科学家の進化論ではない。かくして「真の時間の持続（綿延）、永遠不断の生命」を説くベルグソン（一八五九～一九四一）の創造的進化に強く共鳴したうえで、さらに「現時」の「分段生命」の進化、すなわち個体の真実を合わせ認識するという、虚無主義者の流行の進化説が提唱される。

また彼は生命、真情、創造の表示である創造衝動を革命の原動力とみなし、革命の心理を考察する。ちなみに創造衝動とは、佔有衝動ともどもラッセル（一八七二～一九七〇）がもたらした当時の思想界の流行語である。(33)この場合、ようやく中国の知識人にも受容され、普及してきた欧米流の心理学による「知情意三分法」の枠組みで心の特性を考えることが、朱謙之にあっても発想の下地になっているようだ。すなわち、「意志」が「緊張」すれば「情」にはたらき「時間流行」に向かうが、「意志」が「弛緩」すれば「知」に動き「空間開拓」に走るとするのである。そして意志を衝き動かす衝動は無意識無目的であり、それが有意識有目的となれば欲望である。ここに衝動は無善無悪であるが故に至善であり、衝動のもたらす情こそが自然、真実、虚無なるものとして無元（心の先）である。一方、その対極としての知識は革命の敵とされる。

情を主とする彼の反知主義は「科学万能の時代はすでに過ぎ去った」と叫び、デューイ（一八五九～一九五二）の経験主義及び科学的方法への批判をこめて、革命の時代とは哲学の時代だという。そして新哲学の代表をベルグソンの直覚主義とし、ベルグソンの影響を受けた社会運動としてG・ソレル（一八四七～一九二二）の工団主義（サンディカリスム）をあげている。(34)

しかしながら、彼において革命の目的と手段は旧環境を打破し、人力でもって自然（宇宙）進化を前進させることである。物競から互助へと真善美が求められるものの、建設は人為的として否定され、ただ破壊あるのみ、ひたすら懐疑と破壊の知行合一が主張される。彼が革命の原動力とする創造衝動、創造欲とは自由欲にほかならず、そこに観念されているものは、無政府・無法律・無道徳・無宗教の「率性而行」うの自由である。ここにはまた、「群衆の真情は皆我に備われり」というのぼせあがった理想家（先覚）の英雄主義も濃厚に現れている。破壊と奮鬪精神の「有血性的男児」の実物見本として李卓吾の名があげられ、我道主義十八条[35]、およびニーチェ（一八四四～一九〇〇）の超人に倣った「情人」が提唱される所以でもある。

かくして「物理法則を社会進化に硬用」し、「歴史法則をうち立てて意志の自由と対立」させ、「能動の精神を無意味」にする唯物史観は、大いに批判にさらされる。彼が主張するのは虚無主義に立脚する唯心史観であった。時代の情意の要求こそが思想となり、歴史行為を支配するとされるのである。ここに近代哲学においては、現実哲学（唯物論）→新理想哲学→虚無哲学（自有而無）というステップが考えだされ、革命思想においては、政治革命→社会革命→無政府革命→虚無革命（到太虚無上辺去）と、いずれもその目指される最終段階は虚無主義にほかならなかった。

そして彼の虚無主義は、虚は宇宙全体（虚而不屈、動而愈出〔老子五章〕）を、空は宇宙進化の傾向（無→有→無の還滅）を示すものとして宇宙的虚無主義であり、最終的にはフランスの社会心理学者ルボン（呂邦、魯滂　一八四一～一九三一）の「物質的進化」、すなわち物質断滅の道理（物質は漸く分解し、万物第一本体の不可思議の以太〔エーテル〕に帰す[36]）に基づく宇宙進化、無人類主義が提唱される。すなわち、彼の愛唱する「虚空平沈、大地破砕[37]」の一句こそが、虚無主義の地平とされたのだ。

以上、きわめて簡単に紹介した「革命哲学」の立場が、この時期の思想界において、どのような意味をもつのかをまとめてみよう。

一、五四新文化運動のスローガンの一つである科学主義に照らしてみれば、明らかに反科学主義の立場をとり、哲学（玄学、形而上学）の立場を主張する。これは第一次世界大戦後のヨーロッパを視察した梁啓超が持ち帰った「科学破産」の風潮に敏感に反応したものであり、やがてまきおこる「科学与人生観」論争（一九二三）の先駆とみなせる。[38]

二、胡適が提唱したいま一つの思想的座標軸「問題（研究）与主義」の枠にあてはめれば、むしろ、主義の立場をとるものである。デューイ＝胡適＝改良主義として批判することとは、革命を主張することであるが、しかし、そこでめざされる革命とは、主観能動性に導かれた内省的かつ夢想的な「宇宙革命」である。

三、宇宙と我の同質性、宇宙を超えた我という膨張する自我主義がみられるが、この自我はまたただちに本体、自然とみなされる流体的な自我であり、寂滅の自我である。ニーチェ、ベルグソンの受容とともに、下地としての老仏色が濃厚にうかがえる。そして、虚無の本体として真我＝真情を追究する主情主義は、これ以後その面貌を変えつつ、しかし、ますます重要なモチーフとして一貫されていく。

『革命哲学』とは、かく時代思潮のごった煮ともいうべき作品であったが、「文字顕烈」の故に発禁処分を受けつつも、なお四版まで出版されている。易家鉞は「朱謙之の『革命哲学』も売れ行きのよい本の一つだった。しかし、この本は政府により発行禁止とされたので、泰東は「革命」の二字を切り落とし、朱謙之著『哲学』としたところ、読者はこの本が神秘性に富むと感じ、ますます売れ行きが伸びたのである」[39]と回想している。なんといっても当時の朱謙之はさまざまな新思想の中で最も激烈で、最も徹底的な部分を代表していたのである。過激で浪漫的なニヒリズムの色彩に、閉塞した人心の引きつけられるところがあったのであろう。

そして『革命哲学』出版の翌一〇月、朱の尊敬する梁漱溟が『東西文化及其哲学』を出版する。時代の動向は、いま確かに五四新文化運動の「全盤欧化」から東方回帰へと変化しつつあった。梁漱溟の該書は知識界に、そして朱謙之に対しても多大な衝撃を与えたのである。

### （B）「唯情哲学」の主張

梁漱溟の『東西文化及其哲学』の初版は財政部印刷局から発行されている。この初版本にのみ掲載されているのが、梁漱溟、朱謙之、黄慶、葉麟の四人が並んだ巻頭の写真であり、その裏には梁漱溟の説明文が付されている。それによれば、いずれも二〇歳そこそこの彼ら四人は、師弟関係を超えた、まるで子供のような友人関係にあったこと、一九二一年の四、五月から、梁漱溟が翻然と生活態度を改変せんとし、北京を離れて山東の郷村に滞在しようという決意を、まずこの四人の間で示したところ、ちょうど朱謙之も出家して西湖へ行くというので、記念にとった写真であることが知られる。そして、梁漱溟の生活態度の改変とは、数年来準備していた仏家生活への心願を断然放棄し、孔家の生活をしようということであった。『東西文化及其哲学』とはその宣言書にほかならなかったのである。

そもそも、東西文化を論じる梁漱溟において、文化とは民族の生活の様式と規定される。彼独特の意味あいをになう「生活（＝相続＝有情）」とは、尽きせぬ意欲（will）、すなわち叔本華（ショーペンハウエル　一七八八〜一八六〇）のいわゆる「意欲」にほぼ当たるものであった。文化の差異とはこの意欲の方向の差異なのである。ここから展開される「西洋、中国、インド三方哲学之比観」については、すでによく論じられているところであり、本書ではもう言及しない。今は朱謙之の「唯情哲学」に影響を及ぼした、中国形而上学の理解に目を向けたい。

文化とはどのようなものであろうか？　その民族の生活の方法に過ぎない。生活とはまた何であろうか？　生活とはすなわち尽くせぬ意欲（will）——ここに謂う「意欲」はショーペンハウエル（叔本華）の謂う「意欲」とほぼ近い——とあの断えざる満足と不満足であろう〔……〕中国形而上学の問題は西洋、印度とは全く違っている。〔……〕中国が極めて古い時代から伝えてきた形而上学、あらゆる大小高低の学術の根本思想となるものは、完全に変化を講じたものであって、決して静態ではない〔……〕中国人が用いるこの直覚体得より出た意味の観念は、その意は指すところがあっても非常に流動不定であり、科学的な思考の筋道とは相容れない〔……〕現今、ベルグソン（柏格森）が科学上の明確な固定的な概念に大いに指摘を加えている。彼は、形而上学というものは、ある反科学的な思考の筋道をとって、ある種のしなやかで生き生きと働く観念を求めて用いるべきだと考えている。これはあたかも中国式の思想に代わってその前途を開くようなものではなかろうか？[40]

梁漱溟は、中国の形而上学の個性は古来から「変化」を問題としてきたところにあると考え、その形而上学の大意は、おおむね『周易』に備わっているとする。中国の伝統的な思考パターンである「直覚体会」から生まれる観念は「非常流動不定」であり、その意味では科学的思考になじまない、反理知的といってもいいものなのだが、西洋哲学の最新の情勢には、むしろ呼応するところがあると彼は考えたようだ。すなわち、彼によれば、アインシュタイン（安斯坦）の相対論は「宇宙は大流である」という考えに根拠し「あらゆるものはみな相対であり、それ自身でそこに存在しているものはない」という。また内的動の哲学であるベルグソンは、宇宙の本体を「生命」「綿延〔持続〕」とみなし、形而上学には「明確な固定的な科学概念」ではなく「流動的観念」を用いなければならな

葉麟　　朱謙之　　梁漱溟　　黄慶

図7－1　出家する朱謙之と山東郷村におもむく梁漱溟
（『東西文化及其哲学』初版本巻頭の写真）

いといっている。これらは、中国的思考に道を開くものだと彼には考えられたのである。そして、このように彼がショーペンハウエル、ベルグソン等を援用して中国的思考を表現しようと努めているところに、我々は明代思想史の一つの表現であった「生生」の心情の蘇生と変容をみとめることができる。

孔子の人生哲学とは〔……〕すなわち生活を正しく好いものとみなす態度である。この種の形而上学は本来「宇宙の生」を講じたものであり、だから「生生これを易と謂う」〔……〕この一個の「生」の字が最も重要な観念である〔……〕孟子が説いた慮んばからずして知る良知、学ばずして能う良能とは、今日、我々の謂う直覚である。この種の正を求め善を求める本能的な直覚は、人々がみなもっているものである。〔……〕この鋭敏な直覚こそが孔子の謂う仁にほかならない。〔……〕仁とは本能、情感、直覚である。〔……〕我々は彼〔孔子〕のこの生活は楽の、絶対楽の生活だということができる。〔……〕宋明の学者はみな孔子の人生を求めようと思い、また各おの得るところがあったといっても、しかし、ただ晩明の泰州王氏父子、心斎先生と東崖先生が最も私の意にかなうものである。心斎先生が楽をもって教となし、作事出処に甚だ聖人の様子があったのは、みな注目すべき処である。(41)

このように、梁漱溟によれば、孔子の人生哲学を考えるにあたって最も重要な観念は「生」である。また孟子の良知良能とは、今日的なことばでいえば直覚である。すなわち孔子の仁とは、この鋭敏な「求対求善」の本能、情感、直覚にほかならない。天理とは我が自己生命の自然変化流行の理である。孔家では飲食男女の本能の情欲はみな自然流行に出ずとし、決して排斥しないのである、と大約このように述べられる梁漱溟の孔子は、生の賛美者、生機主義者の孔子であり、ここにいう直覚の仁とは、まさに泰州学派の「現成良知」にほかならない。そして、王心斎、王東崖への強い共感は、孔子の生活を「絶対楽的生活」と強調することによって示されている。これが梁漱溟自身の、人生問題の煩悶の末にたどりついた結論であったことは多言を要しまい。仏法に帰依し、人生はただ苦のみと思い定めていた梁漱溟にとって、『論語』に充満している楽観的気分の発見と、「王東崖語録」との遭遇は出家の決心を放棄させるほどの衝撃だったのである(42)。

では、この泰州学派の情感はどのように生まれたのか、少し思想史を振り返ってみよう。

そもそも、朱子学の忌避した欲望肯定にまで到達する思想の内在理路は、すでに王陽明の「心即理」のテーゼに内包されていた(43)。すなわち王陽明は、朱子学の「性即理」に対して、性と情（欲にまで流れる可能性を含む）の統一体である心（心＝性＋情）を理としたのである。「欲もまた人心のまさに有すべきものではないでしょうか」という弟子の質問に対して陽明はいう。

喜怒哀懼愛悪欲、これを七情という。七者はみな人心のまさに有すべき的《もの》である。ただ良知を認得して明白である必要がある。〔……〕七情はその自然の流行に順えば、みな良知の作用であって、善悪を分別することはできないが、ただ執着する所があってはならない。七情をもって執着する所があれば、それを欲といい、みな良知の蔽障となる(44)。

陽明によれば、自然に流出する情は良知の作用であって、善悪に弁別できるものではない。しかし、この情が執着から欲に流れると良知を被蔽してしまう。それをふせぐのは良知の自覚である。すなわち「天理を存し、人欲を去る」という道学の実践課題は、宋儒のように情を警戒的に排斥することによってではなく、人心に本来的である情の存在を認めた上で、良知と情（欲）との、すなわち本体と作用とのきわどいバランスのうえに追究されていた

のである。それとともに、よく知られている語句ではあるが、陽明には

その数頃もある、源の無い塘水〔ためみず〕となるよりは、数尺でも源のある井水の、生意窮まりないものとなるほうがいい(45)。

問う、「逝く者は斯の如し」〔論語、子罕〕とは、自家の心性が活潑潑地であることを説いているのでしょうか。先生曰く、そうだ。絶えず〔時時〕良知を致すという功夫を用いることが須要だ。そうして始めて活潑潑地なのであり、そうして始めてかの川と同様なのである(46)。

人として誰か根の無いことがあろう。良知とは天植の霊根であって、自ずから生生として息むことがない(47)。

とあるように、湧水や川水あるいは成長する苗にたとえられる生意あふれる心性、心の自発性がみられる。もちろん、この陽明の生意を、朱子の詩にいう「源頭活水来（泉の源から勢いのよい水が流れ来る）」すなわち、天理人欲の交戦する人心を、学者は川の流れのようにいささかの間断も無く、時時省察して清らかさを得る、というものと、基本的には同じであるとの見解は正しいであろう(48)。しかしながら、人欲の排除をめざし心身を削りに削っていく感のある朱子の切迫した修養の工夫と、結果的に情の回復を肯定してしまった陽明の生意とでは、向かう方向は一八〇度乖離していた。

島田虔次氏は、「生生」「生生不容已」「不容已」などの字面こそ、陽明以後の明代思想界の根本的情調を表す最も特徴的な言葉であった」と指摘している(49)。「生生して息まず」という、陽明学のもつこのローマン的能動の心情こそが、よく人々を魅了し、奮い立たせえたと同時に、良知と情とのバランスを大きく破綻させていく変容の糸口

になったといえよう。

またそれらとともに、さらに陽明が「楽は是れ心の本体なり」[50]といい、「聖人の学とは、そんなに梱搏苦楚なものではないのだ」[51]といっていることも、我々は見逃すわけにはいかない。この側面を大いに発揮したのが泰州派であった。嵆文甫（一八九五〜一九六三）は王心斎の学説で最も人に伝唱されたものは、「楽学歌」だという[52]。

人心は本来、自ずから楽しみ、自ずから私欲に束縛される。私欲が一たび萌す時、良知は還って自ずから覚醒する。一たび覚醒すればすぐに〔私欲は〕消除され、人心は旧に依って楽しむ。楽はこの学を楽しむのであり、学はこの楽を学ぶのである。この学でなければ楽しまず、この楽でなければ学ばない[53]。

この楽学主義は心斎の子王東崖によって受け継がれ、顔山農の弟子羅汝芳にも顕著であった。

いわゆる楽とは、私が意うにただ一種の快活である。どうして快活の外、またいわゆる楽があろうか？　生意活潑にしていささかも滞礙がないこと。すなわちこれが聖賢のいわゆる楽であり、すなわちこれが聖賢のいわゆる仁である。

すなわち感嘆した！　孔門の〔大〕学〔中〕庸は、全て周易「生生」の一語から化して出で来たものなのだ。そもそも天命の已むことがない、まさにこれこそが生にしてまた生、生にしてまた生[54]。

羅汝芳は生意活潑な状態を「楽」であり「仁」であるとし、とどのつまり『周易』の「生生」の一語こそが孔子の学の源である、と喝破したのである。嵆文甫が彼を生機主義者と呼んでいるのもうなずけることである。「生生」と「楽」が合一したことによる伸び伸びと自然な人間観の回復、しかもそれは「万物一体の仁」という主張を同時にすることによって、個のレベルにとどまることのない、自己、他者、宇宙が一体化した行為的人間の主張ともなったのである。

いわゆる「王学末流」の達成した人間観とはまさにこのようなものであった。かかる人間観は当然、朱子学の行動指針である大学の八条目（格物、致知、誠意、正心、修身、斉家、治国、平天下）の解釈にも端的に反映されてくる。例えば、淮南格物説を唱えた王心斎は、この八条目の「修身」を明哲保身、安身、愛身として強調した。それは、当時、朱子学の通俗化にともなって過剰さを増していた残酷な社会習慣、孝子の証としての「割股（病気の親に自らの体肉を切りとって薬として与える）」や節婦の証としての「殉死」など、魯迅が五四新文化運動において「人を食う礼教」として激しく批判した、まさにその通俗倫理を批判するものにほかならなかった[55]。

さて、儒家思想への回帰を唱った梁漱溟の『東西文化及其哲学』は、出版されるや賛否両論の議論の渦を引き起こした。そしてここに深刻な影響を受けた一人が朱謙之であった。梁漱溟は孔子の生活を「絶対楽的生活」と強調することによって、王心斎、王東崖への強い共感を示したのであるが、このような梁漱溟の情感哲学、生命哲学としての儒教観は、朱謙之の唯情哲学にきわめて強く反映されてくる。朱謙之は梁漱溟の情感哲学をより個人的、情緒的に、より実践的に発展させたのである。

朱謙之の「唯情哲学」は、一九二二～二三年にかけて『民鐸』に掲載された一連の文章にその精髄を見ることができる[56]。もっとも彼にしても、虚無主義の書『革命哲学』から一気にここに至ったわけではなく、しばしたゆとう期間が必要であった。その間、二二年四月には、例の、国粋傾向の「朱君の古学」として周作人に警戒された『古学卮言』（泰東図書局）が出版され[57]、一〇月には創造社叢書の五として『無元哲学』（泰東図書局）が出版されている。この書に至って、虚無主義を語りつつも、人間世における真生命の実現を確信する「宇宙観の根本変換」がみとめられ、思想の分岐点になったことを、朱は自ら述懐している(58)。

さて、『民鐸』掲載の「唯情哲学発端」および「宇宙生命——真情之流」をみてみよう。ここには「唯情哲学」のキーワードである「真情之流」という概念が提起されている。

そもそも、宇宙間に充塞しているのは、もとこの活潑流通の「真情の流」にほかならない。〔……〕我がこの唯情哲学は、心の経験からするものではあるが、しかしまた本づくところが無いわけではなく、おおむねみな周易中に備わっているのである。〔……〕「情」は自然なものであり、「偽」は人為的なものである。「情」は直感的であり、「偽」は理知的である。「情」は優美和楽であり、「偽」は潰裂横決である。〔……〕最後に私は敢えて断言しよう、我が哲学——唯情哲学こそが孔家の本来面目であると。不幸にして孔家の哲学は、孟子以後、幾千百年その伝を失ってしまった。中では陸象山、王陽明一派の出現に、頗る注目すべき価値がある。〔……〕天地万物はもと我と一体、我と天地は同流(59)。

そもそも、いわゆる宇宙とは、ただ生というこの一動のみ。〔……〕生は不断の流れであり、時として移らざるはなく、動じて変わらざるはない。いいかえればすなわち、一種の溶解し滲透していく内質的変化の持続であろう。だから繫辞伝には生生これを易というとある。〔……〕今、人が、にわかに子供が井戸に落ちそうなのを見れば、あわれみの心で覚えず知らず、渾然として子供と一体になってしまう、これこそが渾然天地万物一体の「真情の流」である。故に程明道は「仁者は天地万物をもって一体となす」といったのだ(60)。

朱謙之がベルグソンに借りて「持続的創造的進化（縣延創化）の宇宙生命」と形容した「真情の流」とは、宋明理学の、なかんずく明末に顕著となった生生主義に裏づけられた「万物一体の仁」と同質なものであることが、一見して覚られる。あるいはまた、上述の泰州学派羅近渓の楽学の語、「いわゆる楽とは、私が意うにただ一種の快活である。どうして快活の外、またいわゆる楽があろうか？　生意活潑にしていささかも滞礙がないこと。すなわちこれが聖賢のいわゆる楽であり、すなわちこれが聖賢のいわゆる仁である」を引いて、仁とは情の快楽性（生活之楽）だという。[61] 朱謙之に言わせれば、かかる唯情哲学こそが「孔家の本来面目」なのであった。我々は、梁漱溟と同じく朱謙之においても、自己思想の転換とはその思想基盤を虚無から孔家哲学へ回帰させることであった、ということの一点にこそ、「打倒孔家店」の荒波をくぐった果ての時代思潮の動向を認めなければならない。

そして、朱謙之にあって、優美和楽の美意識へと高められた「情」には、信仰の感情までがともなわれていく。彼は李石岑（一八九二～一九三四）への手紙で次のように表白している。

　懐疑は罪悪の根源だと知らなければなりません。〔……〕懐疑の背後にあるのは極大の黒幕「吃人的理知」です。無限絶対の真理は、むしろ真情の信仰の中に啓示されるのです。〔……〕以前には一切を否定し、一切を打破し、自己をせまい垣根に閉ざしていました。それが自由でありましょうか？〔……〕こうしてついに私の理知の目を閉ざせしめ、大いに真情の目を開かせました。私は今や一変して楽天主義者、人道主義者、和平主義者になったのです。この世界を、最も円満な世界を信じます。〔……〕私は現在絶対に流血の革命を願いません。〔……〕この楽観の基礎の上に、毅然、決然として絶対自由の真情生活——無政府にして調和をえた社会を主張します。

この思想転換の表白に対し、李石岑は「あなたの以前の手紙は完全に懐疑から出発し、そこで結論は「虚無」に帰していました。あなたのこの手紙は以前の論調と一変し、かえって極端に信仰を主張し、そのため結論は「真情の流」に帰しています。しかし、あなたの二種の説法は、私の見るところ、どちらも性にあったもので、字面の移動に過ぎず、いささかも精神上の衝突はないのです。なぜなら、二通の手紙の出発点はともに「吃人的理知」に反対することであり、全精神は「完全」「無限」という文字に注がれているからです」と的確な感想を述べている。(62)

いかにも彼の思想転換は、懐疑から信仰へ、虚無から真情へと鮮やかな変貌をみせるものの、反転された世界にはやはり一貫した反知主情の構図が表れている。呉稚暉流の皮相ないいかたをすれば「悲観青年の虚無」が癒され、人生への信頼、青春の生命力が取り戻されたということなのである。虚無の情は生命の情と変わり、愛神にぬかずくことが彼の唯情哲学の実践となった。ここに「虚無主義者の再生」のあかしとして、音楽を学ぶモダンガール楊没累(63)（Mary）との愛の往復書簡が発表される。人生の最終目的は愛情だと断言するにいたった朱の未来の願望は、没累のいう「哲学の詩人」になること。そして同情同調の人と「山林の間に長き伴を結び、風月を吟じ、花柳に随う」という生活をすることとなった。すなわち、かかる風雅快楽の人生観こそが、愛と美の新孔教(64)だったのである。

だが、「私とMaryの〝pure love〟は不幸にして漱溟学派〔梁漱溟、黄慶、王平叔、陳亜三等〕には理解されなかった」と自らもいうように、彼ら二人の恋愛至上主義の生活態度は、必ずしも周囲の共感を得るにはいたらなかったようだ。とりわけ、情感哲学としての孔家哲学への導き手でありながら、なおストイックな梁漱溟との間に齟齬の生じたことがうかがわれる(65)。とはいえ、一九二三年の北京に始まった楊没累との同居生活は、二五年から没累の死の二八年まで杭州の西湖畔に隠居して、執筆と愛情の甘やかな日々が送られることとなる。そして、これに先立つ一九二四年二月、朱の『革命哲学』に序文を寄せた袁家驊が『唯情哲学』の一書を出版して、「情人」すなわち「真生命（真情）の活動個体」の主張していることをここに付記し(66)、唯情哲学が決して朱謙之という強烈な個性にかかる孤立単発の思惟活動ではなかったことを指摘しておきたい。そして、本章ではふれえなかったが、日本経由で西洋思潮を紹介し続けた梁啓超の著作活動が、直接間接にこの時期の彼らに与えた影響も思いの外に大きかったこと、共有されるものの多かったことを一言付け加えておきたい(67)。

## 第三節　一般的考察

略伝的にたどってきた朱謙之の「虚無主義」から「唯情哲学」にいたる思想遍歴は、一面で梁漱溟の思想的営為に追随するものであったのだが、彼らのかような方向は、二〇年代中国思想界のどのような動向を反映したものであったろうか。

ひとことでいうならば、それは五四新文化運動に対する反発的継承であった。

第一に「吃人的理知」として示される一貫した反理知主義は、先にも指摘したように、五四の科学主義に対するアンチテーゼであった。しかし、理知を否定して真情を主張するそのロマンティシズムは、一面、理＝礼とした五四の「吃人礼教」、反礼教の流れを明確に継承したものでもある。

第二に、民族性、「中国式的」を模索するその態度は、五四の「全盤欧化」に修正を迫るものであった。東西文化の対比とは〝東方〟の回復を意味する。しかも追求されるべき〝東方〟においても、それは老荘仏家の「無」の哲学から孔家の「有」の哲学へ回帰するものであった。

第三に、彼らが再評価した孔家哲学とは、具体的には明代の泰州学派(68)であった。泰州学派が主張した「率性自然」「赤子之心」の「現世良知」は、梁漱溟によって「直覚之仁」と表現され、「万物一体之仁」は朱謙之によって宇宙生命としての「真情之流」と形容された。ここに顕著なことは、彼らにおける濃厚なベルグソン哲学の影響である。孔家哲学に彼らが期待したものは、動的哲学、生命哲学としての伝統であった。

第四に、ベルグソン哲学の受容とは、新青年派の一部が受容したマルクス主義への反発でもあった。

さて、このように、泰州学派の再発見に大いに媒介項となったベルグソンの *L'Evolution Creatrice*（一九〇七）は、英訳本＝A. Mitchel, *Creative Evolution*（一九一一）、日訳本＝金子馬治『創造的進化』（一九一四）が出版されると、中国の論壇でもただちに断片的ながら言及されるようになったものである。しかし、やはり本格的な影響がみられるようになるのは、一九一九年に張東孫訳『創化論』が出版されてからである。梁・朱の思想変転には、明らかに『創化論』が刺激となっている。しかも、かような「生命哲学」は、中国の伝統的思惟にとっては決して異質ではない、むしろなじみやすいものと考えられたのである。とすれば伝統的思惟は単に打倒の対象とのみ目される、時代遅れの代物とばかりはいえまい。それどころか、時代の最新思潮に合致する要素をもつものだ、と考え直されたとしても無理からぬところであろう。梁漱溟の『東西文化及其哲学』が多大な反響を巻き起こした所以である。

ところで、二〇世紀初頭のヨーロッパにおけるベルグソン等の生命哲学、新唯心主義の流行は、科学万能主義、ニュートン的機械論的近代科学への反省から生まれたものとされる。決して科学を否定するわけではなく、近代科学では及びえぬ領域の理解を求めた、近代を超えようとする思索であった。しかし、ベルグソンを「科学の岐路を徘徊している」[69]と難んじる朱謙之の立場は、むしろ科学的思索を欠いた素朴な唯心論の立場である。我々はここにニーダムの指摘を思い出す。すなわち彼は中国の伝統的思惟、とりわけ宋代の新儒教の本質を「基本的に有機体哲学である」とみなし、新儒家は「主に洞察力によってニュートンやガリレオに相当する段階〔近代的な理論科学〕を経過することなくホワイトヘッド〔一九世紀の有機体哲学〕に類比できる位置に達した」という[70]。これに鑑みれば、朱謙之たちが中国形而上学とベルグソン哲学に親近性を見出したのも、あながち根拠のないことではなかろう。

いずれにしろ、一九二〇年前後の中国の思想界では、その前近代性を克服するための近代科学の主張と、すでに欧州に流行中の近代科学を超えようとする新唯心主義が、ほとんど時間差もなく受容され、そのうえに、本来、儒教がその本質としてもっていた生命哲学の要素が、科学の媒介なしに新唯心主義と強い親和力を示すという、相当に複雑な様相を呈していたのである。こうした、新思潮に敏感に反応したものでありながら、外見的には伝統思想に回帰する傾向の出現、『新青年』派や欧化派からは国粋主義の勃興として警戒される一群の哲学傾向の出現こそが、次の「科学与人生観」(玄学)の論争を生み出す前提となったのである。

ちなみに、中国現代の哲学者李沢厚(一九三〇〜　)は中国の伝統精神、中国の知恵として「体用不二」「天人合一」「情理交溶」「主客同構」という項目をあげ「〝楽〟は中国哲学においては実際に本体の意義を具有している。それは正に一種の〝天人合一〟の成果であり表現である。〝天〟についていえば、それは〝生生〟であり〝天行は健なり〟である。〔……〕人が宇宙全体と自然に合一すれば、それがいわゆる性を尽くして天を知り、神を窮めて化に達することであり、それによって最大の快楽である人生の極致に到達しうるのである」[71]という。そうであれば、明末の「王学末流」も、あるいはその民国的変容としての梁漱溟・朱謙之も、ひっきょう、通奏低音としてあり続けた伝統精神が、時代精神として噴出したものだったといえるのではなかろうか。

最後に、日本陽明学の印象を少しつけくわえることによって、中国的伝統精神といわれるものを際だたせてみたい。もっとも、筆者は日本陽明学を専門に考究した訳ではない。あくまでも管見の限りでの印象である。

日本において陽明学は、反朱子学としての明確な学派を形成していた訳ではないといわれる。徳川幕府の官学が朱子学である以上、陰に陽明学であっても、表むきは朱子学というわけである。そのためであろうか、筆者の一瞥するところ、日本の陽明学者はなべて禁欲的であり、「天理を存し、人欲を去る」という宋学以来の実践課題が崩されることはない。明末に論争の的となった陽明の四句教の「無善無悪」に対しては、おおむね批判的であり、現成良知、情欲肯定という明末の左派的展開のようなものはさしあたり見うけられない。

しかし、それにもかかわらず、まず知行合一をいう日本陽明学は、中国陽明学より実践性に富むという印象が一般的である[72]。その代表格とされるのが大塩中斎である。彼は万物一体の仁、良知を太虚とみなし、無善無悪＝至善を心の本体と考えるなど、日本陽明学者の中ではかなり独特の存在であるが、その生生の理気合一説からみちびきだされるものは、やはり峻厳な人欲否定の功夫《ゴンフ》である[73]。朱謙之は大塩を虚無主義者と規定している[74]。確かに、大塩の本体論は虚無主義を主張していた時期の朱謙之に近い。しかしその場合でも、朱謙之の太虚は前述のように情であり、のちの唯情哲学への転換に至る道筋が通っていた。まさにここにこそ、大塩と朱謙之の分岐点がある。

このように、日本陽明学にはあからさまな人間の情感の解放がみられぬし、何よりも楽学の主張がない。とすれば、やはりこれこそが中国的伝統精神といえるのかもしれぬ。

注

（1） エドガー・スノー、松岡洋子訳『中国の赤い星』一〇三頁、筑摩叢書、一九七二年。

（2） 仲密（周作人）「思想界的傾向」『晨報副刊』一九二二年四月二三日。胡適『胡適的日記（手稿本）』第二冊（一九二二年四月二四日）、遠流出版事業股份有限公司、一九八九年。

（3） この時期を代表する作品である『文化哲学』商務印書館、一九三五年、は一九九〇年に復刻されている。現在の中国学界においてなお有効性があるということか。

（4）易君左『火焼趙家楼』三九頁、三民書局、一九六九年。呉虞『呉虞日記』（四川人民出版社）上、四八三頁、民国八年八月二八日にも「君毅来信言、朱謙之住北京法科予科、喜老荘周易、終日蟄居一室、勉強学問、凝尘満座、晏如也。人有訪者、寒暄数語后便伏案読書、其為人如此。」と朱の強学ぶりが記されている。

（5）呉虞とは『学灯』に掲載された朱の「新旧之相反相成」をきっかけに交友関係が生まれていた。朱は欧州文芸復興に鑑み、新を主張する者は古学（周秦諸子学）を修明することが急務であるとし、呉虞が老列荘文の学に篤く、しかも排孔の論をなし李卓吾を顕彰していることをそのよき一例とした。呉虞はさっそく『進歩』雑誌の李卓吾別伝を朱に送っている。『呉虞日記』上、四六二頁、民国八年五月一四日。四七三頁、七月一八日。

（6）梁漱溟『印度哲学概論』では順世外道を「此派思想、極端与印度風土相反。不信梵神、不信三世、不信霊魂、不厭世、不修行、排神秘、尚唯物、其堅確不易或嘆為西土唯物家所希見」と説明している。梁は一九一七年より北京大学で印度哲学を講義、一九一八年に本書を作り、まず前半を印行、一九一九年に完成させて商務印書館より出版。井上園了の『外道哲学』などが参照されている。朱は法科生であるが、二人の親密さからして、あるいは梁の講義を聴講したかもしれぬ。

（7）胡適「新思想的意義」。新思潮の根本意義は「重新估定一切価値」の新態度、すなわち「評判的態度」にあるという。『胡適文存』第一集、巻四。

（8）朱謙之はA・Aの署名で次のような文章を書いていた。「近代哲学与奮鬬主義」一号、「革命家的性格和精神」二号、「自由恋愛主義」三号、「革命的目的与手段」四号、「破壊与感情衝動」五号、「革命与哲学」六、七号（筆者未見）。

（9）易君左『火焼趙家楼』三六頁。

（10）黄霜凌「批評朱謙之君無政府共産主義的批評」『北京大学学生週刊』七号。朱謙之「再評無政府共産主義」『同』九号、一〇号。黄霜凌「批評朱謙之君的無政府共産主義的批評」『同』一二号。

（11）列悲「学生解放問題」（一排除校長制度、二排除畢業制度、三排除考試制度、四排除学位制度）『北京大学学生週刊』一号。遅明「廃止学校的考試制度」『同』四号。魏建功「読顔保良先生的〈我們対於〝廃止現在学校考試制度〟的意見〉」『同』九号。流冰「廃止学校一切不良的制度」『同』一一号。朱謙之「反抗考試的宣言」一峯「我的廃止考試後之救済弁法」『同』一三号。

（12）朱謙之「労働節的祝詞」『北京大学学生週刊』一四号、「無政府革命的意義」『同』一七号。

(13) 獄中で彼は以下のような本を読んでいた。誠斎易伝、仁学、孫文学説、革命英雄小伝、邱樊唱和集、劫後英雄略、伝習録。

(14) 「陳独秀至致胡適」『胡適来往書信選』中国社会科学院近代史研究所、中華民国史組編、中華書局、一九七九年、一〇七頁。

(15) 陳独秀『独秀文存』巻二、随感録、九二頁。また、北京大学学生の厭世自殺に関して、陳独秀に「自殺論」があり、思想の転換期にあたり近代思想は青年に絶望を与える。危険な人生観を新思想で替えなければならないと説く。当時の青年達の自殺に走る閉塞感が伺える。

(16) 易君左『火焼趙家楼』三七頁。

(17) 「劉果航致胡適」『胡適来往書信選』一〇〇頁。さらに劉果航は、朱謙之が社会に失望したのは彼の発表した「虚無主義」にだれも批評を加えなかったことからだとみて、慰めのために「批評朱謙之虚無主義的思想」という文を自分が用意していると口にして彼に期待をさせてしまった、ついては何か参考になる意見を示してほしい、とも胡適に要望している。

(18) 朱謙之「虚無主義的再生」『民鐸』四巻四号、九頁。(原載『民国日報』)。

(19) 施存統「奮鬬与互助」『覚悟』一九二〇年一〇月一四日。またこの間、同誌において朱謙之の自殺未遂をめぐっての応酬がある。鄭賢宗致謙之「為什么要自殺」一〇月一日。「朱謙之解釈自殺的信」一〇月一三日。

(20) 朱謙之致胡適『胡適来往書信選』一二六頁、一九二一(?)年二月二六日。

(21) 「太朴答存統的信」『覚悟』一九二一年五月一八日。太朴のこの手紙は、五月一〇日に施存統が同紙通信欄に「経済組織与自由平等」と題して、太朴が「無政府主義与中国」の中で批判しているマルクス主義は、我々の賛同しているマルクス主義とは別物だ、と反論したのに答えたものである。また太朴は「無政府主義与中国」はまだ発表する気がなかったのに『自由』誌の編集者が持っていってしまったものだ、とも釈明している。これに対する陳独秀の批判「中国式的無政府主義」は『新青年』九巻一号に掲載、それに対して、太朴は六月二七日の『覚悟』に「質陳独秀先生」を南京から寄稿している。また施存統と太朴の論戦は、同紙七月一五日、光亮「一封答覆中国式的無政府主義者的信」。七月一七日、太朴「論中国式的安那其主義答光亮」。七月三一日、光亮「再与太朴主義底選択」。

(22) 朱謙之「開明専制、致陳独秀」『新青年』九巻三号。

(23) 『呉虞日記』上、五九八頁、民国一〇年五月一三日。

(24)　『胡適的日記』(手稿本)第一冊、一九二一年五月一九日、に「嗚呼蘇梅」事件のいきさつと、まもなく出家する身の朱謙之が身代わりに汚名を着ようと申し出てきたことが記されている。

(25)　『独秀文存』巻三、通信、二六六頁。皆平の陳独秀あて五月二六日付書簡「不過近来易家鉞朱謙之二君―先生所指為無基本科学根柢的―行事：一是犯做「嗚呼蘇梅」的嫌疑、一是上弥勒院出家、使我覚得那種未受「科学的西北風吹過」的所謂哲学的頭脳簡直是靠不住的」。独秀の皆平あて六月一日付書簡「聴説朱謙之也頗力学、可惜頭脳裏為中国印度的昏乱思想占領了、不知道用科学的方法研究人事物質底分析。他此時雖然出了家、而我敢説他出家不会長久」。ここに陳独秀が朱謙之の出家を長いことはあるまいとふんでいるのが面白い。

(26)　呉啓軒「朱謙之不是為厭世而出家▲還是救為世而奮鬬！」『晨報』民国一〇年、五月三〇日。

(27)　インド哲学の講師として北京大学に招かれた梁漱溟であったが、その時点から彼自身の関心は儒教にも向かっていたという。北大出校の第一日目、蔡校長と会見した彼が発したものは、孔子に対してどんな態度をとっているかという質問であった。彼は、一九一八年一〇月に東方哲学(仏儒)を研究する学生を募ったが、その数は寥々たるものだったという。一一月には孔子哲学第一次研究会で講演をしている。一九二〇年九月にはインド哲学の三時間を東西文化にあて、唯識哲学二時間は休みにする、という具合に、孔家哲学への傾斜がみられる。汪東林『梁漱溟問答録』湖南人民出版社、一九八八年、四〇頁。

(28)　梁漱溟「紀念熊十力先生」『言圃論学集』三聯書店、一九九〇年、二四頁。

(29)　郭沫若『創造十年』東洋文庫、平凡社、一七九頁。ここには初対面の朱謙之の様子が生き生きと描かれている。彼は「粗い青木綿の大衫を着、先の丸い布靴をはいていた。髪は最も異様で、まわりの毛をすっかり剃ってしまっていたので、頭の上に丸形のフェルト帽をのせているようだった」という。寺から出てきてまもなかったのだろう。

(30)　『鄭振鐸年譜』書目文献出版社、一九八八年。一九二〇年二月一日、鄭振鐸等の『新社会』の編集員として『奮鬬』の社員である郭夢良、徐其湘が加入(二八頁)。三月一〇日、『奮鬬』三期に「反対〝自由恋愛〟!」を発表(二九頁)。一九二一年四月下旬、郭沫若と出会った鄭振鐸は、それ以後、葉紹鈞、朱謙之をともなって郭を訪問している(四七頁)。

(31)　袁家驊(一九〇三～一九八〇)北大英文系卒。「「情」為宇宙人生之真生命〔……〕生命之進化情之流動其義則一、革命哲学、真情生命革命進化的学説」というこの序文には、すでに唯情哲学のエッセンスが示されている。

(32)「微光」は『文学旬刊』一二期に発表されたもの。『鄭振鐸年譜』五五頁。
(33)梁漱溟もラッセルを読み「その社会心理を談じて「衝動」を説き、純正哲理を究めて「相続」を明らかに」しているのは納得できるといっている。「対於羅素之不満」『漱溟卅前文録』商務印書館。
(34)『民鐸』三巻一号、柏格森号巻末にベルグソン関係の文献目録があるが、その日文参考書の中にJ. W. Scott著、松本悟朗訳『労働運動ト新哲学』原題 *Syndicalism and philosophical Realism* が挙げられている。ベルグソン主義のサンディカリストに関する知識はこのようなものから得たのだろう（筆者未見）。
(35)『革命哲学』一八三頁。「我は宇宙の本体であるが故に一切を超越し宇宙主となる」の第一条より始まり、「我は金剛不懐であるが故によく一切を破壊し、一切の破壊を受けず云々」という第一八条に至るまですべての我の絶対性を説いたもの。
(36)黄士恒訳「法国魯滂博士物質生滅論」『東方雑誌』第一二巻、第四号、第五号、一九一五年。梁漱溟も『究元決疑論』（一九一六年）にルボンを引いている。その影響であろう。梁漱溟の『究元決疑論』については後藤延子「梁漱溟の仏教的人生論」『荒木教授退休記念中国哲学史研究論集』葦書房有限会社、一九八一年、坂元ひろ子「民国期における梁漱溟思想の位置づけ」『中国』第五号、一九九〇年を参照。
(37)『高峰原妙禅師語録』『大日本続蔵経』第一輯第二編第二七套第四冊。
(38)梁啓超『欧游心影録節録』台湾中華書局、一九三六年、一二頁。中国でもよく読まれていた厨川白村は、その『近代文学十講』第八講「最近思潮の変遷」（一九一二年）において、科学万能の風潮衰うとして、フランスの批評家ブリュヌティエールの「科学の破産」（一八九五年）ということばを紹介している。
(39)易君左『火焼趙家楼』九四頁。
(40)梁漱溟『東西文化及其哲学』商務印書館、一九二九年、二四、一一五、一一九頁。
(41)『同右』一二一、一二五、一二六、一二八、一三七、一三八頁。
(42)梁漱溟「我的自学小史」『梁漱溟全集』第二巻、山東人民出版社、一九九〇年、六九八頁。
(43)島田虔次『中国に於ける近代思惟の挫折』筑摩書房、一九七〇年、同『朱子学と陽明学』岩波書店、一九七六年。
(44)王陽明『伝習録』下、九〇条、以下条目番号は便宜上岩波文庫版（山田準、鈴木直治訳注、一九三八年）による。

(45) 『同右』上、六八条。
(46) 『同右』下、五三条。
(47) 『同右』下、四四条。
(48) 陳栄捷『王陽明伝習録詳註集評』台湾学生書局、一九八三年、九九頁。
(49) 島田虔次「中国近世の主観唯心論について——万物一体の仁の思想について——」『東方学報（京都）』第二八冊、一九五八年。
(50) 王陽明『伝習録』中「答陸原静第二書」一二条。
(51) 『同右』下、五七条。
(52) 嵆文甫『左派王学』開明書店、一九三四年、三八頁。
(53) 王心斎「楽学歌」『心斎王先生全集』巻四。
(54) 黄宗義「泰州学案三　近渓語録」『明儒学案』巻三四。
(55) 魯迅「狂人日記」『新青年』第四巻五号、一九一八年。
(56) 『民鐸』三巻三号「唯情哲学発端」「信仰与懐疑」、四巻一号「美及世界」「汎神的宗教」、四巻二号「系統哲学導言」、四巻三号「宇宙生命—真情之流」、四巻四号「虚無主義者的再生」「我的新孔教」、四巻五号「論宇宙美育」、五巻一、二号「一個唯情論者的人生観」。なお、これらの文章は『周易哲学』（上海学術研究会、一九二三年）の母体となった。この書は筆者未見であるが、その内容は（上冊）①形而上学的方法、②宇宙生命、③名象論、④命定乎?·自由乎?·⑤什么是礼?·⑥復情、⑦無欲、⑧行為中之実現として構想された。
(57) 先に発表した「政微書」「周秦諸子学統述」「太極新図説」の三論文を収録したもの。上海図書館蔵。
(58) 『回憶』四七頁。
(59) 朱謙之「唯情哲学発端」『民鐸』三巻三号。
(60) 朱謙之「宇宙生命—真情之流」『民鐸』四巻三号。
(61) 朱謙之「一個唯情論者的人生観」『民鐸』五巻一、二号。

(62) 朱謙之「信仰与懐疑」『民鐸』三巻三号。

(63) 楊没累は一八九九年、長沙に生まる。一九一九年、上海の南洋女師範卒業。『少年中国』一巻四期、婦女号に「与本会会員論婦女問題書」一巻六期に「与本月刊記者論婦女問題」を投書。王光祈はそれぞれに「答M.R.女士」「答A.Y.G.女士」の返書を寄せている。また『呉虞日記』一九二〇年五月一五日（五三八頁）によれば、楊没累は呉弱男及び呉楷（呉虞の娘）とともに『婦女月刊』を組織。一九二一年には周南女学（丁玲と同学）から岳雲中学に転入。独身主義、人類絶滅の主張をし、劇本「三時期的女子」を書く。一九二三年、北京大学音楽伝習所に入学、朱謙之と知り合う。一九二四年、朱謙之との往復書簡集『荷心』（泰東書局）を出版。『民鐘報』に「告同胞書」を投稿。一九二五年「婦女革命宣言」。一九二八年四月二四日肺病で死す。おそらく時代の最先端をいく開放された女性としての短い生涯であった。一九二九年、その遺稿約三〇万言（Hedda cabler の翻訳以外）が『没累文存』（泰東書局）として出版された。

(64) 朱は新孔教の宗旨として、①愛と美、②自由恋愛神聖、③「無為而治」の社会をあげ、孔家の政治理想はアナーキズムであり「人的生活」を願うという。

(65) 呉稚暉は、朱のいう「山林の閒に長き伴を結び、風月を吟じ、花柳に随う」の句と、書簡の中で没累がいった「清潔身体」にからんで、彼ら二人のプラトニックラブを「吃人理知」と揶揄している。「致朱謙之信—醜風雅的東方文明（一九二四年七月五日）」『呉稚暉先生全集』巻一七、雑著。朱は梁漱溟の『東西文化』に大きな影響を受けたことを告白しつつも、梁のそれはやはり「無生」に帰結しているといい（「我的新孔教」）、また、梁は仁を内心生活とみなし、人と人が相偶するによるのを忘れているともいって（「一個唯情論者的人生観」）「漱溟ism」への批判をもらしている。

(66) 袁家驊『唯情哲学』泰東図書局、一九二四年。上海図書館蔵。

(67) 項目だけでもあげてみれば、日本仏教学の紹介、朱謙之の虚無主義へ影響を与えたキッド「死の進化論」の紹介、ベルグソン、オイケンへの注目、〝科学破産〟の指摘、伝統中国の政治体質としてのアナーキー性の主張など。

(68) 今日ほぼ定着している「王学左派」という言い方も、朱謙之の使用は早い。私達はこの語を嵇文甫の『左派王学』開明書店、一九三四年、から耳に馴染んだのであるが、朱の『文化哲学』商務印書館、一九三五年、八七頁、では、明代を自我哲学時代とし、王学の左派（王龍渓、王心斎）は全身全霊の動、生命の動を主とし、自己本心の快活を体験、その根本哲学は快楽の人生だという。序によればこの書は一九三三年に書かれている。
(69)『民鐸』三巻二号「論柏格森哲学」。
(70)ニーダム『中国の科学と文明』第三巻、思索社、五〇七頁。ちなみにニーダムは朱謙之の『中国思想対于欧州的影響』商務印書館、一九四〇年にも興味を示していた。ニーダム『同書』五四八頁。
(71)李沢厚「試談中国的知慧」『李沢厚集』黒龍江教育出版社、一九八八年、一〇五頁。
(72)朱謙之『日本的古学及陽明学』上海人民出版社、一九六二年、一二三頁。
(73)大塩中斎『洗心洞箚記』下。
(74)朱謙之『日本的古学及陽明学』上海人民出版社、一九六二年、三四八頁。

# 第八章　新儒家梁漱溟の「郷村建設理論」

工業化、資本主義化、都市化を包括して西欧化といい切ってしまうことにより、五四新文化運動の「全盤欧化」「民主と科学」のスローガンは典型的な近代化のスローガンとなった。しかし、第一次世界大戦を経て一九二〇年代にはいると、これらの、いわば「オキシデンタリズム」とでもいうべきスローガンは、ことごとく異議申し立てを受けることとなる。「全盤欧化」に対しては「東西文化論争」が、「科学」の主張には「玄学と科学の論争」が、「民主」に対しては代議制の適否が問われ、さらには工業立国か農業立国かを問う問題提起がなされるに至った。

そもそも、中国革命が結局は農民革命として結実したように、都市型労働運動から農民運動への転換は中国共産党の路線闘争としても重要な問題であった。しかしながら、この都市から農村へという志向の変転は、このような政治運動以前に、思想文化運動においていち早く顕著に現れていたのである。

この二〇年代前半の思想のカオスから郷村建設理論を練り上げ、やがて郷村建設運動として実践していったのが梁漱溟（一八九三～一九八八）である。[1]「内聖外王」を具現した新儒家として、あるいは毛沢東に屈しなかった頑強な知識人として、その晩年に再び脚光を浴びることになった彼の思想は、中国社会、中国文化のどのような特質を体現するものなのか、また、中国式の近代化とはどのように模索されたのか。本章では、彼の郷村建設理論の形成前史として、一九二〇年代の思潮の中に、郷村建設思想の萌芽を、それも儒教思想の再構築として見出していきたい。

すでに前章において、明代泰州学派の心性を西欧思想の文脈の中で再評価することによって、新たな人間像の抽出が試みられたことを述べてきた。それを一九二〇年代的「内聖」の追求とするならば、本章が対象とするものは一九二〇年代的「外王」の追求といえるであろう。

## 第一節　東方派

一九一七年、梁漱溟はインド哲学の講師として北京大学に招請された。しかし、新文化運動（儒教批判）の牙城であった北京大学の校門を入った時、彼の関心はすでに儒家哲学に向いていたという。開講に当たって儒、仏二家の学術に対する責任を密かに自負していた彼は、校長室で蔡元培と会見するや、開口一番、孔子に対する態度を尋ねた。蔡元培は唐突な質問に驚きつつも、「自分たちも決して孔子の学説に反対しているわけではない。儒家の学説は一家を為すのであり、真面目に検討しなければならないものだ」と答えた。梁漱溟は、彼が今回北大に来たのは釈迦と孔子の思想を発揮するためにほかならない、と気負った返事で蔡元培の微笑を誘っている。[2] 蔡元培はかく多様な人材が北京大学に集うことを良しとしていたのである。

こうして彼はインド哲学と並行して儒家哲学をも開講し、東西文化とその哲学の研究に手を染めていくのである。もっとも当時の北京大学にあって、東方哲学を研究しようという同志は寥々たるものであった。[3]

一九二一年の夏、山東省教育庁の招きで、彼は四〇日間、東西文化とその哲学の講演をした。その記録は先ず山東で、そして北京で、さらには商務印書館でと相次いで出版され、版を重ねていったのである。この『東西文化及其哲学』は彼の出家願望の棄却と、儒家としての生活態度の選択を宣言するものであったが、[4] それは同時に、全盤欧化の新青年派に対して東方文化を主張するものとなった。

ところで、新文化運動に対するこのような「逆流」の端緒となったのは、皮肉にも新青年派の雄、胡適が一九一九年に発表した『中国哲学史大綱』であったとされる。「問題と主義の論争」で、研究の立場を表明した胡適は、「国故整理」を主張するに至ったのであるが、この一連の胡適の動きが東方派の呼び水になった、と「白髪青年」呉稚暉(一八六五～一九五三)は苦々しい思いで罵倒している。

〔胡適の『中国哲学史大綱』は〕革命しようとの意図があったとしても危険で、流弊を生じやすい。果たして、梁漱溟の文化哲学、梁啓超の学術講演を引き出してしまった。胡先生が生みだしたいささかの革命効果では、彼らの消滅には不足だ。〔……〕国学が隆盛となると政治は腐敗せざるを得ない。孔孟老墨は春秋戦国乱世の産物だからだ。ぜひともそれをまた便所に三〇年たき込んで、今は乾燥無味な物質文明を鼓吹して、人が機関銃で撃ってきたら、自分も機関銃で打ち返し、中国をしっかり立てて、それから国故とやらを整理してもちっとも遅くはないのだ。[5]

確かに、彼ら二人の梁はそろって胡適の著作をやり玉に挙げている。梁漱溟は『東西文化及其哲学』の中で、梁啓超は「評胡適之中国哲学史大綱」[6]において、それぞれ胡適の孔子哲学の理解が浅薄であるとたたいたのである。ついでながら、この梁啓超の批評文で興味深いのは、中国哲学において最も重要な問題は「いかにして自己の思想行為を自己の生命と融合して一と為せるのか、いかにして自己の生命と宇宙を融合して一と為せるのか」ということだと主張し、孔子の「生生コレヲ易ト謂フ」(繋辞上)を「生活は宇宙であり、宇宙は生活である」と、梁漱溟を彷彿とさせるような生機主義的なとらえ方をしていることである。[7]のみならず、彼は梁漱溟の評語を引用して胡適を批判することもしている。この時期の梁啓超と梁漱溟の思想的親近性がよく現れている。これがあってか、胡適は『東西文化及其哲学』を武断の書と酷評し、ここに、「往東走！往西走！(東へ、西へ)」の東西論争が巻き起こることとなった。

さて、物質文明の賛美者呉稚暉にとっては、この二人の梁はまさに同じ穴の狢であった。科学と玄学の論戦のために呉稚暉が執筆した「一個新信仰的宇宙観及人生観」[8]でも、その執筆動機として「両個梁家」の「大名」を先ずかかげ、この二人に対する批判を展開している。

その実、この論争の当事者は清華大学で人生観の講演(一九二三年二月一四日)をした張君勱(一八八七〜一九六八)と、『努力週報』(一九二三年四月一二日)でそれに対する攻撃をした丁文江(一八八七〜一九三六)であって、梁啓超は局外中立を宣言、梁漱溟に至っては参加すらしていなかった。しかし、それにもかかわらず、呉稚暉が批判したのはこの二人であった。郭湛波は『近三十年中国哲学史』においてこの間の事情にふれ、この論争は実は代理戦争であって、いくら梁啓超が中立を装っても、火をつけたのは彼の『欧遊心影録』の中の科学破産のことばであった、この論争の本質はやはり梁啓超・梁漱溟対胡適の東西論争であり、呉稚暉にはそれがよく見えていたのだ、という。[9]当時の論壇にあって、このように一派とみなされていた梁啓超と梁漱溟に直接的な接触はあったのであろうか。梁漱溟は自らに対する梁啓超の影響を次のように回憶している。

今世紀のはじめ、私の家には日本から転送してきた梁任公主編の壬寅、癸卯、甲辰三年分六巨冊の『新民叢報』と『新小説』〔月刊〕一年分一巨冊、全部で五百数万字ほどがあった。これが私の最初の自習のテキストだった。梁任公は著作の中で新しい人生観を提示する一方、中国社会をいかに改造するかという指摘をし、あたかも人生問題、中国問題を探求していた私の求めに合致し、得るところがとても大きかった。彼は新聞雑誌で外国の各学説、著作を紹介し、私に西洋の思想文化を少なからず理解させた。彼の先秦諸子及び明清大儒に関する多くの論述は斬新で筆も伸びやかであり、これが私の中国古代文化思想に対する最初の接触であった。この時期の梁任公先生の私に対する影響は、思想のみならず、生活の諸々のこと、立志、省察、克己、涵養等々に及んだのである。

梁任公と知り合い、往来が始まったのは、民国九年〔一九二〇年〕、私が北京大学で教鞭をとっている時だった。当時、私の家は崇文門外花市にあり、授業がない時は家で読書し授業準備や研究をしていた。ある日、梁任公はその長子梁思成と蒋方震、林宰平を連れて、突然わが家を訪れ、私を驚かせた。なぜならその時の梁任公はすでに天下に名だたる大人物、大学者だったからだ。その時彼が私を訪問したのは、仏学に対する共通の嗜好からであった。これ以後、私は随時彼に教えを請うた。のちに彼は清華大学で国学研究院を主管し、当研究院の四大指導者の一人であった。他の三人とは王国維、陳寅恪、趙元任である。其の間私はたびたび清華に行き彼を訪問した。(10)

この回想からは、社会問題への関心、中国思想に対する知識等、若き梁漱溟を啓蒙したのが梁啓超の著作であったこと、一九二〇年代には直接に思想的刺激を与えあっていたことがよくわかる。梁漱溟にとって新風気を唱導しつつ陽明学や仏学を講ずる梁啓超は、長く尊敬の対象であった。

ところで、呉稚暉はまた「章士釗、陳独秀、梁啓超」(11)の一文で「凡そ一制度が崩壊し、新制度が代わりに生まれる前に必ず奇妙な反動があるのがお定まりの現象だ」といい、ささやかなものとして『欧遊心影録』、さらには『東西文化及其哲学』、さらには玄学鬼、さらには『甲寅続刊』とあげ、「おそらく大規模な激烈な反動として必ずや中国ファシスト党が存在してくる」という脈絡で、梁啓超、梁漱溟、章士釗（一八八一～一九七三）を一連のものとしている。『甲寅続刊』の章士釗が批判されたのは、彼が政党議会制を攻撃したからだった。（これに対して章士釗は「呉敬恒―梁啓超―陳独秀」(12)という文章を書き反論している。）

このような捉え方は呉稚暉だけではない。一九二四年に楊明斎が中華書局から出版した『評中西文化観』(13)は、巻一で梁漱溟の『東西文化及其哲学』を、巻二で梁啓超の『先秦政治思想史』を、巻三で章士釗の「農国弁」を取り上げ、それぞれ批判を下すという書物であった。章士釗の「農国弁」は一九二三年一一月、上海『新聞報』（一〇九七八～九号）に発表されたものである。梁漱溟はこの章士釗からも影響を受け、終生交流があったことを回想している。(14)

さて、梁漱溟の郷村建設論の形成に当たって、彼とともに東方派とみなされたこの二人の存在が重要であることを確認したうえで、具体的にどのような点に影響が求められるのかを見ていこう。その際、比較の論点を明確にするため、まず先に梁漱溟の郷村建設理論の要点をおさえておきたい。

## 第二節　梁漱溟の郷村建設理論

梁漱溟が郷村運動としての具体的な提言を見せるのは、広東にあって「開弁郷治講習所建議案」を提出した時期、一九二八年からである。運動を支える「郷村建設理論（中国民族之前途）」が最終的にまとめあげられたのは一九三七年であるが、その自序（民国二六年二月一三日記）によれば、その発想は一九二二年に萌芽し、二六年冬には大半が決定していた。二八年には成熟を見せたその思想を、広東地方警衛隊編練委員会において「郷治十講」と題して講演している。そして翌二九年より執筆し始めたといい、その思想的な営為は早くから始まっていたのである。ただ、その間には「郷治」「村治」「郷村建設」と用語が変転していることからもわかるように、さまざまな思考の展開があった。

「郷村建設理論（中国民族之前途）[15]」の本文は、「甲部　認識問題」と「乙部　解決問題」の二部に分かれている。それぞれ特徴的な項目を抜き書き的に要約し、考察を加えてみよう。

### 甲部　問題の認識

(1)　最初に「中国社会は郷村を基礎と為す」こと、「中国近百年史とは郷村破壊史」であることが前提とされる。すなわち、その前半期（清の同治・光緒年間から第一次大戦まで）は近代都市文明の路線により西洋を学び郷村を破壊したのであり、その後半（第一次大戦より現在まで）は反近代都市文明の路線により西洋を学び郷村を破壊したのである。そして郷村建設とは、外から「救済郷村」するのではなく「郷村自救運動」でなければならないとされる。郷村の外側に郷村を救済しうる力はないからである。

(2)　今日の中国問題は千年来の社会組織構造が崩壊し、新たなものがまだ立たない「文化失調」にある。帝国主義と軍閥、あるいは貧愚弱私という問題はあるにしても、根本は社会組織構造の問題である。

すなわち、西洋近代社会は個人本位、階級対立の社会であるのに対して、中国旧社会は倫理本位、職業分立の社会とされる。それというのも、西洋では終始集団生活（宗教教会、民族国家）をし、その強い干渉への反動として個人主義、自由主義が台頭した。中国旧社会は集団生活を欠く。そしてその分、家庭を重視して、社会生活のあらゆる関係が家庭化され（疑似家族）倫理化される。また、西洋は自由競争により生産本位に走り、資本社会の階級対立を招いているが、中国は倫理あい保つことにより消費本位に走り、ついに階級を形成しなかった。ゆえに中国の歴史は一治一乱の循環で革命が無い。中国に国あり、統治者ありといっても統治階級がない。政治は消極的であり、その秩序は教化、礼俗、自力の三者（人類理性）により保たれる。

中国文化の特徴はこの人類理性の発揮にあり、その開発の早さ（文化の早熟）にある。中国本来の前途はこの理性を明白にすることにあり、理性（情理）を代表するのが士人である。

(3)　旧社会構造崩壊の理由は中国文化の失敗、すなわち、その社会が「散漫、消極、和平、無力」なことにある。とりわけ失敗した点は「科学技術の欠乏」と「団体組織の欠乏」である。

中国文化を崩壊させる最も強力なものは、自己固有文化に対する嫌悪と反抗である。曽国藩、李鴻章から共産党に至るまで、自家根本固有の精神を捨て、外に前途を求め失敗し続けている。日本に刺激されて近代国家を目標にし、新軍を練し辛亥革命を成功させ、軍閥割拠を招いてしまった。ソ連に刺激されて共産党を培養し、北伐を成功させ、湖北、湖南、広東、江西その他各省の焚殺の惨を招いてしまった。いずれも西洋教育、西洋風気の人物がそのリーダーとなった「自覚的破壊」である。

(4)　このような倫理本位の社会、職業分立の社会が破壊されるという厳重な文化失調にあって、中国の政治は手のほどこしようもなく、国家権力が建立しえない。

以上が中国郷村の抱える問題点についての梁漱溟の認識である。では、これらを解決するためにどのような方策が考えられたのであろうか。

乙部　問題の解決

(1)　新しい社会組織構造、郷村組織を建立すること。すなわち新しい礼俗の建設である。

郷村が武装自衛しなければならない現在、国家はないに等しい。国家権力に系統づけられた地方自治とは全く違った、下から上への理性的立志的組織の建設をする。郷村から着手するのは正常な形態の人類文明を求めるからだ。郷村が本で都市は末である。

具体的には郷約の補充改造をする。清代、陸桴亭の「治郷三約」、すなわち、社学、保甲、社倉を教育機関、政治機関（自治自衛）、経済機関と読み込み、積極的なものとして改造補充する。改造された郷約として郷農学校（校董会［郷村の領袖］、校長、教員、郷民）がある。この組織は土豪劣紳の牛耳る民団とも共産党指導下の農団とも違う。

(2)　政治問題の解決では、分裂しているのは政府だけであり、知識分子と郷村居民の一体化した力で解決する。

(3)　経済建設では、農業促進（金融流通、科学技術、合作組織）をはかる。

一見して気がつくように、「郷村建設理論」を語る梁漱溟の筆は、問題解決の乙部以上に問題認識の甲部に生彩がある。彼の郷村建設運動が「一つの厳密なる哲学的基礎の上に立つもの」(16)と同時代の日本人からもみなされたように、それは総体的な中国文化論でもあるからだ。また、問題解決にあたっては、新しい郷村組織としての「補充改造された郷約」の概念を説明することに梁漱溟は相当の力を費やしている。これについてはのちに十分な考察を加えたい。今は再び、一九二〇年代前半に戻ろう。

## 第三節　章士釗の農村立国論

先述したように、梁漱溟は、彼の郷村建設理論の発想が早くも一九二二年には心中に萌芽としていたという。それがどのようなものであったのか、今は判然としない。少なくとも、その前年に出版された『東西文化及其哲学』において、彼の表明した経世策とは、「再び講学の風を創めなければいけない」という学術的なものであった。すなわち、孔家の生活態度をとることを宣言した彼は、明代、泰州学派の王心斎(17)、王東崖への強い共感をしめし、中国の真のルネッサンスは宋明人のその人生態度の復興にある、講学の風を再創しよう、と述べたのである(18)。

彼が泰州学派を知りえたのは黄宗羲の『明儒学案』によってであろう。だが彼は、その講学活動については「王東崖の門下には多くの樵夫、陶匠、田夫がいて能く教化が平民に及んだようだ」という程度の指摘しかしていない。例えば『明儒学案』では、庶民講学の広がりを「毎秋収穫の終わった農閑期に、弟子たちと荊を布いて趺坐し、数日学を論じる。興が尽きると船を引っ張って、互いに歌い続けながら別の村に集まり、前と同様に講学する」「一村が畢れば又一村にゆく[19]」と郷村における展開として描写しているが、一九二一年双十節の「著者告白二[20]」に見られる、梁漱溟の講学への呼びかけは「社会の人々皆に求学の機会を持たせたい」というかなり漠然としたものであった。彼の郷村への傾倒は何を契機とするのであろうか。再び彼の回想を見てみよう。

もともと私たちは、過去何年かの懐疑煩悶の中でも、正面からの積極的な自己の所見がないわけではなかった。例えば民国一二年の春、私は山東曹州中学での講演で、すでに農村立国ということばを提出していた。この主張が私の心中に萌芽したのは頗る早かった。然し、このことばは章行厳〔士釗〕先生が説いたものとしなければいけない。章先生はこれによって北京農大の校長に任ぜられた。ただ、今に至るまで其の詳細を聞くことができない。（僅かに覚えているのは彼が上海の新聞紙上に発表した文章で、中国は農業国であり、工商業がない。だから代議制度は実行できないと言ったことだけだ）。

当時、王鴻一先生はただちに大いに注目し、彼を訪問しようとして、私に紹介の手紙を書くよう頼んできた。だが会談したことはなかった。でも私は実のところ鴻一先生のようには積極、熱心でなかった。陳独秀先生が私達に警告して、これは小資産階級が自己の脳中において社会を改造しようという幻想だ、といったというだけでなく、私自身もそれが主観上の烏托邦〔ユートピア〕、無用の長物だったら大変だと思い、信ずる勇気がなかったのだ。だから一三年に鴻一先生が米迪剛先生と連合して『中華報』を創刊し、尹仲材先生を主筆に請い研究部を組織して、この主張によって具体的な建国法案を討論しようとした時も、私は全く参加したことはなかった[21]。

王鴻一は山東の有力者であり、学校経営〔弁学〕を自らの革命運動としていた。民国初、教育司長に任じている。

彼の半生をかけ心血を注いだのが山東省立第六中学（曹州）の経営である。彼は学校が知識の伝習所に過ぎず、生活自体と関わりのないことを憂え、弁学にもその点を苦慮していた。東西思想の衝突に苦しみ、解決できずに梁漱溟を招聘した。先述の梁漱溟の山東講演は、教育庁の夏期講習ではあるが、王鴻一の発案であった。済南教育会場で一ヶ月講演されたそれを、一日も休まず聞いたという。[22]また米迪剛は河北省の模範村である定県翟城村の望族であり、父米鑑三ともども清末より村治に従事し、郷村建設の先駆者と謳われている人物である。[23]

ところで、この回想文に登場してくる「農村立国」という概念は、先に『東西文化及其哲学』『先秦政治思想』と並んで批判にさらされた章士釗の「農国弁」に見られることばである。[24]梁漱溟がこの時期まだ農村立国に懐疑的なのに対して、王鴻一と米迪剛は熱心に農村立国を追求し、討論の結果『建国芻言』を出して原理をいい、ついで一七条からなる『中華民国治平大綱草案』を提出したという。梁漱溟が原註で記録しているところによると、この『草案』の第一条は「伝賢民主国体」、第二条は「農村立国制」であり、以下順に「村治綱目」「県治与省治之賓興事項」「選賢与伝賢」「考績制」「中央行政」「省行政」「県行政」「均田制度」「因利的金融制度」「公営的営業制度」「工商制度」「礼俗」「軍制」「度支」「附則」と続く。[25]項目だけで内容はわからぬが、独自の治国体制を描き出そうとしている熱気はうかがえる。

梁漱溟はこの内容を支離滅裂といいながらも、得難く尊重に値するものがあるという。すでに『建国芻言』が書かれた時、王鴻一は梁漱溟に序文を頼んできたが、梁漱溟は作成できず、彼らの主張を社会に紹介する文章を頼まれた時も、賛成の意志表示をついに書きえなかった。それだけ自らの懐疑と煩悶が強かったのだという。いずれにしろ、王鴻一たちの農村立国制が章士釗の主張を受けていたのは明白である。

章士釗は一九二二年、外遊から帰国後、北京農業大学の学長となり、農業人才の育成に努めたとされる。また、

「論代議制何以不適用於中国」（『申報』一九二三年四月一八日～一九日）「非党」「再論非党」（『東方雑誌』二〇巻二二期、一九二三年一一月二五日）「農国弁」（『新聞報』一九二三年一一月）「農国」（『甲寅周刊』一巻二号、一九二五年七月二五日）「農治翼」（『甲寅周刊』一巻五号、一九二五年八月一五日）「原化」（『甲寅周刊』一巻一二号、一九二五年一〇月三日）「農国弁」（『甲寅周刊』一巻二六号、一九二六年一月九日）「何故農村立国」（『甲寅周刊』一巻三七号、一九二六年一二月二五日）と、陸続として代議制批判、農村立国の文章を発表していた。これらからうかがえる章士釗の主張を要約してみよう。

彼の最大の主張は代議制度は中国には合しない、というものであった。すなわち、西方文化は有機的な全体であり、あらゆる制度と価値はその本質から生じたものである。中国文化と西方文化は本質的に違う。そしてその違いとして、双方の経済制度の違いをあげる。中国は農業国であるのに対して、西方は工業国である。農業国は節倹を旨とし、清静安定を求め、礼法名分、家族倫理の重視という価値観をもつのである。しかるに晩清以来、中国は欧州工業国にならおうと、本国固有の制度は打ち捨て、ふさわしい経済条件もないのに、西方のものは何でも取り入れた。その結果、優点は発揮できず、流弊のみが残った。すべての工業国の不適切な法を捨て、本に返らなければいけない、とここに彼の農村立国の主張がなされるのである。

また彼はいう、肝心なことは農国の精神で工業を興すことである。工業化の極みは物欲を極め、世界大乱を引き起こした。今、工業がすでに破壊された以上、工業に代わって復興をとげられるものは、ただ農業だけだ。だから農業復興論はイギリスにもある（イギリスの農村ギルド社会主義者）。ひるがえって、一九世紀中葉であれば中国工業化の可能性はまだあった。しかし二〇世紀ではもはや不可能である、と。

大約、このように説かれる章士釗の主張は、第一次大戦後の欧州の惨状と自国の政治腐敗をふまえての発言であったが、陳独秀、高一函、呉稚暉等の西欧型近代化論者達からは、反動、「開倒車」として総攻撃を受けたことは先述のとおりである。今は梁漱溟との比較をしてみよう。

先ず目につくことは、章の農国・工国の二分法である。これは経済面からとらえたといっても中国文化と西方文化の二分法でもあり、梁漱溟の東西文化の発想と同じ質のものである。梁漱溟は自らが西洋滞在の経験がないとして、洋行帰りの章士釗に『東西文化及其哲学』の書評を頼んでいるが、章は「原化」と題して、この書評とあわせて持論の農業化の主張を添えている。また章の農村立国の主張は、農国の精神の主張であり、伝統文化の道徳秩序の擁護に帰結する論理展開にも梁漱溟と同じものがある。あるいは、代議制すなわち民治（デモクラシー）を否定する章の主張は梁漱溟にも見られるものである。梁漱溟自身は当初、農村立国には懐疑的であったと語っているものの、章士釗と共有するものは多いのである。[26]

## 第四節　梁啓超の新文化運動と郷治

一九二〇年代早々に東西文化論争を引き起こした『東西文化及其哲学』の一書とは、著者である梁漱溟からすれば、印度、中国、西洋の文化比較論である以上に、自らの、そして中国人の人生態度を決定し表明するための著作であった。彼はその終章で「我々が現在もつべき態度」として次のように結論している。第一に印度の態度は排斥する。第二に西方文化に対しては全面的に受け入れて根本的にその過を改め、その態度を改める。第三に中国の本来の態度を批判的に改新して持していく。

すなわち、彼にとってとるべき人生態度とは中国本来の孔家の生活態度、すなわち孔子の「剛」にほかならず、至近なモデルとしては、庶民講学を事とした明代泰州学派の態度にほかならなかった。ここでくどいようであるが、念を押しておきたいのは、梁漱溟の主張するものが社会教化を事とする孔家の生活態度であって、決して伝統儒教の徳目そのものではないということである。

そして、彼のこの、再び講学の風を創建しようという表白に深い共感を寄せ注目したのが梁啓超の門下生、蒋百里であった。彼は梁啓超に宛てた書簡（一九二一年一一月二六日付）の中で次のようにいっている。

先頃、梁漱溟の『東西文化』一書を見ましたが、これもまた古今をゆるがす（震古鑠今）近来にまれなる著作であります。彼の結末の告白は大いに我らが自由講座の宗旨と合致します。先生（梁啓超）が近日中に南開と弁法を確定するのに何の支障もありません。先生の歴史講義も講座の一として、梁漱溟にも一講座を担任してもらうよう約束し、私と君勱、東蓀が各々一講座を担当しましょう。各講座の講演の期日は四ヶ月とし、文書口頭研究の期日は六ヶ月とします。各講座は専ら内部学生のためとし、外部のものは受け入れないのであれば、学校から束脩を送らせるとして、図書費を含んでもおおよそ一万六千金も得れば十分です（四人ならもっと少なくなります）。もし公開にしてさらに聴講生を加えればその効果はますます広くなります。これは容易なことですし、私と君勱の当面の生活問題も同時に解決でき一挙数得ではないでしょうか。[27]

我々はこの記述から、この時期、梁啓超達が自由講座を企画して人材を選りすぐっていることに注目させられる。また、前述のように梁漱溟の回憶や著作の中にも、梁啓超、蒋百里との直接的交流を伺わせる叙述が見出せる。回憶によれば梁啓超が梁漱溟の自宅を突然訪問して彼を驚かせたのは一九二〇年のことであった。その時の同行者の中に蒋百里の名がある。訪問の目的は「仏学に対する共通の嗜好」であったというが、この時の会話を反映していると思われる叙述がやはり『東西文化及其哲学』の終章に見える。

梁任公先生は仏教とは本来どんなものであったのかまだはっきり見極めていなかったため「禅宗は世間仏教、応用仏教と称し得るだろう」と説いている（欧遊心影録に見ゆ）。彼はまたこれにより、ぜひとも仏教を世間に応用しようと考え、貴族風味の仏教をどうしたら改造して平民化でき、人々に受用させうるのかという問題をもって私を訪問した。実のところこの改造は為し得ないことであり、もしできたとしたら、それはもはや仏教ではないのだ㉘。

蒋百里先生が私にいった。新思潮、新風気というのは決して開きがたいものではないと思う、中国では数十年来すでに何回も開いているし、一つ新しいものが行ったと思えばまた新しいものが来て、来ればたちまち至る所に伝播する。結局は筆先口先でコロコロといささかの名詞が入れ替わり立ち替わりして、何ら実質的な関わりも真の影響も出で来ていない。もしずっとこんな有様だったら永遠にどうしようもない、と。彼の考えるところは、必ずや一種の宗教に似て宗教に非らざる、オイケンの提唱しているようなものでもって、人を真実の生活に引き入れてはじめて、よしとするかのようだった。これはもちろんいいことだが、実際には他に求める必要はない。ただ再び講学の風を創り出すのみだ㉙。

この記述からは、梁啓超が広く社会を覚醒させていくための精神文化のよりどころを、あるいは仏教に、あるいは近時流行の西欧哲学に、と考究模索している状況が伺えるし、しかもそれは『新青年』派の新文化運動を批判的に踏まえた上での模索であり、人脈の開発であった。ちなみに、先述の蒋百里の書簡より三日前に、やはり梁啓超にあてられた舒新城からの書簡には次のようなことばが見られる。

お手紙でおたずねの湖南自修大学は全て毛沢東が一人で主宰しています。毛は陳独秀とすこぶる昵懇ですし、また、ただ第一師範を卒業しただけなので、来ることはできないでしょうし、来たとしても何の役にも立たないでしょう。(30)

人材を求める彼らの視野に毛沢東の存在も入ってきていること、しかも梁漱溟とは対照的な評価が与えられているのは、実に興味深い因縁であるが、梁啓超はどのような意図でかような講座を企画していたのであろうか。

これより先、一九二〇年三月、梁啓超は『上海時事新報』に「欧遊心影録」を掲載していた。周知のように、これは第一次世界大戦終結にあたって訪欧した梁啓超が、自らの観察した欧州事情を総括し、考察を加えたものである。

今や生活必需品まで事欠くという惨状を欧州各国にもたらした今次の世界大戦を、人類歴史の転換と見た梁啓超は、大戦の起因を「生存競争、優勝劣敗」の進化論と自己本位の個人主義という西洋の学説に求め、将来の国内階級闘争もこれに起因するとした。「科学万能の夢」は醒め果て「科学破産」を叫ぶ欧州人の心理は「思想の矛盾」をかかえ「悲観」主義に覆われて思潮の変遷を来している、という彼の観察は、梁漱溟をはじめ、論壇の多大な関心をよんだのである。

とはいうものの、彼はまた「新文明再造の前途」として、世界思潮の今後を、(1)民族自決の鼓吹と民族主義の進展、(2)国家互助の精神の発達による世界主義、(3)政治上の絶対原則としての民主主義と、社会党の進展を加えた中庸としての社会的民主主義、(4)ロシア過激派政府の成立とその影響、(5)国際間産業戦争の激化、(6)科学万能説の猖獗はもはやないが、やはり科学は進歩しつづけ、平和が維持されれば物質文明も発達する、(7)戦争の精神的刺激による哲学の再興、宗教の復活、という具合に、決して悲観的になることなく前途の方向性を提示している。[31]

では、かような方向性を受けて中国人は何を自覚すべきなのか。それは世界主義の国家をめざすことであり、中国は不滅であるとの確信をもって、あせらずに全民政治（反階級政治）、尽性主義（個性発揮）、思想解放を追求することである。とりわけこの思想解放は「中国旧思想のみならず西洋新思想の呪縛からも脱すべく」徹底させる。また中国に欠けている組織能力と法治精神を養い、「職業選挙と国民投票」を民国憲法の要とする。さらには自治、社会主義、と梁啓超の考察は続くのであるが、要は現今の南北軍閥の壟断という政治状況を打破するための、息の長い国民運動を提唱するのであり、最後に世界文明に対する中国人の責任――すなわち「東西文明の調和」こそが欧米の哲学家の願いであり中国の責任である――を説いて結ぶのである。[32]

梁啓超の学術講演、講学活動とは、かかる観点から国民の覚醒を促すための遊説であり、国民運動の一端であったが、同時に、より実際的には、彼らの新党の人材を育成するための拠点校を獲得する目的をもったものでもあった。すなわち、政界を退いて後の梁啓超は言論界に復帰して、一九一八年には新学会を組織、翌年には『解放与改造』を上海で出版する。また欧州から帰国後の一九二〇年には共学社、講学社を組織して、出版活動や海外学者の招聘活動に精力的に取り組んでいた。さらには学校事業にも取り組み、中国公学、南開大学、清華学校、東南大学を彼らの根拠地とすべく、自らも活発な講演活動を全国的に展開していたのである。

自由講座の開設とは、このような一連の活動の中で企画されたものであった。張朋園氏はこの時期の梁啓超の活動を「新文化運動」と呼んでいる。もっとも、梁啓超の興味はそのまま学術研究にそそぎ込まれてしまい、結局、初志とは食い違い社会実践から離れていったという。[33]しかし、この学術講演からは『先秦政治思想史』『中国文化史』といった著作が生み出されたのであり、それらは郷村理論を模索する梁漱溟が、中国社会の問題を認識し、伝統思想から重要な示唆を汲み取るのに与って力となったのである。

先取りしていえば、中国社会を無階級の社会とみなすこと、国家意識の希薄さと組織能力に欠ける中国社会が、その短所を長所として備えている世界主義の意味、互助と自主の精神に基づく郷治の理念、その歴史事例としての郷約など、梁啓超の提示したものは、郷村建設理論の根幹にかかわる示唆だったのである。ここに、いま少し詳しく見ていくことにしよう。

一九二二年に書かれた梁啓超の『先秦政治思想史』[34]は、別名「中国聖哲之人生観及其政治哲学」といい、法政専門学校、東南大学での講義に基づくものである。その序論で、彼は中国の政治思想の三大特色として、「世界主義」「平民主義（民本主義）」「社会主義」を挙げているが、彼に対する批判の矛先も、この見解に向けられていたのである。

梁啓超のいう中国の世界主義とは、その反国家主義、超国家主義をいう。欧州では一四、五世紀以来、国家主義が発達し、世界大戦前後には全盛となった。中国が世界と接触をもった時は、まさにこの国家主義の隆盛期に当たっていた。そもそも欧州の国家は古代の市府、中世の堡聚を雛形として形成されたので、内は団結し、外には対抗するのが根本精神となり、外人を仇嫉することにより愛国精神を鼓舞する。国家主義が盛んになればなるほど現代社会は不安になるのである。

それに対して中国は、文化を有して以来、国家を人類最高の団体とみなしたことはない。政治の目的は平天下にあり、国家は家族とともに天下を構成する一段階に過ぎない。だから、外に対抗する観念が薄く、内に団結する必要を感じない。中国人は国家を組織するのがうまくないし、組織することができないといってもいい。こうして近世の中国は一敗地にまみれ傷ついたが、反復常なし。今後、中国の世界主義が人類文化においてどのような位置をもつかは、軽々にはいえない、と梁啓超は「世界主義」という概念を説明する。

これはまさしく、国民国家を形成するに当たり、「散漫」と評された中国社会の特質を表現したものであるが、梁漱溟の郷村理論の中でも最も重要な要素となる、中国社会の「団体組織の欠如」という認識を彼が確立していくにあたって、多大な影響を与えるとともに、この「散漫」にむしろ中国の可能性を見出そうとする梁漱溟の発想に、大きく示唆するものがあったはずだ。梁漱溟自身のことばを見てみよう。

中国人はきわめて「四海一家」「天下為公」精神をもつ。梁任公は『先秦政治思想史』を著し、中国人が従来、世界主義を抱いていたことを詳細に叙述された。中国の読書人は口を開ければ天下、口を閉じても天下、すぐに大言をはく。そもそも中国人にとって、密接なのは身家であり、遠大なものは天下である。小さなものはますます小さく、大きなものはますます大きい。しかし、真実のところ、いわゆる大には当たるものがない。このように際限のないものだから、掴もうにも掴めず、寄りかかろうにも寄れない[35]。

このように梁啓超をふまえて、中国に団体組織の欠けることをいい、西洋人が団体生活を培っていることをいいつつ、しかしその上で梁漱溟は、一視同仁の観念のない西洋人の公は「範囲の大きな自私であり、真の公ではない。真の公はやはり中国人だ[36]」と中国の道徳的優位性を示すのである。

梁啓超が彼に与えた影響としては、また「無階級の中国」という認識がある。すなわち、同じく『先秦政治思想史』序論の中で、梁啓超は平等と自由を説き[37]、中国数千年の専制政体の下でも、元首一人を除けば、あらゆる人が法律の下に平等で公権私権ともに無差別に享受していたという。元首の地位も先天の特権とみなされず、常に人民の帰趨、安習が条件とされる。欧米では貴族、平民、奴隷の階級制度が、撲滅されたといってもなお残滓がある。欧人のいわゆる「人権」は階級闘争から生まれたのであり、それを得ることが困難なゆえにその擁護にも努めたのだ、とされる。

中国がこれと反することはいうまでもなく、階級があって始めて闘争主体があるのだから、久しく無階級の中国では、階級闘争とは成立しえない問題である、かつ、学理から衡っても、階級闘争はその性質から尊敬すべき事業とは認められない、と階級闘争への嫌悪を明確にしながら、中国では人類平等の観念は古く、国民は比較的自由な空気の中にいたというのである。ただ、中国の政治論の最大の欠点は「参政権のない民本主義」にどれほど効果があるのかという点にあるのだが、By the people 主義の方法は欧米といえども円満な回答は得られていないものである、結局、中国では、君主統治の下に民本主義の精神を行うということが、有力な政治思想として国民意識に深く影響している、という。

民主を追求している新青年派が、逆なでされたような思いを抱くのも無理からぬところであるが、梁啓超にしてみれば、現代社会は幾世代にもわたる「共業〔カルマ、社会遺伝性〕」から構成されているのであり、現代人も無形の過去の思想に支配されている。近二〇年来、汲々として欧州の政治制度（立憲、共和、連邦、ソビエト等）を、中国に移植しようとして根づかなかったのも、それによるという。旧思想を改めるには取って代わる新思想が必要だが、新思想建設の大業はよその社会の思想を全部移植することによってはできない、少なくとも社会遺伝に従って自然にとけなじみ、合理的に洗練を加えるのでなければならない、とするのである。

中国郷村の問題解決を目指すにあたって、その伝統的な価値観を土台として、新たな道を練り上げていくという方向性はここに提示されたといえよう。そして梁啓超が梁漱溟に与えた最大の示唆は、まさに「郷治」という概念、及びその具体的な姿、あるいは郷村自治の歴史的な展開である。

『先秦政治思想史』の第二一章は郷治問題である。「欧洲国家は市の集積、中国国家は郷の集積よりなる」[38]と書きだされるこの文章には、古代の理想的な郷治社会が提示されているが、さらにそれに「ゆえに中国は郷自治あるも市自治なし」と加筆して『中国文化史─社会組織編』[39]が執筆されている。これはもと、一九二五年秋冬、清華大学で講義されたものである。書き出しは『先秦政治思想史』とほぼ同じであるが、管子を引き、「士農之郷」と「工商之郷」という具合に、郷治が職業により類別されていることを指摘する。また郷兵を軍事組織の基礎と位置づけていることもあわせて指摘している。さらに、古代郷治の主要事業として、(1)農耕合作、(2)義務教育、(3)弁警察、(4)練郷兵をあげ、その精神は互助、実行は自動（自主）とする。戦国以後、土地の私有化、豪強の農民役使、商業の勃興という歴史事象から、社会の重心は都市へうつり古代の郷治は衰微したのである、という。

梁啓超はまた、「郷治の善なるものは官府と相聞問せず。粛然として自らその政教を行う。その強くして有力なるものはよく自ら乱世に全し」[40]という。そして三国志の田疇、宋の呂氏（大防、大臨）郷約、王陽明の郷約と歴史的事例を挙げ、さらには広東の花県の例──明末、流賊の起こるや、砦を築いて自衛する。清朝にも屈せず、剃髪せず、官吏を入境させず、官課は境上で渡すという状態が康熙二一年まで続いた──をあげて郷治の極とした。

かく歴史的に伝統郷治を掘り起こした梁啓超は、さらに実見したものとして、自らの宗族、すなわち梁氏の郷治（聯治機関は三保廟、本保自治機関は梁氏宗祠、自衛組織の郷団、信用合作社的組織の江南会等々）の例をもあげ、この種の郷自治が税糧以外では地方官と没交渉であること、国内にはまだまだこの規模を備えているところが多数存在していること、宗法社会の遺影ではあるが、きわめて自然な互助精神をもって簡単合理の組織を作っていることは中国全社会の生存及び発展に重大な関係がある、と評価している。そして、清末以来、西風を模倣し、日本式の自治規条を翻訳して地方に頒布したような「官弁の自治」[41]では固有の精神は埋没してしまうとする。

ここに、互助と自主という根本精神に則って、農耕の合作と教育を行うとされた梁啓超の「郷治」には、「官弁の自治」を否定し、中央政治権力から自立している郷村のイメージと、郷村の武装自衛という側面が強くでてきていることに注目しておきたい。彼が一九二二年の『先秦政治思想史』で郷治問題を最初に提示した時、そこにはまだ自衛的な郷村の姿は描き出されていなかった。「吾が広東では国民政府が成立して以来、ことごとく各郷団自衛の武器を奪った」[42]。そのため今日の農村の惨状があるとする彼のことばとともに、一九二五年に至って郷村の自衛を積極的に語らざるをえなくなった社会情勢の変化も汲み取っていかなければならないだろう。

しかし、今ここでは、二二年の段階で、「郷治」という概念とその歴史的イメージが、梁啓超によって提示されたことをとりあえず明確にしておきたい。梁漱溟の郷村建設理論が二二年に萌芽したという、最大の刺激の一つは梁啓超の『先秦政治思想史』だったのである。

## 第五節　梁漱溟の「補充改造された郷約」

一九二五、二六、二七年の三年間、梁漱溟は「閉門不出」といい、北京で曹州高中の学生達と講学（朝会活動）をしていた。しかし、北伐前夜の南方革命の高潮は、しばしば彼の南下を促し、彼も広東に人を遣り情報の収集に努めている。ついに彼が李済深を尋ね広東に出発したのは、一九二七年五月であった。これ以後、具体的な郷治（広東）、村治（河南）、郷村建設（山東）の提言と実行が始まっていくのである。

先にも見たように、彼の中国問題の解決とは新しい社会組織構造、すなわち国家権力に系統づけられた地方自治とは全く違った、下から上への理性的立志的組織の建設をすることであった。この理性（情理）による組織の建設は郷村から着手するのであって、新しい組織とは具体的には「郷約」の補充改造であった。

梁漱溟の郷村建設理論が宋代の「呂氏郷約」を踏まえていることは、自らもいい、先行研究でも常に指摘はされている。しかし、この「郷約」の歴史的実体は意外に見えにくいものである。それは国家的な法制度ではない、むしろ私的とみなされるものであるうえ、そもそも国家は徴税に関わる組織以外にはそれほど関心を示さないから、史書にも「郷約」の記録はあまり残されていない。

また「郷約」とは、郷村における道徳理念の提唱と唱和であるというのであれば、それの具体的な組織としての在り方も把握しにくい。泰州学派の活動により、郷約が盛んであったといわれる明代においても、僅かに「会」としての組織実体がうかがえる程度なのである。このわかりにくさは、先駆的に郷治のモデルとしての「郷約」を提示した梁啓超も指摘するところであり、梁漱溟達も、いわば手探りで史書の研究を通してその具体像を描き出そうと、あるいはそれに仮託した郷治の理念型を作り上げようとしているのである。

「郷約」のいわば原型として、誰もが言及するのが、前述の宋代の「呂氏郷約」であり、その四大綱領とは、一、徳業相勧、二、過失相規、三、礼俗相交、四、患難相恤である。梁漱溟はこの相互扶助である「患難相恤」の七項目（水火、盗賊、疾病、死喪、孤弱、誣枉、貧乏）への対策が充実できれば、好い地方団体といえるとして、七項目それぞれに対応する「消防隊、水利、自衛組織、衛生医院、息訟会、育嬰堂、孤児院、合作、財産の社会化」という現代の事業を列挙している。(43) だが、実際のところ、梁漱溟は「郷約」の詳細に関しては、もっぱら、燕京大学の社会学教授楊開道の『郷約制度的研究』に負っているのである。

楊開道は呂氏郷約を分析し、その特徴として、第一に郷を単位として県を単位としていないこと（県政府の政治力から自立できる）、第二に人民の公約であって、官府の命令ではないこと、第三に局部参加、自由参加であって、全体参加、強迫参加ではないこと、第四に成文法であること、を挙げている。呂氏郷約の内容には、もちろん空疎な部分もあって、朱子の増損を経て今日に伝わっているわけだが、とりわけ、教育と経済がその中に含まれていないという（梁啓超も呂氏郷約に言及した際、それが地方行政と生計を欠いているという指摘をしている）。

呂氏が尊重したのは道徳、礼俗であって、農村事業を一塊のものとしておらず、既存の保甲、青苗でさえ利用することをしなかった。もっとも、あの時代にあっては、もし道徳に偏することなく人民自治を私人が行ったとすれば、当然、危険視されたのである（呂氏の郷約でさえ、すでに自粛の圧力があったのだ）。ともあれ、当然のことながら、郷約は呂氏の時代のものをそのまま現代に応用するということはできないのであり、補充改造が必要だというのが楊開道の意見であった[44]。

ここに梁漱溟達は、よりふさわしい郷約のモデルとして清朝の陸氏に注目する。郷約の補充改造をいうのであれば、清朝の陸世儀がすでに消極から積極の精神に改めているのである。彼は、古人の郷約は一種の精神であって、空虚であり、実体化させなければならないとした。郷約（精神）は綱であり虚である。社学、保甲、社倉（三約）は目であり実である。すなわち、陸氏のいう郷約とは、一郷の衆が相約して社学、保甲、社倉を実行することであった。もっとも、陸氏自身は『治郷三約』の著述をしただけで、実践することはできなかった。

この陸氏の郷約を現代に活かすとすれば、社学は教育機関、社倉は経済機関、保甲は自治自衛の政治機関となる。そして、郷約にさらに積極性を賦与するとすれば、進歩を求め、人生向上、志気の提振を求めるのであり、単に個人の善行を勧めるのでなく、社会改造、新文化の創造を目指すのである[45]。

また、梁漱溟は、郷約には官府の力を借りないことを強調する。そして、「自動（自主）」の重要性を啓発するデンマークの教育に注目し、その民衆学校の自由志願の精神が説かれる。それを踏まえて構想されたのが「郷農学校」であり、それは、⑴校董会、⑵校長、⑶教員、⑷郷民（学生）からなる郷村組織であった。

郷農学校（郷約）は一五〇戸～四〇〇戸の範囲で先ず校董会を組織する。校董会の構成者（値約）はすべて郷村の領袖であり、この中から校長（約長）を選出する。学生は本地の農民であるが（約衆）、教員は外から新知識人を招聘してもよい。郷約の中に教員に当たるものがないからである。学生は主要には成年農民であるが、それに止まらず、男婦老幼すべて学生の列に入る。郷農学校によって郷村の領袖と民衆が頻繁に集合する機会を作り、そこで共通の困難（匪患、兵禍、天旱、時疫、糧賎、捐重、烟賭等）を討論して、解決策を見出す。約とは会の意味であるとすれば、郷約とは、郷民大会のことだともいえる。

教員は問題解決のための助言者である。この、郷村に常駐する教員の存在こそが、郷約の改造補充の点である。郷農学校はのちに郷学、村学として実行されるが、同じことである。郷村を組織するだけでは不十分であり、必ず学問、眼光を備えた新知識、新方法の人が農民を鼓舞し、外来の新知識、科学技術を農民の実際問題に適合した形で注入する必要がある[46]。（浙江では建設庁が蚕種改良を図り、臨時に人を派遣して指導させたが、農民に殴打されてしまった[47]）。そして、小範囲の郷約と郷約が連合する時、それを結節するのも教員であり、外の、より大きな文化運動団体、社会運動団体と直接させるのも教員である。

やがてこの郷農学校が発展進化すると、校長が郷長（監督教訓機関）に、校董会は郷公所（行政機関）に、常務董事は総幹事（事務領袖）に、全体学衆は郷民会議（立法機関）にと拡張していく[48]。表面的には現行の地方自治組織と同様であるが、その発生も内実も全く違う自立的な郷村組織が育っていくことを梁漱溟は将来に描くのである。

さて、梁啓超も「官弁の自治」の無用さをいっていたが、梁漱溟も「現行の自治組織」と自らの郷村組織の違いを弁じてやまない。すなわち、郷約は地方自治を含むが、地方自治は郷約を包含しえない。現在の地方自治は人生向上（郷約の綱領一と二）に意を注がないし、「事情」にかまけて「人」を愛惜しない。『修正郷鎮自治施行法』等を見れば、郷鎮長、監察委員、調解委員等々、無情に法律で解決するばかりである、(49)とその法治に異議を唱えると同時に、民治にも疑念を抱く。

もともと彼は団体運営に当たり、「民治」の二字をいうことを喜ばず、「団体の中では、多数の分子が団体生活に対して有力に参加しなければならない(50)」と好んでいっていた。そのため、公民の普通選挙権には難色を示すのである。彼は浙江で問題になったところの、娼妓の選挙権という問題（そもそも娼妓は公民か？という問題も含めて）を例に挙げて論じる。

いったい、選挙権とは西洋的権利観念から生じたものである。より自然でより合理的な地点から鑑みて、如何なる人をも尊重するといっても、より自然な尊重とは、誰もが一票を投じるということではない。一家に四、五人がいたとして、その中の比較的ものの分かった人が一人、郷村の集会に参加すればそれでよい。郷村の品行のいい老知識人と妓女が同様に一票を投じるなど必ずしも合理的ではない。それは機械的な平等というものである。肝心なのは、みんなが肯定することであり、少数の比較的ものがわかった名望家が、合理的なことをいい、みんなが同意すればそれでいい(51)とし、彼はこれを「人治的多数政治」あるいは「多数政治的人治」という(52)。

こうした中国固有の自然さを乱すということでも、現行の地方自治は「地方自乱」である。率直にいってそれでは共産党にも及ばない。共産党は明らかに農村内部の闘争を提唱して、農村を全体的なものと見ない。だから、分化の手だてをし、郷村内部を自己攪乱させる。（我々と共産党の違いはまさにここにある。我々は郷村を全体的なものと見なす）。現在の地方自治もやはり、郷村内部を自乱させる。共産党のやり方はよくないが、ある地方では有用だ。もし本当に、土豪劣紳を打倒し、土地を平均に再分配できるなら、このように痛快にやるのもなかなかよい。しかし、現在の地方自治はただ郷村を自乱させるだけで何の意味もない[53]、という彼の発想は、典型的な儒教の人知主義、道徳階級制といえよう。ただ、当時は、前節でふれたように、東西文化論争を経由しての章士釗達のデモクラシー批判が一つの潮流としてあったことを、我々はここに想起しておかなければならない。

さて、王陽明の例をまつまでもなく、歴史的に見て、郷約と保甲は併用されることが多い。梁啓超もこの二者をともに郷治として並列していた。梁漱溟達の改造された郷約が、内的要素の一つとして保甲を組み込んでいたことは、先に見たとおりである。武装自衛組織としての保甲は、郷村建設理論の中に最初から包含されていた、と同時に、現実にはこの武装自衛問題こそが、郷村運動を興起させる動機であった。

一九二九年、梁漱溟は広東から北京に帰る。折しも河南村治学院（輝県百泉）設立の準備期間であり、彼は請われるままに、王柄程（総務長）、梁仲華（副院長）、彭禹廷（院長）と開封で準備の会合を持った。そもそも、山東、河南の郷村事業は、定県、無錫、暁荘とは違い、教育からではなく、政治問題、社会問題に迫られ、郷村自衛、郷村自救から生まれたものだ、と梁漱溟はいう。それは発起人の経歴にもよく現れている。

例えば王柄程（河南輝県人）は、河南教育款産所所長であった。おかげで款産所の節余を村治学院の経費に流用できたのであるが、この王柄程には、一九二一年頃に『国民武装論』という著作があり、郷村人が武装して防匪防兵し、軍閥問題を解決するよう主張していたという。

一九二四、二五年には国民二軍が河南に駐防した。この兵害に刺激されて、彼は郷村自衛事業に従事することを発意した。しかし、最初に組織したものは、やや開明的な紅槍会というところだったようだ。彼は郷村の人民は知識が足らず、武装すると盲動しやすく危険なものだと知った。このため学生を訓練し、朋友と結ぶことでこの事業のやり直しをはかった。ここから河南村治学院が生まれたのである。彼には『貨幣学』とともに、古代の兵制、団練、近代の兵制、郷村保衛の工程、器械にまで説き及ぶ『農村自衛研究』の著作もある(54)。

また、彭禹廷にも鎮平県で剿匪自衛の経験があった。ちなみに彼は、村治学院が停止してから、鎮平に帰り「地方革命」を主張した。全県を一〇区に分け、「十区自治弁事所」を成立させて県政府に取って代わり、貧農雇農の負担を軽減して地主の負担を加えたため、豪紳に殺害されたという(55)。こうした設立の動機から、村治学院の五部に分かれる作業課程の一つとして「村民自衛の常識、及び技能の訓練」が設けられ、自衛問題研究、軍事訓練、拳術等に毎週の全五六時間中、一一時間が割かれている。

実に、梁漱溟の郷村組織は、実践の段階にはいると、中国の眼前のいくつかの問題、すなわち、郷村の自己腐敗（毒品）の問題、匪患問題、共産党問題を解決できるものでなければならなくなった。とりわけ匪患問題は切実であったのだ。

土匪の害は民国になってから大問題となってきたものだ、と梁漱溟はいう。郷村自衛は必要なものであり、国家の側も郷村自衛を許可するという、お話にもならないあり様が現実であった。江西、湖北、安徽一帯は、極力郷村自衛工作を提唱しているが、自衛ののちに流弊に陥らないようにするのが難しい問題であった。例えば、広東は清末以来、盗賊が多く武器も出回っている。広東の郷村には至る所に碉楼と民団の組織があった。

ところが、一九二四年の国民党の改組で、共産党、農民協会が内側から操縦して農民を武装させ、農団を成立させた。郷村には有産者の民団と、無産者の農団の二種類の武力が存在することになった。清党以後、政府は農団と民団の調和をはかり、さらには商団も加え融合して一つの地方自衛の武力にしようと「地方武装団体訓練員養成所」を成立させた。しかし、これは、指揮権がどこにあるかで民団や軍隊に変質する可能性があるものである。地方という空虚な名詞に自衛は存在しえない、というのが梁漱溟の見解であった。

武力は工具であり、これを操縦する主体が肝心である。武力が地方公共のものにならなければならないが、しかし、健全な地方組織がいま存在しえているだろうか。中国人はいまだ進歩的な団体組織を有しえていない。かつて四川の民団が非常に発達したが、その結果は団閥となり、武力横行の弊害を生んだ。河南各所の民団の害にもいいつくせないものがある。しかし、〝封建勢力〟といわれている土豪劣紳とは、その実、伝統的な産物ではない。それが生じたのは、郷民が愚昧なためであり、このようなところで自治（人民自衛、民衆の武力）を強要すれば、当然、土豪劣紳が生まれる。結局、この自衛問題は土豪劣紳の問題でもある。治安問題、保衛問題を語るなら、やはり、地方組織問題に意を注がざるをえない。武力をもっていても、開明的組織の平和的空気の中なら危険は少ないからである。[56]こうして郷村組織は、自衛問題の解決に重要な要となってくる。

また、武装農民との関係から共産党問題が生じてくる。しかし、共産党がやっているのは中国の農民運動であり、農民運動は必要なものである。共産党を問題にするならば、それに代わる運動組織が必要となる。梁漱溟は彼らの郷村組織なら、共産党に取って代われるという。

農民の自覚と組織で彼ら自身の問題を解決させようとする点では、梁漱溟の郷村運動も、共産党の農民運動も互いに等しい。しかし、共産党の農民運動は、郷村社会を分離対抗情勢におき、闘争を発生させる。毛沢東は広東の郷村社会を八階級に分析して、その低級の三、四階級だけが農民協会に加入できるとし、その区分は厳格である。ここに花県一帯では農団と民団の大戦争となってしまった。[57]

共産党の錯誤は外国の階級社会の農民運動の旧套を踏み、中国社会の特殊性を認識していないことにある、と梁漱溟はいう。もちろん彼から見ても、郷村内部に問題はないわけではないが、それ以上に、郷村全体とその外側との落差、都市と農村との落差こそが深刻であり、西洋的経済、西洋的政治が中国にもちこまれたことにより、その格差はさらに広がったのである。軍閥と土匪のあらゆる圧迫と略奪は、都市では行われず、郷村に集中している。身体生命財産の自由は都市の居民にはややあるというものの、郷村の居民には絶対にない。郷村居民の苦痛こそが中国問題の焦点なのである。

梁漱溟は、農民、農工、被圧迫民衆、無産階級等のことばは用いず、「郷村居民」という。有産、無産ということばも、中国社会を分別するのにふさわしくない。産が生産工具であるなら、二畝の地を所有する貧農も、自営手工業者も有産であり、有無にどれほどの差があるというのか。圧迫、被圧迫という区別にも実体はなく、農工の二字も散漫で、ほとんど実体のない空疎な概念である。結局、梁漱溟にとっては、「現在の中国社会で、顕然と厚薄の分、舒惨の異があるのは、ただ、都市と郷村のみ」[58]と、都市と郷村の厳然たる格差だけが、問い直すに足る確かな現実であったのだ。

一九二〇年代、東方派と目された章士釗、梁啓超、梁漱溟は、五四新文化運動の主張に対して、大きく疑問を投げかけた。それは、清末以来、中国が目指してきた近代的国民国家形成という目標にも再考を促すものであった。また同時にそれは、梁漱溟がさまざまな論争と思潮を取り込みつつ、一つの体系として郷村建設理論を形成していく過程でもあった。

すなわち、西方化の是非を問う東西論争は、工業立国対農業立国の論争として、都市対郷村の論争として読み込まれることになり、東方への志向はやがて郷村への志向に変わっていった。近代的な国民国家を形成するに当たって、大きな障碍とされた中国社会の散漫性は、むしろ小範囲の自発的な組織を作り上げていくのには利点とみなされた。それがどのような体制であろうと、国家権力が緩やかな、ないしは無力な存在である限り、それをよそにして、郷村が情理の下にしっかりとまとまることは、時に武装自衛の必要に迫られながらも、歴史的に経験がなかったわけではないと思われたのである。郷約と保甲の歴史的記憶は、郷村組織の具体的方策と受け取られた。郷村が総体的な存在としてあり、分裂を結果する階級闘争の場となることがない限りにおいて、それは、「正常な形態の人類文明を求める場」となりうるのであり、郷村に重心をおいてこそ、都市もバランス好く存在できるとされたのである。

さて、梁啓超、章士釗から受けた思想的影響とともに、梁漱溟が、郷村建設の実践に入って行くに当たっては、米迪剛や王鴻一など、すでに多くの郷村運動家の実践が周囲に存在していたことも大きな要因としてあった。また、一九二五、二六年には平民教育会や、中華職業教育会も、それぞれ都市から郷村にその運動の場を転じていた。このような社会運動団体の実践をも、梁漱溟が批判的に継承したことはいうまでもない。

本章では、梁漱溟の問題解決の実践と、このような郷村運動家達との交流の実態にまで言及できなかったが、今後の重要な課題であろう。そして、新儒家としての梁漱溟の郷村建設運動の理論が、意外にも共産党（毛沢東）の農村運動に影響を与えたことはなかったのであろうか。毛沢東と梁漱溟の決裂は、結局は何に起因していたのであろうか。今は疑問としてのみ留めておこう。

（1）　梁漱溟に関する近年の研究としては、菊池貴晴「梁漱溟と郷村建設運動をめぐる諸問題」『中国第三勢力史論』第六章、汲古書院、一九八七年。家近亮子「梁漱溟における郷村建設理論の成立過程」山田辰雄編『近代中国人物研究』慶応義塾大学地域研究センター、一九八八年所収。馬勇『梁漱溟文化理論研究』上海人民出版社、一九九一年。『梁漱溟評伝』安徽人民出版社、一九九二年。小林善文「郷村建設運動における梁漱溟の道」『史林』第八一巻二号、一九九八年、等がある。

(2) 汪東林『梁漱溟問答録』四〇頁、湖南人民出版社、一九八八年。

(3) 梁漱溟「征求研究東方学者」『梁漱溟全集』山東人民出版社、第四巻、五四七頁、一九九一年（以下『全集』と略称）。原出『北京大学日刊』第二二二号、一九一八年一〇月四日。

(4) 梁漱溟「扉頁照片題記」『東西文化及其哲学』財政部印刷局初版本、一九二〇年。『全集』四巻、六五〇頁。

(5) 呉稚暉「箴洋八股化之理学」『呉稚暉先生選集』一〇〇〜一〇一頁、中国国民党中央委員会党史史料編纂委員会、一九六四年。原文は民国一二年（一九二三年）作。

(6) 梁啓超『飲冰室合集・文集』巻三八、六〇頁。

(7) 儒教の生機主義に関しては、拙稿「陽明学の変容と〝生生〟」『鈴鹿医療科学技術大学紀要』第一号、一九九四年。

(8) 前掲『呉稚暉先生選集』二頁。

(9) 郭湛波『近三十年中国思想史』二八〇頁、北平、大北書店、一九三五年。

(10) 汪東林『梁漱溟問答録』四二頁。

(11) 『呉稚暉先生全集』一六〇五頁、中国国民党中央委員会党史史料編纂委員会、民国五八年（一九六九年）。

(12) 『甲寅周刊』第一巻、第三〇号、民国一五年二月六日。

(13) 本章では一九九一年、上海書店出版の影印本を参照。

(14) 汪東林『梁漱溟問答録』四二頁。

(15) 本章では『民国叢書』第四編一四（上海書店）所収の「郷村建設理論」郷村書店、一九三九年版影印を参照。

(16) 田中忠夫『近代支那農村の崩壊と農民闘争』四四五頁、泰山堂、一九三六年。

(17) 王心斎及び泰州学派については、島田虔次『中国に於ける近代思惟の挫折』筑摩書房、一九七〇年。拙稿「塩場の泰州学派」『東方学報（京都）』第五八冊、一九八六年。同「何心隠論」『史林』六〇巻五号、一九七七年を参照。本書三章、四章。

(18)　梁漱溟「東西文化及其哲学」『全集』第一巻、五三九頁。
(19)　黄宗羲『明儒学案』巻三二、泰州学案一。
(20)　『全集』一巻、五四六頁。
(21)　梁漱溟「主編本刊之自白」『中国民族自救運動之最後覚悟（村治論文集）』一四～一五頁。『民国叢書』第四編一四所収の中華書局一九三三年版影印。原出『村治』一巻一期、一九三〇年。
(22)　梁漱溟「悼王鴻一先生」前掲『中国民族自救運動之最後覚悟』三七三頁。
(23)　李生「河北省模範村――定県翟城村」『東方雑誌』復刊第八巻第三期、六二頁、民国六三年九月一日。
(24)　この文章は民国十二年十一月に上海「新聞報」に掲載されたものである。同年の春にすでに梁漱溟が口にしていたということは、彼の記憶違いか、章士釗に「新聞報」より早く農村立国の発言があったのか、梁も独自に思い至っていたのか、今はまだ解決していない。
(25)　前掲「主編本刊之自白」一五頁、原註二。
(26)　章士釗の思想に関しては沈松僑「五四時期章士釗的保守思想」（『近代史研究所集刊』第一五期、民国七五年、一九八六年）がある。沈氏は「章の農国論はことさらに工業社会の暗黒面を強調し、過去をユートピア化したもので、後進社会の工業化初期によくみられる Marxist situation である」としつつ、章の農国論をめぐって一九二〇年代に起きた論争を簡単に紹介している。
(27)　丁文江撰『梁任公先生年譜長編初稿』民国一〇年辛酉（下六〇四頁）。
(28)　前掲「東西文化及其哲学」『全集』一巻、二七四頁。
(29)　同右、二七八頁。
(30)　前掲『梁任公先生年譜長編初稿』民国一〇年辛酉（下六〇四頁）。
(31)　梁啓超『欧遊心影録節録』「欧遊中之一般観察及一般感想」上篇、大戦前後之欧州、台湾中華書局印行、一九六六年一二版本参照。
(32)　同右、「欧遊中之一般観察及一般感想」下篇、中国人之自覚。

(33) 張朋園『梁啓超与民国政治』一七八頁、食貨出版社、一九八一年。
(34) 梁啓超『先秦政治思想史』台湾中華書局印行、一九六八年一五版本参照。
(35) 前掲「郷村建設理論」五三頁。
(36) 同右。
(37) 前掲『先秦政治思想史』序論三～七頁。
(38) 同右、一七四頁。
(39) 梁啓超『中国文化史』五二頁、台湾中華書局印行、一九七〇年一四版本。なお、関連のある箇所を示せば、該書の第五、六章が階級、七章郷治、八章都市である。
(40) 同右、五八頁。
(41) 同右、六一頁。
(42) 同右、郷団の武器没収の事実関係については未考。
(43) 前掲「郷村建設理論」一八八～一八九頁。
(44) 楊開道「呂氏郷約的分析」『村治』三巻四期。
(45) 前掲「郷村建設理論」一九八～二〇二頁。『全集』二巻、三三三頁。
(46) 前掲「郷村建設理論」(乙 郷農学校)二一四頁。『全集』二巻、三四五頁。
(47) 梁漱溟「村学郷学釈義」『全集』五巻、四四六頁。これは一九三四年二月一日の山東での講話である。
(48) 前掲「郷村建設理論」二二九頁。『全集』二巻、三六〇頁。
(49) 前掲「郷村建設理論」一八九～一九一頁。『全集』二巻、三二一～三二三頁。
(50) 前掲「郷村建設理論」一五七頁。『全集』二巻、二九二頁。
(51) 前掲「郷村建設理論」一九二～一九四頁。『全集』二巻、三二四～三二六頁。
(52) 前掲「郷村建設理論」一五七頁。『全集』二巻、二九二頁。
(53) 前掲「郷村建設理論」一九七頁。『全集』二巻、三二九頁。

(54) 梁漱溟「追悼王柄程先生」『郷村建設』半月刊、六巻、一一期。『全集』五巻、九三六頁。
(55) 梁漱溟「河南村治学院和山東郷村建設研究院」『河南文史資料』第二〇輯。
(56) 前掲「郷村建設理論」二七三〜二七九頁。『全集』二巻、四〇一〜四〇六頁。
(57) 前掲「郷村建設理論」二七九〜二八一頁。『全集』二巻、四〇七〜四〇八頁。
(58) 前掲「郷村建設理論」三三三頁。『全集』二巻、四五七頁。

# あとがき

明末と清末民初期、この二つの時代の思想に重層性を見出しつつ、絶えず双方向的に照射する視点をもって儒教思想の変容過程とその賦活力について考察してきた。両者が時代の歴史的条件、歴史的課題を異にしているのはもちろんであるが、内省される思想的側面にはある種の共通性が見出されるのも事実である。

本書で取り上げた個々の思想家についてみれば、精緻な学術能力によって学問史上に大きな貢献をしたと評価されるような人物では、必ずしもない。むしろ「不学空疎」と、その支離をそしられる体のものであった。しかし、にもかかわらず、彼らの言動が当時の社会においてそれなりのインパクトをもち、同調者をもち、またそれがゆえに、より多く敵視もされたということでは共通している。「不学」といわれた彼らにとって経典教義的な語彙はあくまでも表象にすぎず、それを駆使して自らの思考を表白することに眼目があったのである。新たな語彙をまだ獲得しえない段階にあって、しかし身内にうごめく新たなるものへの衝動は、外在化されるべき表現を求め、身の丈に合わぬ既製の語彙を突き破ってしまったともいえよう。その破綻状況にこそ、我々は儒教思想が新たな価値表現への賦活力として働く可能性を探ることができたのである。

伝統中国において、儒教的教養の有無が士庶の分を決める（庶は士の欠如体）という一般論が成立するのであれば、儒教における階層性とか、マンダリンの儒教と庶民の儒教という区分は、一見、語の矛盾であるようだ。しかし、現実の社会存在として士庶の分に明確な線引きができず、また、一方で儒士の務めとしての教化活動が、建前以上のものとして実践に遷されるのであれば、「庶民講学」という人の目をむくような現象も生じてくるわけである。

伝統中国において「講学」とは学問のスタイルの一つであるが、政教の合一こそが理想的な学のあり方だとする思惟においては、講学活動が知識人にとっての社会運動の方法として認識されることは十分にありうるわけで、近代史における梁啓超、梁漱溟らは自覚的に講学活動をそのようなものとして位置づけていた。そして、その先駆的なあり方は明末の講学活動に求められたのである。ことばを換えれば、近代史の歴史的要請が泰州学派を再発見させたわけであり、その再発見は単に講学という運動スタイルににとどまらず、郷土保全の自助精神、すなわち運動を支えるエネルギーである主観能動性の確保という側面においても、明代の「郷約」や「生生」の情念は近代史からの再評価に十分値したのである。それは、政治的現実に直面しては時代を超えて要求される、儒教のかなり根底的なレベルでの有用性かも知れない。

しかしながら、皮肉にもそれは、国民国家の形成になぜ成功しえないのかという、近代中国の絶えざる問いかけと表裏をなすものである。郷土保全の自助勢力とは、国家の統治力がもはや機能していないと判断された時に、知識人の指導を前提として想起されるものであり、郷村建設運動における郷村領袖の育成などは、そのいい例であろう。君権のチェックという儒教理念からも推し量られるように、儒教に内在する方向性は天下主義を唱うことによって、むしろ国家意識を希薄にさせ、より現実的な存在である郷党に人を引っ張るものだからである。

康有為、梁啓超らが孔教運動を提起した大きな理由は、国民国家（その概念はなお朦朧としてあったとしても）形成のための求心力を生みださんがためであった。キリスト教をともなう、列強による「瓜分」の危機を前にしては、孔子崇拝が伝統的に民間には普及されていないという現状も、一層、焦燥感を煽ったのである。だが、概して庶民にとって儒教は単純化された外在的な規範である場合が多い。そして、この単純さは往々にして武断的に働くものであるがゆえに、規範として容赦のない拘束力をそこに生じさせる。双方向な視点とは、かかる側面への見通しも伴わなければならないであろう。

そもそも、孔子崇拝は原初から士人に限られていたのであろうか。さかのぼれば婦人が孔子廟で子授けを祈願し、猥雑な祭祀をしていたとの記録もある（『封氏聞見記』巻一）。明末の生生主義も三教合一の通俗化を被り、養生や生理の側面に収斂されていけば、相当に猥雑なものになるという史料的感触を私はもっている。近代の洗練された唯情哲学とはまたその相貌を異にするものであろう。儒教の下位化現象として触れなければならない問題ではあるが、本書では手に余った。引き続き問題として考察を試みたい。

さて、二一世紀を迎えてなお、地域を問わず宗教問題が優れて今日的課題となっている。もっとも、本書が取り上げてきた儒教についていえば、そもそもそれが宗教であるのかということ自体、くり返し問われる大きな論題であり、本書の重要なテーマにもなっている。しかし、それが中華文化の正統な教義として特権的な地位を保持し続けてきたことは紛れもない歴史的事実である。

それだからこそ儒教は近代化の障害物とみなされ、五四新文化運動、文化大革命と、中国近現代思想史の一面は儒教の否定史にほかならなかった。だが、激しい儒教批判のキャンペーンが浴びせ続けられたにもかかわらず、儒教はその都度、新たな蘇生を果たしている。序で指摘したような大学レベルでの孔子復活のみならず、数年前には、児童生徒を対象とする四書五経の国際的な朗読会が曲阜で開催されているのを私自身が実見した。儒教への関心は実践的なレベルにまで拡大されてきているのだろうか。

すでに一九八〇年代、シンガポールにおいて儒教教育のキャンペーンがあったことは、その経済成長と関連づけて日本でも紹介されたことがある。だが、儒教をはじめとするアジアの思想に対しては概して冷淡な日本のことであり、さしたる関心も払われたようには思えないし、儒教に対する理解もなお偏跛で固定的であるようだ。しかし、いま再び中国において儒教の復活を含め、実に多様な宗教活動が展開されていることは、その社会の地殻変動を示すものとしてきわめて注目に値する。我々は、かような東アジアにおける思想動向に対して、共感をもたずとも、もっと敏感であっていいし、その歴史的理解はより深められる必要があるだろう。本書がそれに一石を投じうれば幸せである。

なお、本書は折にふれ各研究誌に掲載してきた論文に加筆、修正を行い、新たに編んだものである。各章を構成する諸論文の初出は以下の通りである。

第一章　「中国近世の女性の軌跡―列女伝を中心に―」『女性史学』第三号、女性史総合研究会、一九九三年、七月。

「守節（殉死）と孝義（割股）」in: D. Gimpel and M. Hanz (Ed.), *Cheng-All in Sincerity (Hamburger Sinologische Schriften)*, Hamburg 2001.

第二章　「新都の楊氏と小説二題―烈婦と郷宦―」『明末清初期の研究』京都大学人文科学研究所、一九八九年、三月。

第三章　「塩場の泰州学派」『東方学報（京都）』第五八冊、京都大学人文科学研究所、一九八六年、三月。

第四章　「何心隠論―名教逸脱の構図―」『史林』六〇巻、五号、史学研究会、一九七七年、九月。
第五章　「中国の近代化と宗教問題―孔教運動初探―」『五十周年記念論集』神戸大学文学部、二〇〇〇年、三月。
第六章　「民国期尊孔運動の初歩的考察」『神戸大学文学部「紀要」』第三〇号、二〇〇三年、三月。
第七章　「陽明学の変容と〝生生〟」『鈴鹿医療科学技術大学紀要』第一号、一九九四年、三月。
「虚無主義者の再生―一九二〇年代中国思想界の一動向―」『東洋史研究』東洋史研究会、一九九五年、六月。
第八章　「一九二〇年代の思潮と「郷村建設理論」の形成」『文化学年報』第一八号、神戸大学大学院文化学研究科、一九九九年、三月。

本書の刊行にあたっては、実に多くの方々から学恩を受けている。とりわけ、私が最初の研究対象として泰州学派を取り上げるに至った経緯としては、故島田虔次先生と小野和子先生のご教示が大きかった。お二人が主宰されていた京都大学人文科学研究所の明清時代に関する共同研究班には大学院生時代から参加させていただき、史料の読解から、研究発表、論文執筆に至るまでさまざまな機会を与えていただいた。また、狭間直樹先生が組織された近代史研究班にも同時に参加させていただき、孔教運動に関する知識を初めて得ることができたのである。万事においてスローな私のことである、定期的に研究会に参加し、同席の班員各位からさまざまなアドバイスやコメントをいただくという刺激がなかったならば、研究活動を持続させ、何らかの成果につなげるということは、とてもできなかったであろう。共同研究班の存在に心から謝意を捧げる所以である。
また、京都大学学術出版会が本書の刊行を決定するにあたっては、富谷至人文科学研究所教授が懇切な推薦の辞を寄せてくださった。ここに衷心より謝意を表したい。そして、昨今の大学法人化による諸事雑務の激増により、本書の編集、校正がともすれば長引くのを、辛抱強く付き合ってくださった出版会の小野利家氏には、お詫びとお礼を申し上げたい。

なお、本書刊行にあたって、日本学術振興会の平成十六年度科学研究費補助金（研究成果促進費）を受けたことにも謝辞を呈したい。

六甲山麓の研究室にて

森　紀子

二〇〇四年霜月

# 参考文献一覧



## ○邦文論文

青木正児「清代文學評論史」『青木正児全集』巻一、春秋社、一九六九年。

家近亮子「梁漱溟における郷村建設理論の成立過程」『近代中国人物研究』慶應義塾大学地域研究センター、一九八八年。

大木康「馮夢龍『三言』の編纂意図について」『東方学』第六九輯、一九八五年。

大久保英子「泰州学派とその社会的基礎」『東洋史学論集第三』一九四五年。

菊池貴晴「梁漱溟と郷村建設運動をめぐる諸問題」『中国第三勢力史論』、汲古書院、一九八七年。

厨川白村「近代文學十講」第八講　最近思潮の變遷『厨川白村全集』第一巻、改造社、一九二九年。

桑原隲蔵「支那の孝道殊に法律上より観たる支那の孝道」『桑原隲蔵全集』第三巻、岩波書店、一九八七年。

後藤延子「梁漱溟の仏教的人生論」『荒木教授退休記念中國哲学史研究論集』葦書房有限会社、一九八一年。

小林善文「郷村研究運動における梁漱溟の道」『史林』第八一巻、二号、一九九八年。

佐伯富「明代における竈戸について」『東洋史研究』第四三巻、四号、一九八五年。

佐伯有一「明末の董氏の変—所謂「奴変」の性格に關連して—」『東洋史研究』第一六巻、第一号、一九五七年。

坂元ひろ子「民國期における梁漱溟思想の位置づけ」『中國』第五號、一九九〇年。

島田虔次「辛亥革命期の孔子問題」『辛亥革命の研究』筑摩書房、一九七八年。

島田虔次「中国近世の主観唯心論について—万物一体の仁の思想—」『東方学報（京都）』第一八冊　一九四八年。

島田虔次「異人・鄧豁渠略伝」『吉川博士退休記念論文集』一九六八年。

寺田隆信「王艮の家系について」『加賀博士退官記念中国文史哲学論集』一九七九年。

西村元照「劉六劉七の乱について」『東洋史研究』第三二巻、四号、一九七四年。

藤井宏「明代塩場の研究」上、下『北海道大学文学部紀要』一、三、一九五二、五四年。

濱島敦俊「均役の実施をめぐって」『東洋史研究』第三三巻、三号、一九七五年。

村上衛「清末廈門における交易構造の変動」『史学雑誌』一〇九―三、二〇〇〇年。

森紀子「清代四川の移民経済」『東洋史研究』第四五巻、四号、一九八七年。

森紀子「中国における李卓吾像の変遷」『東洋史研究』第三三巻、四号、一九七五年。

森紀子「梁啓超の仏学と日本」『梁啓超の研究』みすず書房、一九九九年。

湯淺幸孫「シナに於ける貞節観念の変遷」『京都大学文学部研究紀要』第一一号、一九六七年。

吉田寅「『天道遡源』と中国・日本のキリスト教伝道〔上〕〔下〕」『歴史人類』一五、一六号、筑波大学、歴史・人類学系紀要、一九八七、八八年。

○**邦文単著**

荒木見悟『明代思想研究―明代における儒教と仏教の交流―』創文社、一九七二年。

井波律子『中国のグロテスク・リアリズム』平凡社、一九九二年。

ウィン－チット＝チャン、福井重雅訳『近代中国における宗教の足跡』金花舎、一九七四年。

エドガー・スノー、松岡洋子訳『中國の赤い星』筑摩叢書、一九七二年。

小島祐馬『中国の社会思想』筑摩書房、一九六七年
酒井忠夫『中国善書の研究』弘文堂、一九六〇年。

島田虔次『隠者の尊重』筑摩書房、一九九七年。

島田虔次『中国革命の先駆者たち』筑摩書房、一九六五年。

島田虔次『中国思想史の研究』京都大学学術出版会、二〇〇二年。
島田虔次『朱子学と陽明学』岩波書店、一九七六年。
島田虔次『中国に於ける近代思惟の挫折』筑摩書房、一九七〇年。
島田虔次『中国の伝統思想』みすず書房、二〇〇一年。
鈴木修次『日本漢語と中国』中公新書、中央公論社、一九八一年。
竹内弘行『後期康有為論』同朋舎、一九八七年。
田中忠夫『近代支那農村の崩壊と農民闘争』泰山堂、一九三六年。
中華会館編『落地生根　神戸華僑と神阪中華会館の百年』研文出版、二〇〇〇年。
ニーダム『中國の科學と文明』思索社、一九七八年。
服部宇之吉『北京籠城』東洋文庫、平凡社、一九六五年。
服部宇之吉『孔子教大義』富山房、一九三九年。
マックス・ウェーバー、森岡弘通訳『儒教と道教』筑摩書房、一九七〇年。
山田辰雄編『近代中国人物研究』慶應義塾大学地域研究センター、一九八八年。
余英時、森紀子訳『中国近世の宗教倫理と商人精神』平凡社、一九九一年。
劉向、中島みどり訳『列女伝』平凡社、二〇〇一年。

○**中文論文**
班書閣「明季毀書院考」『睿湖期刊』二期、一九三〇年
馮天瑜、涂文学「『三言』『二拍』所表現的明代歴史的新変遷」『史學集刊』一九八四年、第二期。
何子培「明儒梁夫山先生年譜」『中法大学月刊』五—五　一九三四年。
侯志漢「話本的演変—従六十家小説到三言兩拍—」『漢學論文集』文史哲出版社、一九八二年。

黄宣民「顔鈞及其大成仁道」『中国哲学』一六期、一九九三年。
唐光沛「明正徳年間四川大寧竈夫領導的起義」『井塩史通訊』自貢市塩業歴史博物館、一九七九年一期。
李基厚「關于二拍的作者凌濛初」『光明日報』一九五八年、五月四日號。
李澤厚「試談中国的知慧」『李澤厚集』黒龍江教育出版社、一九八八年。
凌雲「清季新加坡華人社会的尊孔運動」『民衆報』三三七期、一九八二年二月一五日。
容肇祖「何心隠及其思想」『輔仁学志』六―一・二　一九三七年。
沈松僑「五四時期章士釗的保守思想」『近代史研究所集刊』第一五期、一九八六年。
王仲厚「南洋孔教会成立経緯」『民衆報』三三七期、一九八二年二月一五日、（原載『星州日報』一九六九年）。
葉国慶「李贄先世考」『歴史研究』一九五八年、二期。
Marianne BASTID-BRUGUIERE「梁啓超與宗教問題」『東方学報（京都）』第七〇冊、一九九八年。

**○欧文論文**

R. Dimberg, *The Life and Thought of Ho Hsin-Yin, (1517-1579) The Sage and Society: A Sixteenth-century View*, Columbia University, 1970.
W. Franke, Some Remarks on the Three-in-One Doctrine and its Manifestations in Singapore and Malaysia, ORIENTS EXTREMUS, Hamburg, 1972.

**○中文単著**

陳福康『鄭振鐸年譜』書目文献出版社、一九八八年。
陳煥章『孔教論』孔教学院（香港）、一九四一年一月。
陳栄捷『王陽明伝習録詳註集評』台湾学生書局、一九八三年。

郭湛波『近三十年中国思想史』北平、大北書店、一九三五年。
侯外廬編『中国思想通史』人民出版社、一九六〇年。
嵇文甫『左派王学』開明書店、一九三四年。
孔祥吉『康有為変法奏議研究』遼寧教育出版社、一九八八年。
李景漢『定県社会概況調査』中華平民教育促進会（社会調査叢書一）一九三三年。
李世瑜『現在華北秘密結社』台北、古亭書屋、一九七五年。
劉伯驥『広東書院制度』中華叢書委員會、一九五八年。
馬勇『梁漱溟文化理論研究』上海人民出版社、一九九一年。
馬勇『梁漱溟評伝』安徽人民出版社、一九九二年。
銭穆『中国近三百年学術史』商務印書館、一九九七年。
邵雍『中国会道門』上海人民出版社、一九九七年。
盛朗西『中国書院制度』中華書局、一九三四年。
湯志鈞編『康有為政論集』中華書局、一九八一年。
丁文江撰『梁任公先生年譜長編初稿』一九二一年。
汪東林『梁漱溟問答録』湖南人民出版社、一九八八年。
王文才『楊愼學譜』上海古籍出版社、一九八八年。
王毓銓『明代的軍屯』中華書局、一九六五年。
呉剣雄『海外移民与華人社会』紐約中華公所研究、允晨叢刊四八、台北、一九九三年。
呉友如著庄子湾編『海国叢談百図』湖南美術出版社、一九九八年。
呉友如著庄子湾編『民俗風情二百図』湖南美術出版社、一九九八年。
熊月之『西学東漸与晩清社会』上海人民出版社、一九九四年。

楊天石『泰州学派』中華書局、一九八〇年。
章炳麟『国学概論』泰東圖書局、一九二三年。
張朋園『梁啓超與民国政治』食貨出版社、一九八一年。
張学君、冉光栄『明清四川井塩史稿』四川人民出版社、一九八四年。
朱謙之『文化哲學』商務印書館、一九三五年。
朱謙之『中國思想對于歐州的影響』商務印書館、一九四〇年。
朱謙之『日本的古学及陽明学』上海人民出版社、一九六二年。
朱維錚『万国公報文選』三聯書店（香港）有限公司、一九九八年。

# 索　引

## ［人名索引］

## [事項索引]

**著者略歴**

森　紀子（もり　のりこ）

神戸大学文学部教授

一九四五年　静岡県出身。

一九七五年　京都大学大学院文学研究科東洋史学専攻博士課程単位取得満期退学。

一九七九年　中華人民共和国四川大学外文系講師（～一九八二年）。

一九九一年　鈴鹿医療科学技術大学専任講師（～一九九五年）。

一九九五年より現職。

学位：文学博士（京都大学）

**主な著訳書**

「梁啓超の仏学と日本」『梁啓超』（みすず書房、一九九九年）、茅盾主編『中国の一日』（共訳、平凡社、一九八四年）、余英時『中国近世の宗教倫理と商人精神』（訳、平凡社、一九九一年）。

転換期《てんかんき》における中国《ちゅうごく》儒教運動《じゅきょううんどう》

二〇〇五年二月二十日　初版第一刷発行

著　者　森《もり》　紀《のり》　子《こ》

発行者　阪　上　孝

発行所　京都大学学術出版会

606-8305 京都市左京区吉田河原町一五—九京大会館内

電　話　〇七五-七六一-六一八二

ＦＡＸ　〇七五-七六一-六一九〇

URL http://www.kyoto-up.gr.jp

印刷・製本／亜細亜印刷



Printed in Japan.

ISBN4-87698-647-9

定価はカバーに表示してあります